Pete A. Sanders Jr.

JOY TOUCH

Das Glückszentrum im Gehirn aktivieren

Übersetzt aus dem amerikanischen Englisch von Martin Rometsch

WINDPFERD

Titel der Originalausgabe *Access Your Brain's Joy Center*
Erschienen bei Free Soul, Sedona, Arizona

Aus dem amerikanischen Englisch übertragen von *Martin Rometsch*

1. Auflage 2008

www.windpferd.de

Umschlaggestaltung: Peter Krafft Designagentur, Bad Krozingen
Illustrationen: Katie Bechtel, Phoenix AZ und Moises Ramirez, Sedona AZ, (Abb. 8 und 9)
Layout: Marx Grafik & ArtWork
Gesetzt aus der Rotis
Gesamtherstellung: Schneelöwe Verlagsberatung & Verlag, Oberstdorf
Druck: Himmer AG, Augsburg
Gedruckt auf säurefreiem, chlorfrei gebleichtem Papier
Printed in Germany · ISBN 978-3-89385-568-1

Dem Menschenrecht auf vollkommende Freiheit gewidmet:

der Freiheit,
sein Glück selbst zu gestalten,
dem Recht,
frei von seelischem Leid zu sein,
dem Recht,
frei von chemischer Abhängigkeit und Esssucht zu sein.

Danksagungen

Zuerst und vor allem danke ich den Lehrern und Studenten bei Free Soul, die mit ihren Geschichten und ihrem Einsatz zur Forschung und Entwicklung dieser neuen Methode der Stimmungsaufhellung beigetragen haben.

Ich danke meiner Frau Debbie und meinen Söhnen Brian und Michael für ihre Weitsicht, als ich die Lebenskrise durchmachte, die zu dieser Entdeckung führte, und meine Methode dann der Öffentlichkeit vorstellen musste. Diese Prüfungen halfen mir, die in diesem Buch beschriebenen Techniken zu verbessern – aber nicht ohne ein gewisses Gefühlschaos. Es war anstrengend, der Pionier eines neuen Fachgebietes zu sein; aber dieser Druck war zugleich eine große Chance, Schwierigkeiten – bis hin zum Forschungsmaterial – zu überwinden und eine verbesserte Version des Joy Touch auszuarbeiten. Während dieser Zeit war das Leben nicht immer so einfach, wie ich es mir gewünscht hätte. Einmal nahm ich Michael (damals acht) zu einem Interview mit. Als ich dem Reporter erklärte, dass der Joy Touch mir helfe, meine Reizbarkeit und meinen Zorn zu zügeln, wenn die Kinder unartig seien, fragte der Journalist: „Stimmt das, Michael?“ Mein Sohn antwortete: „Ja, aber er muss besser werden!“ Das erinnerte mich humorvoll an meine Menschlichkeit und mein fortdauerndes persönliches Wachstum.

Um wieder erster zu werden: Dieses Buch wäre ohne die Hilfe meiner Lektoren Joyce McNelly und Wray Plunkett nicht möglich gewesen. Sie haben mir geholfen, meine Gedanken klarer auszudrücken und meine Vortragsthemen in Schriftform zu bringen.

O'Ryin Swanson von Sedona Color Graphics danke ich dafür, dass er oft das scheinbar Unmögliche schaffte, was Termine und Qualitätsstandards anbelangt.

Meiner Mutter Aurora verdanke ich den Glauben an mich selbst und die Überzeugung, dass ich mit harter Arbeit alles erreichen kann. Diese Eckpfeiler verhinderten, dass ich aufgab. Es wäre sehr oft leichter gewesen, auf die Leute zu hören, die nicht an meine Arbeit glaubten.

Zum Schluss danke ich meinen Leserinnen und Lesern, die sich ein besseres Leben wünschen. Um Ihren Interessen, Wünschen und Bedürfnissen zu entsprechen, habe ich dieses Buch geschrieben. Gemeinsam können wir die Lebensqualität aller Menschen verbessern.

Inhalt

Vorwort – Innere Technik – Der Schlüssel zum Erfolg und zum Glück im 21. Jahrhundert 9
Das Jahrtausend des Geistes 9
Besiegen Sie Ihr Dinosauriergehirn 11
Amerika unter Drogen 12
Eine revolutionäre Entdeckung 15
Streifen Sie die Fesseln der Kampfreflexe ab 17
Werden Sie Pionier an der mentalen Front 19

1 – Der Joy Touch: Aktivieren Sie die natürlichen Stimmungsaufheller des Gehirns 21
Das Septum pellucidum 22
So finden Sie das Glückszentrum Ihres Gehirns 24
Natürliche Glücksgefühle auslösen 30
Bestimmen Sie Ihren Gemütszustand selbst 33
Zusätzliche Tipps für eine stärkere Initialwirkung 37

2 – Limbischen Stress und limbische Depression überwinden 45
Der Tyrannosaurus des Stress: limbischer Stress 46
Das Schwarze Loch des Gehirns – der limbische Stress 48
Emotionales Chaos rasch beseitigen 51
Tipps für die Selbstheilung von seelischem Leid und geheimen Schmerzen 58
Der Schatten geheimer Schmerzen 71
Entschärfen Sie inneren Sprengstoff 74
Beenden Sie Ihr „Sorgenprogramm“ 86
Der Umgang mit Angst 96
Leichte Depression überwinden 101
Chronische Depression überwinden 103
Vorbeugung und Selbstpflege 116

3 – Bringen Sie mehr Liebe in Ihr Leben 119
Neutralisieren Sie die Säure der Herabsetzung 120
Das Gefühl, nicht genug Liebe zu bekommen 124
Nutzen Sie Gelegenheiten, sich aufzumuntern 127
Reibung schadet der Liebe 129
Beziehungsprobleme mit dem Medizinrad lösen 133
Mehr gemeinsame Freude 136

Mehr Freude am Sex durch den Joy Touch 137
Die Seele als Teil des Universums 139
Die Suche nach dem Sitz der Seele 141
Die Seelenverlagerung 143
Eine Seele sein – der Schlüssel zur universellen Liebe 145
Verschmelzung mit dem Universum 149
Die Liebe im Leben spirituell vertiefen 152

4 – Erfolg ohne Erfolgssucht 159

Die Biologie der Erfolgssucht 160
Wie viele Erfolgserlebnisse brauchen Sie? 161
Werteanalyse 163
Die Falle des Verlangens 165
Finanzieller Druck 169
Wünsche und Bedürfnisse 170
Bei der Arbeit glücklich sein 172
Drei Jobs, ein Lohn 174
Spielen, nicht arbeiten! 177
Zeitdruck 180
Sie sind einzigartig 185

5 – In fünf Schritten zum Idealgewicht 189

1. Schritt: Freude am Essen 189
2. Schritt: Nimm dir Zeit 192
3. Schritt: Denken Sie ans Essen, nicht an Ihr Gewicht 194
4. Schritt: Wichtig sind Sie, nicht Ihr Gewicht 196
5. Schritt: Sie beherrschen Ihr Gewicht – nicht umgekehrt 199

6 – Mit dem Joy Touch Schmerzen lindern und Nikotin-, Alkohol- und Drogensucht überwinden 203

Schmerzen lindern 203
Nikotinsucht überwinden 210
Mit dem Joy Touch den Alkoholkonsum verringern 214
Drogensucht und Substanzmissbrauch 219

7 – Lebensprobleme ehrlich und mit Würde ertragen 223

8 – Das Wichtigste in Kurzfassung 227

Über den Autor 253

Innere Technik – Der Schlüssel zum Erfolg und zum Glück im 21. Jahrhundert

Stellen Sie sich vor, Sie könnten sich besser fühlen, wann immer Sie wollen, und körperliche oder seelische Schmerzen in den Griff bekommen. Wie würde Ihr Leben sich ändern, wenn Streit Sie nicht mehr aufregen würde und Sie immer glücklich und Herr Ihres Schicksals wären? Das alles ist möglich. Sie müssen nur lernen, die natürlichen Stimmungsaufheller Ihres Gehirns zu nutzen. Diese Technik läutet das 21. Jahrhundert ein, auch für Sie. Sie können diese Zukunft schon heute erleben!

Das Jahrtausend des Geistes

Oft frage ich Geschäftsleute: „Welches Gerät ist für Sie am wichtigsten?“ Einige sagen, das sei ihr Telefaxgerät oder die Telefonanlage. Andere nennen den Computer oder den Kopierer. Dann frage ich: „Wären Sie damit zufrieden, wenn Ihre wichtigsten Geräte nur mit zehn bis vierzig Prozent ihres Potenzials arbeiten würden?“ Wissenschaftler schätzen nämlich, dass wir nur zehn bis vierzig Prozent unseres Gehirns nutzen!

Wollen Sie nur zehn bis vierzig Prozent Ihrer Fähigkeit, zu lieben und glücklich zu sein, nutzen? Unabhängig vom Geschlecht, Alter oder Beruf ist der Geist das wichtigste „Gerät“, das Sie jeden Tag verwenden. Es ist Zeit, mehr als nur einen Bruchteil davon zu nutzen. Kein Wunder, dass das Leben ein Kampf ist. Was ist nicht anstrengend, wenn Sie Ihre Fähigkeiten und Chancen um mehr als die Hälfte verringern? Die Zukunft der Menschheit hängt davon ab, dass wir uns aus dem Sumpf des Leidens und Kämpfens befreien und neue Gipfel der Freude und Erfüllung erklimmen. Um diese Freiheit zu erlangen, müssen Sie lernen, die Macht Ihres Gehirns voll zu nutzen.

In den achtziger Jahren revolutionierte Dr. Howard Gardners *Frames of Mind* die Neurowissenschaften und die Pädagogik mit seiner Theorie der mehrfachen Intelligenz. Kurze Zeit später belegten Studien, dass das Gehirn ein Leben lang neue synaptische Verbindungen herstellen kann. Das bedeutet, dass Sie Ihre Lernfähigkeit und Ihren IQ in jedem Alter steigern können. Daniel Goleman machte die Öffentlichkeit durch sein Buch *Emotionale Intelligenz* darauf aufmerksam, dass der „EQ“ für den Erfolg und das Glück im Leben ebenso wichtig ist wie der IQ. Als wichtigster Pionier auf dem Gebiet der emotionalen Intelligenz weist Goleman darauf hin, dass wir auch den EQ und den EQ unserer Kinder durch gezieltes Lernen steigern können.

Wie wäre es, wenn Sie Ihre mentalen und emotionalen Fähigkeiten in einem Schritt steigern könnten? Stellen Sie sich die Macht einer physiologischen Entdeckung vor, die es dem Verstand ermöglicht, das emotionale Wohlbefinden innerhalb von Sekunden bewusst zu verbessern! Denken Sie an den Quantensprung, den Sie damit bewerkstelligen könnten. Die Grenze der Gehirnforschung ist nicht das, was wir *über* das Gehirn lernen, sondern das, was wir mit ihm *tun*.

In der Fernsehserie *Das Gehirn* erfahren wir, dass es im Gehirn mehr mögliche Verbindungen gibt als Atome im gesamten bekannten Universum. Es ist unvorstellbar, wie sehr wir unsere Freude am Leben und unsere Leistungsfähigkeit mit einem derart unbegrenzten Netzwerk steigern können! Voraussetzung dafür ist, dass wir Zugang zum Wunder der Inneren Technik finden. Dieses Wunder sind Sie jetzt schon.

Jahrhunderte lang versorgte die Wissenschaft uns hauptsächlich mit *äußerer* Technik, also mit immer besseren Maschinen und neuen Energiequellen. Dank dieser industriellen Revolution konnten wir unsere Umwelt besser umgestalten und durften viel mehr Freizeit genießen – aber auf Kosten unseres seelischen Wohlbefindens. Wissenschaft und Technik haben einen Kulturschock ausgelöst, der uns alle unter Druck setzt. Die Folge ist, dass unsere Lebensqualität sogar abnimmt. Wir haben nicht das Gefühl, mehr Freizeit zu genießen, weil wir doppelt so lange brauchen, um uns vom zunehmenden Stress zu erholen. Allzu oft brauchen wir noch einen Drink oder noch eine Zigarette, um uns zu entspannen, sofern wir nicht vor dem Fernseher zusammensinken. Zudem leiden viele Menschen unter Schlafstörungen. Wir beherrschen unsere Außenwelt auf Kosten unserer inneren Harmonie und unseres Glücks. Dieser Verlust raubt uns nicht nur die Freude, sondern verhindert, dass wir unser Potenzial voll nutzen.

Es ist Zeit, dem Stress und dem Unglücklichsein ein Ende zu bereiten. Beide sind Überbleibsel unserer evolutionären Vergangenheit. In Zukunft wird die Innere Technik sie durch Freude und Erfüllung ersetzen. Es ist unser Recht, sie zu beseitigen.

Besiegen Sie Ihr Dinosauriergehirn

Bis vor Kurzem haben die Wissenschaftler die Teile und Funktionen des Gehirns nach ihrem Ort bezeichnet, zum Beispiel vorderes Hirn, Mittelhirn und hinteres Hirn. Angeführt vom Neurowissenschaftler Paul MacLean haben sie in letzter Zeit damit begonnen, das Gehirn auf der Basis seiner drei evolutionären Stadien zu betrachten.

Die Idee vom „dreifachen Gehirn" ist radikal neu. Sie begreift das, was die meisten Leute für „das Gehirn" halten (die äußere Gehirnrinde), lediglich als neueste evolutionäre Ergänzung. Dieses neue Säugetierhirn (Gehirnrinde oder Kortex) liegt über zwei älteren Gehirnteilen. Diese „niedrigeren" Gehirne sind das limbische System (das alte Säugetiergehirn, das fast alle Säugetiere in fast der gleichen Form besitzen) und der Hirnstamm (auch „Reptilgehirn" genannt, weil er bei allen Wirbeltieren von den Reptilien bis zum Menschen vorkommt).

Die evolutionär älteren Gehirnteile enthalten sozusagen unser „Dinosauriergehirn". Ihre Funktionen gehen auf die frühen Kämpfe des Menschen ums *körperliche* Überleben zurück. Zusammen können sie uns jede Freude rauben. Das gilt vor allem für das limbische System, von dem MacLean sagt, es enthalte das Rohmaterial für unsere negativen Emotionen. Sie werden immer unglücklich sein, wenn das limbische System Sorgen, Wut, seelische Groll und Angst zum Dauerzustand macht.

In vergangenen Zeitaltern war das limbische System überlebenswichtig. Es war viel besser, sich vor einem Säbelzahntiger zu fürchten, als sein Mittagessen zu werden. Und es war besser, sich an das Leid zu erinnern, das einem der Stamm jenseits des Berges zufügte, als es zu vergessen und das nächste Mal vom Feind getötet zu werden. Die meisten Gefahren unserer evolutionären Vergangenheit gibt es heute nicht mehr; aber das limbische System ist im Wesentlichen gleich geblieben. Diese Diskrepanz könnte der Hauptgrund dafür sein, dass unsere Lebensfreude mit der Entwicklung unserer Technologie nicht Schritt halten konnte. Unsere Wissenschaft hat Quantensprünge gemacht, doch unsere Physiologie ist erst ein paar Schritte aus der Höhle hinausgekrochen. Leider hat ein ungezügeltes limbisches System große Macht: Es bewirkt, dass wir uns wie eine bedrohte Spezies fühlen.

Alkohol und Drogen maskieren oder unterdrücken den Stress, den das limbische System auslöst, jedoch mit schädlichen Nebenwirkungen. Auch durch übermäßiges Essen können wir das limbische System dämpfen. Aber das hat ebenfalls Nebenwirkungen (etwa an den Hüften und Oberschenkeln).

Ein Teil des Gehirns löst also negative Emotionen aus und macht uns unglücklich. Das ist eine schlechte Nachricht. Aber es gibt auch eine gute: Dieser Zyklus aus Sorgen, Groll, Wut und Angst ist nicht Ihre Schuld. Er ist ein unerwünschtes Nebenprodukt des limbischen Systems, und Sie können ihn beenden. Der Umgang mit heftigen Emotionen und ihre Verarbeitung sind ein wesentlicher Teil der emotionalen Intelligenz, wie Goleman sie beschrieben hat. Sie können lernen, limbische Reaktionen in den Griff zu bekommen.

Mehr noch: Bestimmte Teile Ihres höheren Gehirns können Ihnen dabei helfen. Dieses Buch zeigt Ihnen, wie Sie diese Teile nutzen. Dies ist Ihr natürlicher Schlüssel zum inneren Frieden und zum Glück ohne Alkohol, Nikotin, Drogen oder Esssucht.

Amerika unter Drogen

Schon zu lange steckt unsere Gesellschaft im Sumpf der Süchte als Antwort auf die Belastungen des Lebens. Dafür sind nicht nur Drogenhändler und Kokainkartelle verantwortlich. Unternehmen, die Alkohol, Tabak und Medikamente herstellen, profitieren seit Jahrzehnten am schlechten Zustand unserer Gesellschaft. Sie hätten jeden Dollar Profit verdient, wenn ihre Produkte uns helfen würden und unbedenklich wären. Aber das sind sie nicht. Alkohol, Nikotin, Prozac, Lithium usw. sind Drogen, die mehr schaden als nützen, weil sie uns süchtig machen. Eine Studie der University of Manitoba aus dem Jahr 1995 belegt, dass Medikamente (zum Beispiel Schmerzmittel, Antihistamine und Antidepressiva) schon in normalen Dosen das Wachstum von Tumoren bei Tieren beschleunigen.

Amerika stirbt an Drogen. Das *Journal of the American Medical Association* schrieb 1994, die meisten älteren Menschen würden wegen Alkoholismus oder alkoholbedingter Störungen ins Krankenhaus eingewiesen. Jedes Jahr töten betrunkene Autofahrer Tausende von unschuldigen anderen Fahrern und Fußgängern. Neueste Studien zeigen, dass einer von zehn Amerikanern an Alkoholmissbrauch leidet. Zwar rauchen Männer jetzt weniger, doch dafür nimmt der Tabakkonsum bei Teenagern und Frauen zu. Man schätzt, dass fast eine halbe Million Menschen jährlich an den Folgen des Rauchens sterben. Der Kokainkonsum scheint langsam zurückzugehen, aber der Heroinmissbrauch erlebt ein rasches Comeback. Das amerikanische Gesundheitsministerium berichtete, der Drogenkonsum bei Teenagern habe sich in den letzten fünf Jahren verdoppelt. Wäre dieser Trend bei AIDS oder einer anderen Krankheit nachweisbar, würden wir schon längst von „unerträglichen Zuständen" sprechen.

Und wie reagiert die Schulmedizin darauf? Sie verordnet noch mehr Drogen, als Arzneimittel getarnt. Prozac ist zum Valium der neunziger Jahre geworden. Jeden Monat werden in den USA allein für dieses Beruhigungsmittel fast eine Million Rezepte ausgestellt (meist von Allgemeinmedizinern). Die Bevölkerung gibt Milliarden Dollar für Tabletten aus, die erst in zwei bis sechs Wochen und bestenfalls bei 75% der Patienten wirken und zahlreiche Nebenwirkungen haben (von Reizbarkeit und Schlafstörungen bis zu sexuellen Störungen bei Männern und Frauen).

Auf unserer Suche nach dem Glück missbrauchen wir aber auch Nahrungsmittel. Immer mehr Menschen leiden an Esssucht und anderen Essstörungen. Die Amerikaner geben Milliarden Dollar für Diätpläne und Produkte aus, deren Unwirksamkeit wissenschaftlich erwiesen ist und von denen einige auf lange Sicht sogar schädlich sind.

Jede einzelne Modeströmung ruiniert die Gesundheit und die Finanzen. Alle zusammen sind Wahnsinn. *Der Preis ist einfach zu hoch.* Warum zahlt ihn unsere Gesellschaft dann immer noch? Dafür gibt es mehrere Gründe.

Erstens *müssen* wir unseren Stress abbauen. Jeder Mensch, unabhängig von Rasse, Geschlecht, Alter und wirtschaftlichem Status, will sich wohlfühlen. Dieser Wunsch ist so stark, dass wir alles tun, um den Druck und die Verspannungen zu lindern. Viele halten den Geschlechtstrieb für einen unserer stärksten Triebe. Aber der Wunsch, sich wohlzufühlen, ist noch stärker. Jeden Tag verbringen viel mehr

Menschen ihre Zeit mit Rauchen, Trinken oder zwanghaftem Essen als mit Sex. Der Wunsch nach Wohlbefinden und Glück ist universell und unnachgiebig.

Zweitens machen Alkohol, Nikotin und Drogen sowohl körperlich als auch seelisch süchtig. Die von biochemischer Abhängigkeit ausgelöste Sucht ist schwer zu unterdrücken; sie ist das biologische Äquivalent eines klingelnden Telefons, das Aufmerksamkeit verlangt. Ebenso stark ist das Zwangsverhalten, das die seelische Abhängigkeit auslöst. Das Unterbewusstsein setzt Symptomlinderung nicht nur mit der Substanz, sondern auch mit bestimmten ritualisierten Verhaltensmustern gleich.

Eine Gehirnwäsche kommt hinzu. Die Pharmakonzerne geben jährlich Dutzende Milliarden Dollar für Alkohol-, Tabak- und Arzneimittelwerbung aus. In die Marktforschung fließt sehr viel mehr Geld als in die Suche nach einer natürlichen Alternative. Wir wissen mehr darüber, wie man die Menschen dazu bringt, Tabletten, Bier und Zigaretten zu kaufen, als über die *Physiologie* des Glücks. Ein Beispiel dafür sind die 47 Milliarden Dollar, die in den USA jährlich für Tabakwaren ausgegeben werden, obwohl Fachleute seit Jahrzehnten davor warnen.

Der Hauptgrund für die Drogensucht der Amerikaner ist jedoch, dass es bisher keine schnelle, einfache und wirksame natürliche Alternative gegeben hat. Jetzt gibt es sie! Eine neue Form des Biofeedback, die ich „Innere Technik" (Inner Technology®) nenne, zeigt Ihnen, wie Sie die natürlichen Stimmungsaufheller das Gehirns aktivieren. Die wichtigste Entdeckung dabei ist eine Methode, den Teil des Gehirns zu stimulieren, der den limbischen Stress beseitigt und zugleich ein Gefühl des Wohlbefindens hervorruft. Dieser magische Bereich ist das Septum pellucidum. Es kann buchstäblich zum „Joy Center", zum Glückszentrum Ihres Gehirns werden. Ich nenne diese Technik „Joy Touch", da sie „Glück durch Berühren" vermittelt. In den Kapiteln 3 und 4 stelle ich spezifische Varianten der Technik vor, die mehr Liebe in Ihr Leben bringen und Sie erfolgreicher machen kann, ohne dass Sie arbeitssüchtig werden. In Kapitel 5 lernen Sie, mit dem Joy Touch Ihr Idealgewicht zu erreichen. Kapitel 6 erklärt, wie Sie mit Hilfe der Technik Schmerzen lindern und den Tabak-, Alkohol- und Drogenmissbrauch überwinden.

Eine revolutionäre Entdeckung

Warum wurde diese Entdeckung nicht früher gemacht? Warum haben die Naturwissenschaften und die Medizin nicht gründlicher erforscht, wie man die Stimmungsaufheller der Gehirns aktiviert? Ein Arzt, der einen meiner Vorträge in Denver hörte, antwortete: „Ganz einfach. Damit ist kein Geld zu verdienen. Wenn Sie den Leuten das beibringen, brauchen sie Ihre Tabletten oder Ihr Produkt nicht mehr zu kaufen." Traurig, aber wahr. Weil keine Profite winken, hatten viele Wissenschaftler und kommerzielle Labors wahrscheinlich kein Interesse daran, Forschungen auf diesem Gebiet zu betreiben.

Aber warum ist auch den Wissenschaftlern, die nicht nur an den Profit denken, diese Entdeckung nicht gelungen? Dafür gibt es zwei Gründe: Erstens haben die meisten Neurowissenschaftler gelernt, Gehirnfunktionen nur mit Chemikalien und Elektroden zu beeinflussen. Die meisten von ihnen haben keine Erfahrung mit Biofeedback oder Körper-Geist-Techniken. Außerdem sind Stromstärken und Medikamentendosen viel leichter zu messen und für Schulmediziner befriedigender als die Frage „Was haben Sie gefühlt?". Zweitens haben die Forscher möglicherweise die falsche Stelle stimuliert, selbst wenn sie sich bemüht haben, die Stimmung durch Biofeedback zu beeinflussen.

Die meisten Wissenschaftler glauben, dass der Hypothalamus die stärksten Glückszentren des Gehirns enthält. Leider befindet er sich ganz in der Nähe zahlreicher Strukturen des limbischen Systems, die für negative Emotionen (Wut, Zorn, Reizbarkeit und Angst) verantwortlich sind. Daher könnten frühere Versuche, die Stimmung durch Stimulation des Hypothalamus aufzuhellen, ergebnislos gewesen sein (weil negative Emotionen die positiven aufhoben) oder sogar unerwünschte Reaktionen hervorgerufen haben.

Eine Pilotstudie, die ich 1995 mit dem Psychologieprofessor Larry Stevens von der Northern Arizona University leitete, belegt genau das. Alle Trends der Studie bestätigen, dass wir das Septum pellucidum stimulieren müssen und dass es negative Folgen hat, wenn man Bereiche stimuliert, die dem limbischen System zu nahe sind.

Obwohl die Stimmungsaufheller und Zentren des Gehirns zahlreich und komplex sind, ist Einfachheit der Schlüssel zum erfolgreichen Biofeedback. Eine einfache und spezifische Methode ist unerlässlich. Das

Septum pellucidum erfüllt beide Forderungen. Dem Laien kann man seine Lage leichter erklären als die des Hypothalamus. Zudem liegt er oberhalb des limbischen Minenfeldes und in einiger Entfernung von ihm, ist aber durch Synapsen unmittelbar mit dem Teil des Hypothalamus verbunden, der durch Opium stimuliert wird. Wenn Sie wissen, wie Sie das Septum pellucidum beeinflussen, können Sie einen stimmungsaufhellenden Teil des Hypothalamus stimulieren, ohne gleichzeitig die Zentren der negativen Emotionen im restlichen limbischen System zu reizen.

Sie können also Ihre Stimmung *ohne* Alkohol, Nikotin, Drogen oder üppiges Essen innerhalb von Sekunden verbessern und glücklicher werden, ohne von ständigen Erfolgserlebnissen im Beruf und in der Partnerschaft *abhängig* zu werden. Sie brauchen nur zu wissen, wie Sie das Septum pellucidum aktivieren. Auf diese Weise können Sie auch den emotionalen Stress zeitweilig aufheben, dessen Quelle Sorgen, Groll, Wut und Angst sind. Die Methode ist schnell, natürlich und vor allem kostenlos.

Sie können diesen direkten physiologischen Vorgang selbst auslösen und sind nicht mehr auf psychologische Plattitüden („Versuche dich zu beruhigen", „Denk einfach positiv", „Kopf hoch" usw.) angewiesen, um Ihre Gemütsverfassung zu verbessern. Sie besitzen eine spezifische und biologische Technik, die *praktikabel* ist. Besser noch: Sie können auf stundenlanges Meditieren, süchtigmachende Chemikalien oder einen Glaubenswechsel verzichten. Die Methode ist schnell, natürlich und vor allem gratis. Sobald Sie diese Technik erlernt haben, kostet sie bis ans Ende Ihres Lebens nichts. Damit haben Sie den ersten von zwei Schritten zum Sieg über Ihr Dinosauriergehirn getan.

Stellen Sie sich vor, wie Ihr Leben sich allein mit dieser Technik ändern wird. Sie brauchen kein Adrenalin-Jojo mehr. Anstatt Gefangener des Kampf-oder-Flucht-Reflexes und der Depression zu sein, aktivieren Sie willentlich die Stimmungsaufheller Ihres Gehirns, und anstatt mit Verspannung und Angst auf das Leben zu reagieren, besorgen Sie sich auf sanftem Weg neue Energie, wann immer Sie wollen.

Streifen Sie die Fesseln der Kampfreflexe ab

Zu lange haben wir im Würgegriff unserer evolutionären Vergangenheit gelebt. Ohne spezifische Gegenmaßnahmen dominieren *eingebildete* Überlebenskämpfe immer noch unseren Alltag. Selbst wenn Sie nicht ums körperliche Überleben kämpfen müssen (ausreichende Nahrung, Unterschlupf usw.), fallen Sie leicht den Kampfreflexen zum Opfer, die der emotionale Druck auslöst. Auch berufliche und private Sorgen können das limbische System und einen Kreislauf aus negativen Emotionen in Gang setzen.

Diese negativen limbischen Reaktionen sind überaus schädlich. Wie eine zerkratzte Schallplatte wiederholen sie immer nur dasselbe Stück. Wenn bestimmte Ereignisse einen Kurzschluss im limbischen System auslösen, sind Sie in einem Zyklus der emotionalen Angst gefangen, der Ihre höheren geistigen Funktionen überlagert. Das nenne ich *limbischen Stress*. Auch auf diese Weise können Sie Ihrem Dinosauriergehirn zum Opfer fallen. Sie können nicht mehr vernünftig denken und handeln und werden zugleich Ihrer positiven Emotionen – Liebe und Freude – beraubt. Sie verfangen sich in den Kampfreflexen Ihrer tierischen Vergangenheit und fühlen sich sogar von der höheren Macht getrennt, an die Sie vielleicht glauben.

Ich bevorzuge den Begriff „limbischer Stress", weil der „emotionale Stress" den Eindruck erweckt, als seien alle Emotionen schlecht. Das wäre ein grobes Missverständnis. Ein Leben ohne Emotionen wäre öde und leidenschaftslos. Zudem haben Männer den Frauen zu lange vorgeworfen, „zu emotional" zu sein, und ich will nicht, dass meine Aussagen über die Gefahren des limbischen Stress als neuerliche Herabsetzung der Frauen durch einen Mann fehlgedeutet werden. Emotionen sind die Würze des Lebens. Ohne sie könnten wir zwar überleben, aber nur mit Haferschleim. Negative emotionale Zyklen, die sich verselbstständigt haben, machen Sie dagegen zum Sklaven Ihrer evolutionären Vergangenheit. Im 21. Jahrhundert sind wir in der Lage, ihnen mit den Gehirnzentren ein Ende zu machen, die dafür bestimmt sind.

Um wirklich glücklich und frei zu sein, müssen Sie wissen, wie Sie limbische Funktionsstörungen dauerhaft beseitigen. Sie müssen imstande sein, sich aus dem Griff der negativen Emotionen zu befreien, die zu langanhaltender schlechter Stimmung und zu Depressionen führen. Kapitel 2 zeigt Ihnen, wie es geht. Sie werden eine klare und einfache Technik kennenlernen, die innerhalb von Minuten die Ursache des limbischen Stress beseitigt. Sie sind auf nichts und niemanden angewiesen, um sich wieder besser zu fühlen, sondern können die Ursache wiederholter limbischer Störungen an der Wurzel packen. Diese Methode der „Tröstenden Verbindung" lässt sich an *alle* Umstände anpassen, sogar an solche, die Sie noch gar nicht kennen.

Stellen Sie sich vor, Sie können den Groll, den Kränkungen aller Art verursachen, sofort stillen. Wäre Ihr Leben nicht friedlicher, wenn Sie Enttäuschungen und Wut rasch auflösen könnten? Wie viel glücklicher wären Sie, wenn Sie den Zyklus der Sorgen und Ängste durchbrechen könnten? Genau das lernen Sie in Kapitel 2.

In einem Kurs über Neurowissenschaften im Massachusetts Institute of Technology (MIT) hatte ich Gelegenheit, an einem faszinierenden Experiment teilzunehmen. Wir bekamen Tabletten, die nach dem Kauen die Geschmacksempfindung „sauer" blockierten. Ich war erstaunt, als ich Zitronen und andere von Natur aus saure Nahrungsmittel ohne das geringste Unbehagen verspeiste. Da die sauren Geschmacksknospen lahmgelegt waren, schmeckte ich den Zucker, den die Zitrone ebenfalls enthielt. So konnte ich viele Nahrungsmittel genießen, die ich normalerweise mied.

Die Technik, die Sie in diesem Buch erlernen werden, hat eine ähnliche Wirkung auf Ihr Leben. Dann können Sie sich auf die Freuden des Lebens konzentrieren, anstatt sich von seinen sauren Aspekten beherrschen zu lassen. Sie werden nicht mehr als Sklave im bitteren Gefängnis der Leidenschaft schmachten, sondern süße Emotionen schmecken.

Natürlich wird das Leben Sie immer wieder vor neue Herausforderungen stellen. Darum finden Sie in Kapitel 7 zusätzliche Tipps zum Umgang mit dieser Realität. Zusammen mit dem Joy Touch und der Tröstenden Verbindung können Sie dann verhindern, dass Stress Sie beherrscht und unglücklich macht. Sie werden auf die Blessuren des Lebens weniger empfindlich reagieren und glücklich leben, anstatt nur zu überleben.

Ich habe immer noch eine Hypothek, leite eine überregionale Organisation und muss mit den Herausforderungen fertig werden, die meine zwei Söhne (oft eine Mischung aus Tom Sawyer, Huck Finn und Dennis die Nervensäge) darstellen. Aber ich fühle mich nicht mehr als hilfloses Opfer, das mit Problemen kämpft. Da ich die natürlichen Stimmungsaufheller des Gehirns kenne und limbischen Stress beseitigen kann, steht es mir frei, die Schönheit des Lebens zu genießen. Dieses Geschenk kann auch Ihnen gehören. Kapitel 8 informiert Sie schnell über die Tröstenden Verbindungen und Joy- Touch-Varianten, die Sie brauchen.

Die unbegrenzte Macht Ihres Geistes ist Ihr wertvollster Schatz. Selbst nach Jahren der Mikroschaltung und Superleittechnik kann sich kein Computer der Welt mit dem menschlichen Geist messen. Keine Maschine kann Liebe oder Freude empfinden. Sie bewältigen jeden Tag Millionen neue Situationen, Interaktionen und Probleme. Überlegen Sie einmal, wie sehr Ihr Leben sich bessert, wenn eine Gebrauchsanleitung Ihnen erklärt, wie Sie das Potenzial Ihres Supercomputers voll nutzen. Die Fortschritte der Neurowissenschaften sind die Ecksteine einer neuen Ära, die sich schnell nähert.

Werden Sie Pionier an der mentalen Front

In der heutigen Welt gibt es drei große Fronten: den Weltraum, die Ozeane und das innere Potenzial des Menschen. Wir können nicht alle Astronauten oder Jacques Cousteau sein. Doch jeder von uns kann ein Pionier sein, der die Grenzen des menschlichen Potenzials erweitert. Der Wunsch zu lernen ist die einzige Qualifikation, die Sie für diese Forschungsreise brauchen.

Meine eigene Forschungsreise begann mit Kursen über Psychosomatik und Neurowissenschaft, die ich am MIT belegte. Sie öffneten mir die Tür nach innen. Je mehr ich über das Gehirn und das Nervensystem lernte, desto klarer wurde mir, wie viel wir noch nicht wissen. Dr. Jerome Letvin, einer meiner Professoren, drückte es am besten aus, nachdem er die unzähligen Zweige und Verbindungen jeder Nervenzelle beschrieben hatte: „Jede Nervenzelle im Gehirn kann mit jeder anderen reden." Ich fügte stumm hinzu: „Und mit diesem unbegrenzten Potenzial muss alles möglich sein, *wenn du lernst, wie!*"

Nach meinem Prädikatsexamen am MIT bot mir der Fachbereich Medizin in Harvard eine Stelle an. Aber eine schulmedizinischen Karriere reizte mich nicht. Ich wollte Methoden entwickeln, die alle Menschen anwenden konnten, um ihre Fähigkeiten zu entwickeln und glücklicher zu werden. Medizin machte mir Spaß, aber es reichte mir nicht, ein weiterer guter Arzt unter vielen zu sein. Ich glaubte daran, dass ich für die Menschheit mehr tun konnte, wenn ich sie verantwortungsbewusst über das menschliche Potenzial aufklärte.

In meinen Zwanzigerjahren gelangen mir einige Durchbrüche beim sofortigen Stressabbau, bei der wirksamen Selbstheilung und bei der praktischen Anwendung übersinnlicher Fähigkeiten. In meinen Dreißiger- und frühen Vierzigerjahren gründete ich eine Familie und machte eine Midlifecrisis durch. Da mich seelische und familiäre Probleme belasteten, wandte ich meine Aufmerksamkeit den Neurowissenschaften zu.

Menschen, die sich für dieses Gebiet interessieren, haben oft nur zwei Möglichkeiten: Entweder sie folgen einem Guru oder Kult, oder sie zahlen enorme Gebühren für Seminare, die meist viel Humbug und wenig Substanz enthalten. Ich hielt beide Lösungen für falsch. Meiner Meinung nach haben die Menschen Besseres verdient. Eine wissenschaftlich fundierte Ausbildung, die es ihnen ermöglicht, ihr höheres mentales Potenzial zu nutzen, sollte für alle verfügbar und erschwinglich sein – ohne dass sie ihre Unabhängigkeit oder ihren Glauben aufgeben müssen.

Darum gründete ich 1980 in Sedona, Arizona, Free Soul, ein Bildungsprogramm für körperliche und geistige Gesundheit, und begann, andere in die wissenschaftlichen Geheimnisse und Techniken einzuweihen, die ich entwickelt hatte. Heute hat Free Soul Hunderte von Lehrern, und seine Workshops *Discover Inner Technology®* (Entdecke die Innere Technik) und *Accessing Your Brains's Joy Center* (Das Glückszentrum des Gehirns erreichen) helfen Menschen und Unternehmen auf der ganzen Welt, ihr unbegrenztes Potenzial zu nutzen. Informationen darüber erhalten Sie bei Free Soul, P.O. Box 1762, Sedona, AZ 86339, USA oder auf unserer Webseite http://freesoul.net.

Ich habe meinen Entschluss, mein Leben der Entdeckung des menschlichen Potenzials zu widmen, nie bereut. Dadurch habe ich die Schätze des Körpers und des Geistes kennen und nutzen gelernt. Auch Sie können von meinen Methoden und Techniken profitieren. Sie werden lernen, über die bloße geistige Gesundheit hinauszugehen und geistigen Reichtum zu erwerben. Wichtiger noch: Sie werden lernen, *Ihr eigener Lehrer* zu sein. Das ist der wichtigste Aspekt der Inneren Technik. Sie brauchen weder ein Genie noch ein Wissenschaftler zu sein. Lernbereitschaft genügt. Entscheidend ist Ihre Einstellung, nicht Ihr IQ.

Seien Sie neugierig und abenteuerlustig, dann werden Sie auf jeder folgenden Seite alte Grenzen überschreiten. Sie werden Ihr Glück und Ihren Erfolg selbst in die Hand nehmen. Willkommen im Jahrtausend des Geistes, Pionierkollegen. Fangen wir an!

1

Der Joy Touch: Aktivieren Sie die natürlichen Stimmungsaufheller des Gehirns

Ehrfürchtig stand ich vor der tosenden Flut. Unter dem wirbelnden braunen Wasser lag mein einziger Weg in die Zivilisation. Die Brücken stromaufwärts und stromabwärts waren in der Nacht fortgespült worden, und ich wusste nicht, ob unsere Brücke unter den immer noch steigenden Wassermassen erhalten geblieben war.

Das seltsame Wetter im Jahr 1993, das im Spätsommer zu verheerenden Überschwemmungen im mittleren Westen führte, traf Arizona schon früher. Höhere Regionen, die sonst trocken waren, erlebten eine Jahrhundertflut. Der Oak Creek riss Wohnwagen mit sich fort, beschädigte Häuser, entwurzelte riesige Kiefern und schnitt ganze Gemeinden von der Außenwelt ab.

Als ich die Verwüstungen betrachtete, bewegte ich langsam die Finger meiner Schreibhand. Sie waren noch ein wenig taub, weil mich am Abend zuvor ein Skorpion gestochen hatte. Ich hatte im Haus Schutz vor dem Regen gesucht und hielt mein Bett für einen gemütlichen Ort zum Ausruhen. Meine Entdeckungen über Selbstheilung linderten die Schmerzen und Schwellungen; aber ich hegte schlimmere Ängste. Alle möglichen Unfälle, die meinen kleinen Kindern zustoßen konnten, spielten sich vor meinem geistigen Auge ab. Zudem fürchtete ich, mein Leben sei bedroht, weil die Flut mich von der Straße abschneiden könnte.

Unsere normalerweise friedliche Umgebung war ein Chaos. Tagelang konnten wir nichts zu essen kaufen, und wenn die Brücke zerstört war, würden wir monatelang in einem Albtraum leben. Trotzdem war ich erstaunlich ruhig, sogar glücklich. Das war ungewöhnlich für mich.

Ich hatte unerwartete Ereignisse nie gemocht. Darauf reagierte ich meist wie ein Elefant im Porzellanladen. In Situationen wie dieser griff ich oft auf den drastischen Jargon meiner Militärzeit zurück – ich erfand neue Marine-Adjektive, wie meine Frau es ausdrückte. Diesmal ging es mir sehr viel besser, obwohl die Umstände viel schlimmer waren.

Ich hatte gelernt, das „Glückszentrum" meines Gehirns mental zu stimulieren. Darum konnte ich selbst im Chaos gelassen bleiben und glücklich sein. Die Ereignisse des Lebens tyrannisierten mich nicht mehr. Jetzt konnte ich das Septum pellucidum mental erreichen und die natürlichen Stimmungsaufheller des Körpers selbst aktivieren.

Das Septum pellucidum

Das Septum pellucidum (siehe Abb. 1) liegt über dem Hauptteil des limbischen Systems (innerhalb der unteren schattierten Schleife). Es ist das Tor zum Glückszentrum des Gehirns. Obwohl es im Wesentlichen ein mit Flüssigkeit gefüllter Beutel ist, ist es an seiner Vorderseite unmittelbar mit dem Hypothalamus verbunden, der Steuerzentrale des limbischen Systems. Wird das Septum stimuliert, löst es ein angenehmes Gefühl aus, das uns neue Energie spendet und sich am besten mit einem inneren Lächeln vergleichen lässt. Außerdem durchbricht es den Zyklus der Sorgen, des Grolls, der Wut und der Angst, den das limbische System in Gang hält.

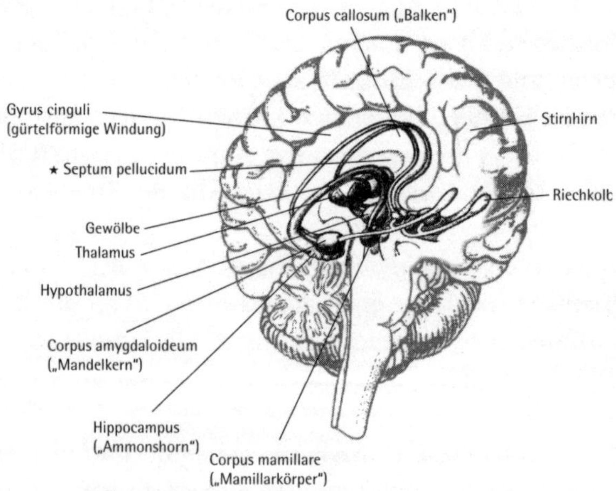

Abb. 1: Gehirn mit limbischem System (hervorgehoben)

Dieser Bereich des Gehirns ist so wichtig, dass er an drei Seiten von Ventrikeln umgeben ist, also von Hohlräumen, die mit Flüssigkeit gefüllt sind und das Gehirn vor Erschütterungen schützen. Das Dach des Septum pellucidum wird vom Corpus callosum gebildet, einem dicken „Balken" aus Nervenfasern, der die rechte Hirnhälfte mit der linken verbindet. Schon die Lage des Septum pellucidum verrät uns also, dass es für unser Wohlbefinden äußerst wichtig ist.

Die wissenschaftliche Entdeckung dieses Stimmungsaufhellers gelang Robert Heath, einem Neurologen und Psychiater an der Tulane University in den fünfziger Jahren. Als er das Septum pellucidum eines schwer depressiven Patienten elektrisch reizte, fühlte der Patient sich sofort besser. Die gleiche Methode befreite Krebskranke von Schmerzen. Außerdem stellte Heath fest, dass diese Gehirnregion bei sexueller Erregung besonders aktiv ist. Seiner Meinung nach war ein geschädigtes Septum pellucidum die Ursache der Anhedonie, einer seelischen Störung, die Lustempfindungen unmöglich macht. Sein Buch *The Role of Pleasure in Behavior* belegt anhand vieler Fallbeispiele die erstaunlichen Wirkungen dieser Technik.

Diese Experimente waren derart verblüffend, dass Timothy Leary auf die Frage, ob seine LSD-Forschung und sein Eintreten für diese Droge nicht negative Folgen haben könnten, antwortete: „Ach was, in ein paar Jahren werden Kinder Septum-Elektroden verlangen."

Aber Heaths Forschungen bewirkten aus mehreren Gründen gar nichts. Erstens gab es technische Probleme. Die Elektroden waren so dünn, dass sie zu oft nach kurzer Zeit brachen. Außerdem reagierte die Öffentlichkeit ablehnend auf die Idee, Elektroden zu implantieren. Das galt als monströs, und man fürchtete eine Gedankenlenkung wie in der *Schönen neuen Welt*. Vor allem aber fehlten damals die Fähigkeit und das Interesse an diesem Biofeedback. Die Wissenschaft wandte sich der Pharmakologie zu, um Stimmungsstörungen zu beheben. Valium und die modernen Antidepressiva sind das Vermächtnis dieser chemischen Weggabelung.

Es ist Zeit, auf den Weg zurückzukehren, der damals schon sichtbar, aber mangels einer Inneren Technik nie entdeckt und daher auch nie eingeschlagen wurde. Heute wissen wir, dass Körper und Geist einander beeinflussen. Biofeedback kann nachweislich den Blutdruck senken und das Herz stärken. Heute können Sie diese Methode leicht erlernen, um Ihr seelisches Wohlbefinden zu verbessern. Warum Geld für Alkohol, Tabak und Medikamente zahlen, wenn Sie sich selbst kostenlos helfen können? Warum an Nebenwirkungen leiden und die Gesundheit gefährden, wenn es eine ungefährliche Methode gibt?

Es ist keine „Gedankenlenkung“ und keine Manipulation von Gefühlen. Es ist *Stimmungs*lenkung. Der Joy Touch ist eine physiologische Methode, mit der Sie Ihr Wohlbefinden bewusst verbessern können. Die Innere Technik ermöglicht es Ihnen, Ihre emotionale Intelligenz und Ihre seelische Gesundheit über das derzeitige evolutionäre Maß hinaus zu steigern.

Dieser natürliche Glücksauslöser und Schmerzstiller ist immer für Sie da. Er wartet darauf, dass Sie ihn entdecken. Wenn Sie wissen, wie man das Septum pellucidum stimuliert, können Sie Ihre Stimmung nach Belieben aufhellen. Mein Leben hat sich durch diese Erkenntnis geändert.

Die Technik ist einfach und wirkt schnell. Sie hat Tausenden geholfen, auch Menschen, die Free-Soul-Techniken oder andere Arten der Meditation noch nicht kannten. Sie wird auch Ihnen helfen.

So finden Sie das Glückszentrum Ihres Gehirns

Bevor Sie Ihr Glückszentrum stimulieren können, müssen Sie dessen Lage kennen. Zuerst sollten Sie wissen, was Sie *nicht* tun dürfen: Sie dürfen nichts erzwingen und sich nicht zu stark konzentrieren. Was Sie brauchen, ist eine moderate Aufmerksamkeit. Konzentrieren Sie sich also behutsam. Eine gute Analogie ist der Unterschied zwischen Anschauen und Anstarren.

Starren Sie einen Gegenstand vor Ihnen an, und achten Sie darauf, wie beengt und verspannt die Augen sich anfühlen. Nun betrachten Sie einen Gegenstand am Rande Ihres Sehfeldes. Versuchen Sie, die Farbe oder Form des Objekts wahrzunehmen, ohne den Kopf zu drehen. Lenken Sie Ihre Aufmerksamkeit auf diesen Gegenstand, ohne sich anzustrengen. Wenn Sie dabei die Stirn runzeln oder die Augen zusammenkneifen, strengen Sie sich zu stark an.

Wenn Sie etwas erzwingen oder sich zu stark konzentrieren, schaltet das Gehirn wie gewohnt auf das willkürliche Nervensystem um. Dann konzentrieren Sie sich auf die Muskeln und die physische Sinne, die Sie normalerweise bewusst steuern. Aber Sie wollen Ihre Aufmerksamkeit ja auf eine neue Gehirnregion und ihre autonomen Nerven lenken. Denken Sie also daran: *Achtsam sein ohne Zwang.*

Wichtig ist auch, dass Sie locker bleiben. Erwarten Sie nicht, dass Sie beim ersten Mal perfekt sind. Auch hier gilt: Je öfter Sie Ihr Glückszentrum stimulieren, desto leichter wird es. Nervosität lähmt das autonome Nervensystem (viele Männer wissen das). Betrachten Sie das Auffinden und Stimulieren des Septum pellucidum als Abenteuer, nicht als Eignungstest. Sie wollen lernen, aber ohne Leistungsdruck.

Übrigens haben Sie diese natürliche Stimmungsaufhellung schon oft erlebt. Denken Sie daran, wie Sie sich fühlen, wenn Sie eine gute Nachricht erhalten oder neue Hoffnung schöpfen. Die Freude, die Sie empfinden, wenn Ihr Team (oder ein Mensch, der Ihnen nahesteht) einen großen Erfolg erzielt, ist ein weiteres Beispiel.

Empfinden Sie diese Gefühle nach.

- **Rufen Sie sich ins Gedächtnis, wie Sie sich fühlten, als Sie eine gute Nachricht erhielten.**
- **Spüren Sie noch einmal die Freude, die Sie empfanden, als jemand oder etwas Ihnen neue Hoffnung schenkte.**
- **Erinnern Sie** sich an einen großen Erfolg und an Ihre Gefühle danach.

Diese positiven Gefühle haben Sie schon oft empfunden. Sie müssen also nichts völlig Neues erlernen. Der Unterschied besteht nur darin, dass Sie Glücksgefühle jetzt willkürlich auslösen wollen, ohne von

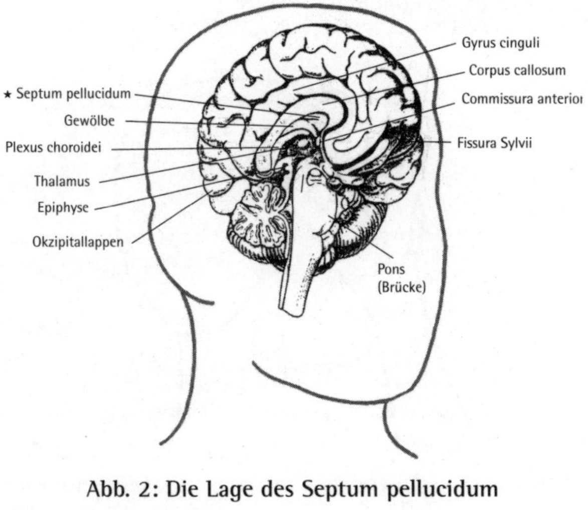

Abb. 2: Die Lage des Septum pellucidum

äußeren Ereignissen abhängig zu sein. Zunächst möchte ich Ihnen zeigen, *wo* Sie die Glücksgefühle auslösen.

Von vorne nach hinten und von Seite zu Seite gemessen, befindet sich das Septum pellucidum nahe der Mitte des Kopfes. Von oben nach unten betrachtet, liegt es knapp vier Zentimeter über den Augenbrauen (siehe Abb. 2). Auf diese Region konzentrieren Sie sich.

Wenn Sie sich auf die Augenbrauen konzentrieren, beeinflussen Sie das Sehvermögen anstatt das Septum pellucidum. Außerdem könnten Sie von dort nach innen wandern und das limbische System anregen. Die Folge wären Reizbarkeit und Unbehagen statt Entspannung. Wenn Sie bei einer der folgenden Übungen einmal nicht die erwünschte Wirkung erzielen, liegt es wahrscheinlich daran, dass Sie zu tief „eindringen". Probieren Sie es ein wenig höher.

Viele Menschen berichten, dass ihre Aufmerksamkeit beim Visualisieren zur Mitte der Stirn abwandert. Sie brauchen sich nur auf dieses „dritte Auge" zu konzentrieren und dann „nach innen zu denken". Sie richten ihre Aufmerksamkeit also nach innen anstatt auf ein äußeres Objekt.

Hier ist eine einfache Technik, die Ihnen hilft, das Septum pellucidum zu finden. Vielleicht spüren Sie ein sanftes „Ah!", wenn Sie sich darauf konzentrieren. Denken Sie aber daran, dass dies nur eine „Aufwärmübung" ist. Setzen Sie sich nicht unter Druck. Üben Sie einfach, Ihre Aufmerksamkeit zum Septum pellucidum hin zu lenken. Sie können die Augen offen lassen; aber ich empfehle Ihnen, sie zu schließen, weil Sie dann weniger abgelenkt werden.

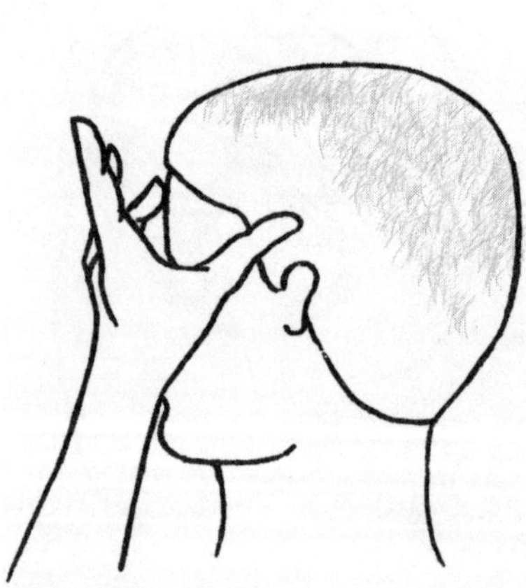

Abb. 3: Berührungspunkte zum Auffinden des Septum pellucidum

Anmerkung: Überspringen Sie diese Übung nicht. Sie ist sehr wichtig, damit Ihnen die folgenden Übungen optimal gelingen.

- **Legen Sie den Mittelfinger auf die Stirnmitte, etwa 4 cm über den Augenbrauen (siehe Abb. 3).**
- **Berühren Sie gleichzeitig die Mitte der Kopfseite mit dem Daumen (siehe Abb. 3).**
- **Ziehen Sie im Geiste eine Linie von jedem Finger nach innen.**
- **Spüren Sie, wo die Linien sich im Kopf schneiden.**
- **Versuchen Sie auch, den Mittelfinger auf die Stirn und den Daumen auf die Mitte des Schädels zu legen.**
- **Legen Sie den Daumen abwechselnd auf die Schädelmitte und auf die Mitte der Kopfseite.**
- **Achten Sie darauf, ob Sie den Punkt fühlen oder visualisieren können, an dem die drei Linien sich schneiden.**

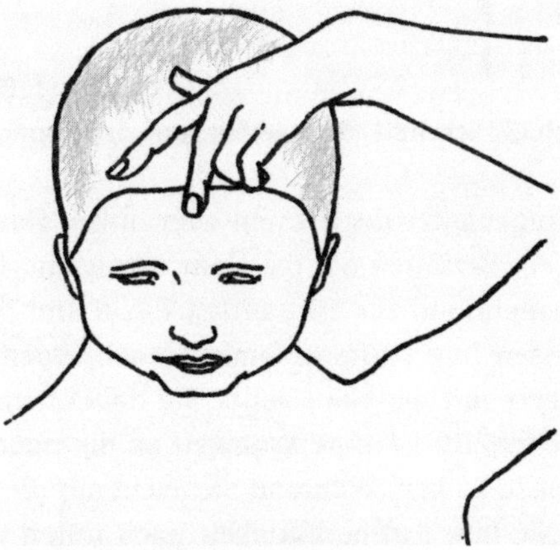

Abb. 4: Berührungspunkte zum Auffinden des Septum pellucidum

Charlene, eine meine Seminarteilnehmerinnen in Kalifornien, spürte schon eine starke beruhigende Wirkung, als sie versuchte, das Septum pellucidum zu finden. Zudem hatte sie das Gefühl, sich selbst innerlich im Griff zu haben. Charlene arbeitete für einen Immobilienmakler, der sie ständig auf Trab hielt. Sie war genervt von den unaufhörlich klingelnden Telefonen und den unzähligen Details. Außerdem kam die Familie ständig zu kurz. Kaum hatte sie vom Septum pellucidum erfahren, konnte sie das äußere Chaos ausblenden. Sie brauchte sich nur auf ihr Glückszentrum zu konzentrieren, und schon fühlte sie sich innerlich stark. Sie beschrieb diesen Vorgang als beruhigenden mentalen Atem, der ihr half, die Fassung wiederzugewinnen. Die Wirkung war noch stärker, als ich ihr erklärte, wie sie die mentale Aufmerksamkeit mit der Hand lenken konnte. Wenn Visualisieren nicht Ihre starke Seite ist, hilft Ihnen vielleicht die zweite Aufwärmübung.

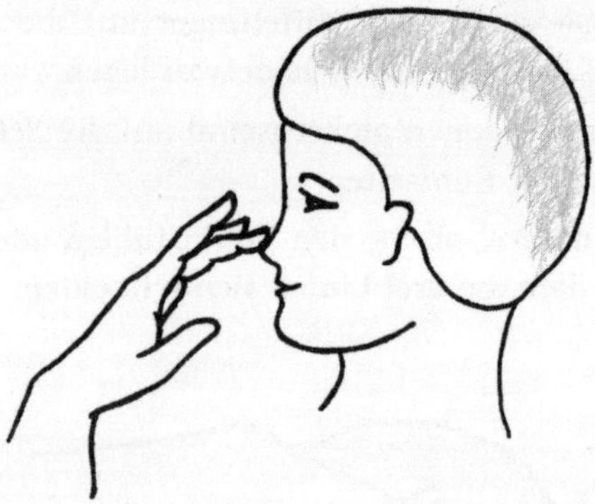

Abb. 5: Schritt 1 der zweiten Aufwärmübung

Legen Sie eine Fingerspitze der rechten oder linken Hand auf den Nasenrücken (Abb. 5). Berühren Sie die Haut nur leicht, und ziehen Sie den Finger langsam hinauf zur Stirnmitte (Abb. 6 und 7). Dort drücken Sie sanft und lassen Ihre Aufmerksamkeit nach innen wandern. Der Kontakt des Fingers mit der Haut sollte Sie dabei nicht ablenken; er soll Ihnen nur helfen, Ihre Aufmerksamkeit an die richtige Stelle über den Augenbrauen zu lenken. Während Sie leicht auf die Mitte der Stirn drücken, lassen Sie Ihre Aufmerksamkeit nach innen wandern. Konzentrieren Sie sich nicht auf die Berührung, sondern nutzen Sie den sanften Druck als Katalysator, um das Septum pellucidum aufzuspüren.

Gehen Sie anfangs einfach nach innen, und erforschen Sie, wie es sich anfühlt, die Aufmerksamkeit im Septum pellucidum zu bündeln. Probieren Sie dann aus, was Sie am meisten beruhigt. Versuchen Sie, etwas höher oder ein wenig nach links oder rechts zu gehen. Variieren Sie auch die Tiefe des Eindringens. Entspannen Sie sich, und genießen Sie es, wenn Ihre Aufmerksamkeit genau das Glückszentrum trifft. Machen Sie diese Übung fünf oder sechs Mal, bevor Sie weiterlesen.

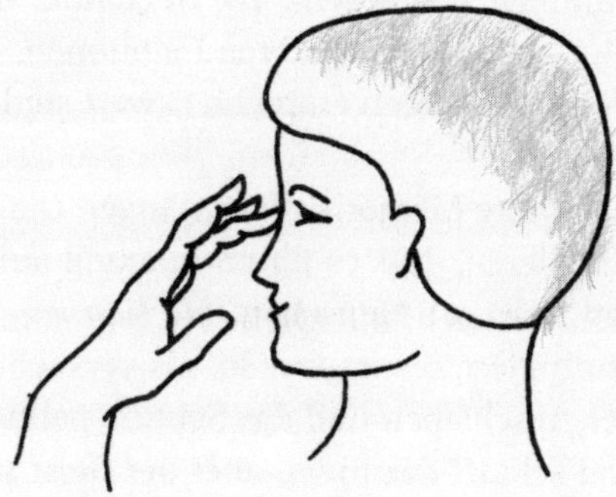

Abb. 6: Schritt 2 der zweiten Aufwärmübung

- Legen Sie einen Finger leicht auf den Nasenrücken.
- Ziehen Sie den Finger langsam nach oben, damit Sie sich auf die richtige Stelle konzentrieren können.
- Drücken Sie sanft, wenn Sie die Stirnmitte erreicht haben, und lassen Sie dann Ihre Aufmerksamkeit nach innen wandern.
- Suchen Sie nach der Stelle, die das stärkste „Ah"-Erlebnis auslöst.

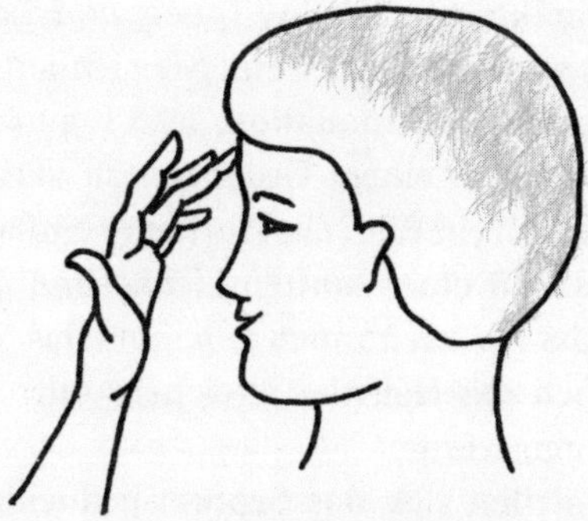

Abb. 7: Schritt 3 der zweiten Aufwärmübung

Anmerkungen: Selbst wenn Sie Rechtshänder sind, sollten Sie diese Übung auch mit der linken Hand machen. Neuere Studien deuten darauf hin, dass die Gehirnregion knapp hinter der linken Seite der Stirn (der linke vordere Stirnlappen) dazu beiträgt, die Intensität negativer Emotionen zu reduzieren. Wenn Sie die linke Hand benutzen, können Sie diese Region auch mit dem Biomagnetfeld der Hand sanft stimulieren und dadurch Verspannungen oder Ängste lindern, die subtile

Stimmungsaufhellungen überlagern. Im Gegensatz dazu steigert der rechte vordere Stirnlappen die negativen Emotionen. Denken Sie auch daran, dass geschlossene Augen empfehlenswert sind.

Diese Übung ist die beste Methode für Anfänger, um das Septum pellucidum so zu stimulieren, dass es Ihre Stimmung auf natürliche Weise verbessert. Man sieht oft Menschen, die sich die Stirn reiben, um Verspannungen zu lindern. Es ist fast so, als versuchten sie, die Hand durch den Schädel zu schieben und das Septum pellucidum zu liebkosen. Nun, die Hand schafft das nicht, aber der Geist schafft es.

Viele religiöse Rituale regen diese Region ebenfalls an. Wir versuchen seit Jahrhunderten unbewusst, dieses Glückszentrum zu erreichen. Jetzt kennen Sie den genauen Weg.

Natürliche Glücksgefühle auslösen

Sobald Sie den Weg zum Septum pellucidum kennen, besteht der nächste Schritt darin, die besänftigende, erfrischende Wirkung zu verstärken. Diese Technik nenne ich Joy Touch, und Sie haben bereits begonnen, sie anzuwenden. Schon wenn Sie sich auf die richtige Stelle konzentrieren, beginnt die Stimulation. Jetzt brauchen Sie das Septum pellucidum nur noch mit einem Gedanken zu aktivieren. Dieser Gedanke kann ein Gefühl, ein Bild, ein Wort oder einfach ein Wissen sein.

Bei mir hat das Bild einer sanften Liebkosung die beste Wirkung. Ich visualisiere, dass ich nach innen gehe und das Septum pellucidum streichle, so wie ich ein Haustier streicheln oder eine empfindliche Körperstelle berühren würde.

Manche Leute stellen sich das Septum pellucidum lieber in Licht getaucht vor, oder sie spüren einen Energiestrom, der es umrundet. Ein Seminarteilnehmer visualisiert mit Erfolg, dass er das Septum pellucidum mit einem Malerpinsel kitzelt. Es geht nicht so sehr darum, einen Knopf zu drücken, sondern eher um ein Streicheln (fast wie beim Harfenspiel) der Nervenfasern, die das Septum pellucidum mit dem Hypothalamus verbinden. So etwa arbeiten nämlich die Nerven: Sie sind nicht ständig erregt, sondern senden Impulse.

Manche Leute haben Erfolg, wenn sie ein Wort denken, das für sie Frieden und Glück symbolisiert; anderen genügt die Gewissheit, dass das Septum pellucidum diesen inneren Frieden herstellen kann. Jede Methode ist gleich wirksam. Experimentieren Sie, und wählen Sie die Methode, die Sie am einfachsten und angenehmsten finden.

Wenn Sie visuell veranlagt sind, brauchen Sie nichts Bestimmten zu „sehen". Es genügt, wenn Sie das Bild im Geist festhalten. Denken Sie auch an die Wirkung, die Sie erzielen wollen, wenn Sie das Septum pellucidum streicheln. Dadurch verbessern Sie die Ergebnisse. Übrigens kennen Sie dieses natürliche Glücksgefühl bereits. Denken Sie beim Streicheln an gute Nachrichten, die Sie einmal erhalten haben, oder an die Erleichterung, die neue Hoffnung auslöst, oder an die Freude nach einem Sieg ihrer Mannschaft. Nutzen Sie diese Erinnerungen, um die gleichen Gefühle willentlich hervorzurufen.

Was sollten Sie empfinden, wenn Sie das Septum pellucidum stimulieren? Manche spüren ein inneres „Ah" oder ein angenehmes Gefühl und neue Energie. Andere sagen, sie hätten das Gefühl, als wäre ihnen ein Stein vom Herzen gefallen, oder sie sind einfach innerlich erleichtert. Zunächst streben Sie nur nach intensiverem Wohlbefinden. Je mehr Erfahrung Sie mit der Technik haben, desto stärker wird dieses Gefühl.

Gehen wir nun einen Schritt weiter. Anstatt mit den Fingerspitzen auf dem Nasenrücken nach oben zu streichen, heben Sie nur eine Hand und berühren sanft die Stirnmitte. Heben Sie die Hand, damit Sie sich auf die richtige Stelle (über den Augenbrauen) konzentrieren. Wenn Sie die Stirn leicht berühren, ist dies das Zeichen für Sie, nach innen zu gehen. Dabei konzentrieren Sie sich darauf, das Septum pellucidum zu stimulieren, bis die mentale Liebkosung ein „Ah" und ein inneres Lächeln auslöst.

Bei vielen Menschen ist die Wirkung stärker, wenn sie sich *nicht* berühren. Stattdessen heben sie einfach die Hand vor die Stirn und visualisieren oder fühlen dabei eine Energiewelle, die von der Hand ausgeht und das Glückszentrum aktiviert. Ich empfehle Ihnen, zunächst die Aufwärmübung mit Berührung und ansonsten beide Methoden zu probieren. Wiederholen Sie beide Übungen mindestens fünf Mal, um die maximale Wirkung zu erzielen. Am besten ist das Ergebnis, wenn Sie die Stirn rhythmisch berühren. Eine Berührung alle fünf Sekunden ist meist optimal. Experimentieren Sie, um Ihren idealen Rhythmus zu finden.

Es hilft auch, wenn der Kiefer nicht verspannt ist. Zusammengebissene Zähne verhindern die Lockerheit, die Sie für einen wirksamen

Joy Touch brauchen. Wenn die Empfindung nicht so stark ist, wie Sie es gerne hätten, öffnen Sie während der Übung ein wenig den Mund. Interessant ist übrigens, dass der Mund sich von selbst leicht öffnet, wenn ein Mensch tief entspannt ist.

Legen Sie das Buch jetzt beiseite. Lesen Sie erst weiter, wenn Sie eine oder beide Varianten vier oder fünf Mal probiert haben. Verwöhnen Sie sich mit der Selbstaktivierung Ihres Glückszentrums.

- **Heben Sie langsam eine Hand, damit Sie sich auf die Stelle über den Augenbrauen konzentrieren können.**
- **Berühren Sie leicht die Stirn, oder senden Sie Energieimpulse aus.**
- **Gehen Sie nach innen zum Septum pellucidum, und streicheln Sie es.**
- **Sehen und/oder spüren Sie, wie Ihr Glückszentrum aktiv wird.**

Anmerkung: Wie bereits erwähnt, sollten Sie diese Übung auch als Rechtshänder mit der linken Hand probieren. Achten Sie darauf, ob das Biomagnetfeld Ihrer Hand über dem linken vorderen Stirnlappen die Empfindung verstärkt (indem es die Fähigkeit dieser Region anregt, negative Emotionen zu unterdrücken, so dass die Stimmungsaufhellung deutlicher zu spüren ist).

Bei vielen Menschen wirkt diese Technik noch besser, wenn sie die Fingerspitzen ein wenig kühlen (indem sie einen Eiswürfel berühren oder eine kalte Limonadendose in die Hand nehmen). Es ist interessant, dass wir seit Jahrhunderten aufgeregte Leute mit kalten Umschlägen auf der Stirn beruhigen. Dabei geht es weniger um die Kühlung (die wäre im Nacken und auf der Halsschlagader wirksamer), sondern mehr um ein Gefühl der Entspannung und Linderung. Übrigens nützt es meist nichts, den Eiswürfel an die Stirn zu drücken. Der Temperaturunterschied ist so groß, dass Ihre Aufmerksamkeit sich sofort dem Kältegefühl zuwendet. Leicht gekühlte Fingerspitzen sind am besten.

Wenn es Ihnen bei diesen Übungen nicht gelingt, die erwünschten Empfindungen hervorzurufen, dann denken Sie daran, dass Sie noch lernen. Haben Sie jemals etwas an einem Tag gelernt? Wie lange brauchten Sie, um gehen oder lesen zu lernen? Für diese Technik brauchen Sie nicht so lange, aber sie ist neu für Sie. Bei jedem Feedback werden Sie umso besser, je länger Sie üben. Die beiden wichtigsten Tipps lauten: Üben Sie nicht verbissen, und konzentrieren Sie sich immer auf die Stelle über den Augenbrauen. Wenn Sie nur lesen, ist es etwas schwieriger, die gewünschten Empfindungen auszulösen (ein Video oder eine praktische Demonstration sind wirksamer). Beim Lesen neigen Sie dazu, sich auf die Augen zu konzentrieren. Denken Sie also daran, während der Übungen diesen „Lesemodus" auszuschalten. Machen Sie eine kurze Pause, um die Augen zu entspannen, und konzentrieren Sie sich dann auf die Stirnmitte oberhalb der Augen.

Wenn Sie bessere Ergebnisse haben wollen, ehe Sie weitermachen, dann wiederholen Sie die bisherigen Übungen und beachten dabei die obigen Tipps, oder Sie probieren die folgende Aufwärmübung:

- **Legen Sie die Fingerspitzen beider Hände in Höhe des Septum pellucidum auf die Stirnmitte.**
- **Trennen Sie die Hände, und streichen Sie behutsam über die Stirn.**
- **Hören Sie auf, wenn Sie die Seiten des Kopfes knapp unter den Ohren erreichen, und wiederholen Sie die beiden ersten Schritte.**
- **Streichen Sie weiter über die Stirn, und visualisieren Sie dabei, das Septum pellucidum im Schädel zu streicheln.**
- **Zum Schluss visualisieren und spüren Sie, wie imaginäre Hände nach innen und über das Septum pellucidum streichen.**

Bestimmen Sie Ihren Gemütszustand selbst

Jan, eine meiner Seminarteilnehmerinnen in Virginia, wendet eine interessante Variante des Joy Touch mit Handunterstützung an. Da sie zwei kleine Söhne hat, steht sie oft unter Stress, und diese Übung hilft ihr. Die berufstätige Mutter hat oft ein schlechtes Gewissen, weil sie nicht so oft bei ihren Kindern sein kann, wie sie möchte. Und wenn sie während der kurzen gemeinsamen Zeit auch noch wütend wird, sind die Schuldgefühle noch größer. Jungs sind eben Jungs, und darum geben sie der Mama reichlich Gelegenheit, sich zu ärgern. Einen Tag nachdem sie den Joy Touch erlernt hatte, konnte Jan ihr Verhaltensmuster – Ärger, Wutausbruch, Schuldgefühle – durchbrechen.

Die Jungen hatten eine besonders kreative Methode entdeckt, sie in Rage zu bringen. Diesmal stritten sie darüber, „wer am meisten auf den Toilettensitz gepinkelt hat". Jan hatte schon ihre übliche drohende Haltung eingenommen, als ihr eine Idee kam. Sie dachte an das alte Sprichwort „Wenn du mit einem Finger auf jemanden zeigst, dann zeigen drei auf dich". Sofort erkannte sie, dass ihre Wut auch ihr selbst schadete. Von nun an sollten die drei nach hinten zeigenden Finger sie an den Joy Touch erinnern. Anstatt einen Wutanfall zu bekommen, wollte sie künftig ihr Septum pellucidum aktivieren.

„Ich weiß seit Jahren, dass man kleinen Kindern mit Worten ebenso wehtun kann wie mit Schlägen", sagte Jan. „Aber ich konnte meinen Ärger nicht zügeln. Jetzt wende ich den Joy Touch an, bevor ich ausraste. Das besänftigt mich und macht es mir leichter, die Kinder ohne Feindseligkeit oder verbale Angriffe zu disziplinieren. Das kommt nicht nur ihnen zugute, sondern auch mir. Der Erziehungsstress macht mich nicht mehr unglücklich. Und weil ich jetzt nicht mehr explodiere, habe ich auch kein schlechtes Gewissen mehr. Ich kann das Septum pellucidum aktivieren und trotz ihrer Streiche ruhig bleiben. Wenn ich sie mal ermahnen muss, dann bleibe ich fair und vermeide negative Emotionen. Diese Technik hat mein Leben leichter und glücklicher gemacht."

Jan wendet den Joy Touch regelmäßig an und erhöht dadurch jeden Tag ihren EQ. Sie wird jetzt mit den enormen emotionalen Herausforderungen, vor der sie als Mutter steht, besser fertig. Mehr noch: Sie zeigt ihren Kindern, wie man sich wirksam abregen kann. Sie hat die Technik auch ihren Söhnen beigebracht und ihnen dadurch geholfen, ihr eigenes Verhalten besser in den Griff zu bekommen.

Probieren Sie den Joy Touch aus, wenn Sie wieder einmal gereizt sind. Oder stellen Sie sich eine Situation oder Person vor, die bei Ihnen Ärger auslöst. Aktivieren Sie dann Ihr Glückszentrum, und beobachten Sie, ob der Joy Touch Sie beruhigt und Ihnen hilft, klarer zu denken. Selbst wenn Sie nicht zu neuen Erkenntnissen gelangen, werden Sie bemerken, dass die Stimulation des Septum pellucidum dazu beiträgt, ein wenig Abstand zu gewinnen.

Sie können nicht alles im Leben nach Ihren Wünschen beeinflussen. Nicht einmal die Reichen und Mächtigen können das. Iwan Boesky, Leona Helmsley und Donald Trump sind Beispiele dafür. Aber eines können Sie immer bestimmen: Ihren Gemütszustand. Es liegt an Ihnen, wie Sie auf die Prüfungen des Lebens reagieren. Sie können sich genervt oder herausgefordert fühlen. Sie können sich hilflos fühlen oder aus Problemen lernen. Wenn Sie wissen, wie Sie das Septum pellucidum aktivieren, sind Sie eher in der Lage, einen positiven Standpunkt einzunehmen. Das führt immer dazu, dass Sie Ihr Leben, zumindest aber Ihren Gemütszustand besser im Griff haben. Wichtig ist, dass Sie den Joy Touch jederzeit und überall anwenden können.

Das ist Ihr nächster Schritt. Sobald Sie wissen, wie es sich anfühlt, das Septum pellucidum zu stimulieren, können Sie den Joy Touch anwenden, ohne die Hand zu benutzen und ohne dass andere es merken. Denken Sie sich einfach von der Stirnmitte nach innen, und stimulieren Sie Ihr Glückszentrum mental.

Machen Sie jetzt wieder eine Pause, und gönnen Sie sich vier oder fünf mentale Glücksimpulse. Verstärken Sie das angenehme, erfrischende Gefühl mit jedem Impuls.

- **Schließen Sie die Augen.**
- **Denken Sie an eine gespannte Situation oder an einen Streit.**
- **Konzentrieren Sie sich auf die Stirnmitte über den Augen.**
- **Denken Sie sich von der Stirnmitte nach innen.**
- **Streicheln Sie das Septum pellucidum, um ein Gefühl des Wohlbefindens auszulösen.**
- **Achten Sie darauf, ob Sie jetzt weniger gestresst oder verspannt auf die Situation reagieren.**

Sobald Sie das Septum pellucidum mental stimulieren können, steht Ihnen der Joy Touch jederzeit zur Verfügung. Das verschafft Ihnen einen Vorteil, einerlei, was Sie tun. Sie können sich unter allen Umständen beruhigen. Ich nutze diese Technik sogar, wenn ich im Fernsehen auftrete, ohne dass jemand es merkt. Während eines Interviews für die Abendnachrichten von San Diego TV hatte ich dieses natürliche Beruhigungsmittel besonders nötig.

Ich habe Fernsehinterviews mit vielen Leuten gemacht, von Lucky Severson bei NBC bis Larry King bei CNN. Trotz jahrelanger Erfahrung sind Nachrichteninterviews jedoch immer eine Herausforderung. Erstens weil sie live aufgenommen werden. Zweitens weil sie so kurz sind. Und drittens weil man seine Interviewpartner vor der Sendung kaum zu sehen bekommt. Der Druck ist enorm. Man muss alles beim ersten Mal richtig machen und seine Meinung innerhalb von Minuten klar zum Ausdruck bringen. Und man hat kaum eine Chance, eine echte Beziehung zum Interviewer aufzubauen.

Normalerweise begegne ich diesen negativen Aspekten, indem ich mich so gut wie möglich vorbereite und entspanne. Ich meditiere und stimme mich auf das Interview ein, bevor ich zum Sender fahre. Dort komme ich mindestens fünfzehn Minuten vor der vereinbarten Zeit an. Dank dieser zusätzlichen Minuten kann ich mich mit dem Interviewer und der Szenerie besser vertraut nach. Diese Routine hilft mir, einen klaren Kopf zu bewahren. In San Diego wurde mir dieser Luxus verwehrt.

Ich bereitete mich gerade auf das Interview vor, als meine Mitarbeiter entdeckten, dass jemand die 2000 Broschüren, die ich für die Vorträge am nächsten Morgen brauchte, in Arizona vergessen hatte. Schlimmer noch, die meisten Druckereien würden bald schließen. Natürlich wurde nichts aus meiner Meditation. Im Grunde war die Situation komisch. Während ich mir rasch anzog, wurden mir die Originale aus Arizona zugefaxt. Gleichzeitig erklärte ich dem Personal vor Ort, was zu tun war, damit ich zur rechten Zeit die richtigen Broschüren bekam. Ich war der lebende Beweis für die Richtigkeit der Fernsehwerbung für ein Antitranspirant: „Wenn das Leben den Druck erhöht, erhöht Ihr Körper die Hitze." Um körperlich kühl zu bleiben, stellte ich mich unter einen Ventilator, der allerdings meine Frisur durcheinander brachte.

Zum Glück wusste ich, wie ich das Septum pellucidum aktivieren konnte. Das half mir, *im Kopf* kühl zu bleiben. Ich wandte die Technik unter dem Ventilator an und sogar während des Interviews. Es klappte wunderbar. Ich blieb mitten im Chaos ruhig. Es wurde ein hervorragendes Interview, das mir Spaß machte.

Ich hatte keine Zeit, mich vorzubereiten, und keine Chance, früh zu einem wichtigen Interview einzutreffen. Dennoch lief alles optimal, dank des Joy Touch. Ich konnte das Interview steuern und kam schnell auf die entscheidenden Themen zu sprechen. Seit ich meinen Körper auf natürliche Weise beruhigen kann, sind Interviews für mich eher ein Spaß als eine Belastung. Anstatt als nervenzermürbende Tests betrachte ich sie als gute Chancen, möglichst viele Menschen anzusprechen. Die Innere Technik hat mein Leben viel erfolgreicher und glücklicher gemacht.

Probieren Sie den Joy Touch selbst aus, um alltägliche Probleme zu meistern. Wenn Sie heute oder morgen in einer schwierigen Situation sind, dann aktivieren Sie das Septum pellucidum vor, während oder nach dieser Herausforderung. Wenn Sie den Joy Touch vorher anwenden, werden Sie ruhiger und haben sich besser im Griff. Wenn Sie Ihre Stimmung während der schwierigen Situation verbessern, steigen Ihre Chancen, richtig zu reagieren. Die Technik wirkt selbst dann, wenn Sie vergessen, sie vor oder während des stressigen Ereignisses anzuwenden. Sie können sie auch hinterher nutzen, um Ihre restliche Anspannung und die unangenehmen Gefühle loszuwerden.

Das Wissen um den Joy Touch allein beseitigt Ihre Probleme nicht. Diese Technik macht Sie auch nicht zum übersteigerten Optimisten oder zum grinsenden Idioten. Aber sie hilft Ihnen, die Probleme des Lebens mit neuen Methoden zu bewältigen. Besser noch: Der Joy Touch hat positive Wirkungen ohne negative Nebenwirkungen. Sie müssen nicht verreisen, um sich zu entspannen, und verlieren keine Zeit mit langen Meditationen. Sie brauchen keine Geräte zu kaufen oder anzuschließen, und es besteht keine Gefahr, süchtig zu werden oder mit einem Kater aufzuwachen. Sie bekommen sogar einen Bonus: Je öfter Sie das Glückszentrum des Gehirns aktivieren, desto besser wird Ihre Stimmung im täglichen Leben. Das ganze Leben scheint heller und schöner zu werden.

Wenn Sie glauben, die Grundlagen des Joy Touch zu beherrschen, können Sie zum nächsten Kapitel übergehen und den zweiten Aspekt des Free-Soul-Programms erlernen, die „Tröstende Verbindung". Andernfalls machen Sie die folgenden zusätzlichen Übungen, die Ihnen zu einem besseren Start verhelfen.

Zusätzliche Tipps für eine stärkere Initialwirkung

Wenn die stimmungsaufhellende Wirkung bei Ihnen noch nicht so stark ist, wie Sie es sich wünschen, helfen Ihnen Übungen mit einem Partner. Sie haben dann den Vorteil, dass Sie weniger denken müssen, wenn Sie versuchen, das Septum pellucidum zu finden und zu stimulieren. Bei jeder Übung sollte ein Partner auf einem Stuhl sitzen und der andere stehen. Danach wechseln Sie die Rollen.

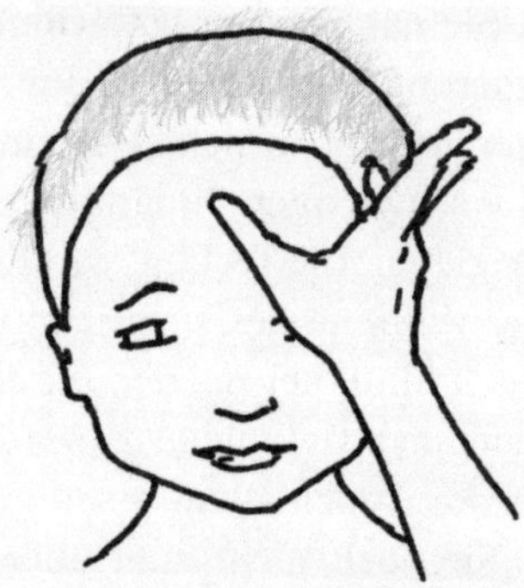

Abb. 8: Berührungspunkte, die helfen, das Septum pellucidum zu finden

Wiederholen Sie zunächst die einfache Aufwärmübung zum Lokalisieren des Septum pellucidum im Kopf. Allerdings vertauscht der stehende Partner hier die Positionen des Daumens und des Mittelfingers, wenn er Sie berührt (siehe Abb. 8 und 9). Das ist einfacher für ihn.

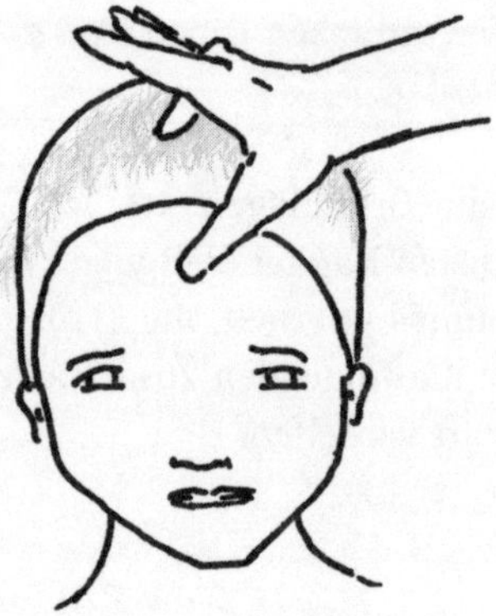

Abb. 9: Berührungspunkte, die helfen, das Septum pellucidum zu finden

Die Anweisungen für den stehenden Partner lauten also:

- Legen Sie den Daumen auf die Stirnmitte zwischen den Augen, etwa 4 cm über den Augenbrauen (siehe Abb. 8).
- Berühren Sie gleichzeitig die Mitte der Kopfseite mit dem Mittelfinger.
- Der sitzende Partner zieht im Geiste von jedem Finger eine Linie nach innen.

- Der sitzende Partner erspürt, wo die Linien sich im Kopf schneiden.
- Versuchen Sie auch, den Daumen auf die Stirn und den Mittelfinger auf die Mitte des Schädeldachs zu legen (siehe Abb. 9).
- Wechseln Sie mit dem Mittelfinger mehrere Male zwischen dem Schädeldach und der Kopfseite hin und her.
- Der sitzende Partner fühlt oder visualisiert den Punkt, an dem die drei Linien sich schneiden.

Anmerkung: Bei den nächsten zwei Übungen sollte der Partner links neben Ihnen stehen und die linke Hand benutzen (den Grund habe ich bereits genannt; es geht um die Funktion des linken vorderen Stirnlappens).

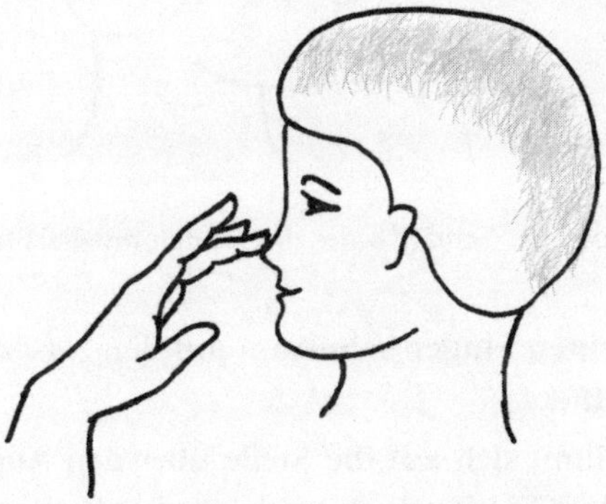

Abb. 10: Schritt 1 des Joy Touch mit Partner

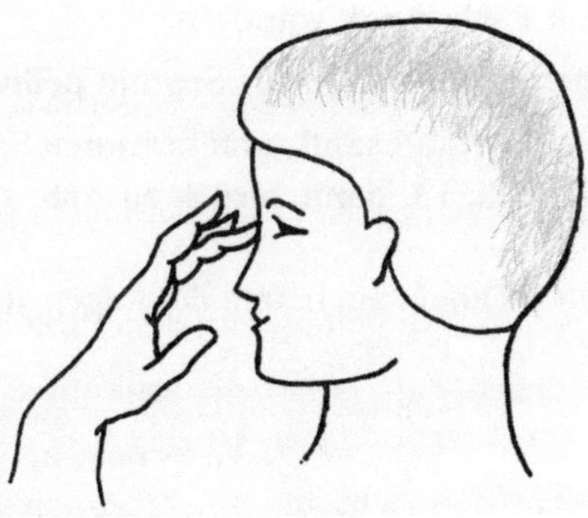

Abb. 11 Schritt 2 des Joy Touch mit Partner

Machen Sie nun die zweite Aufwärmübung mit Partner (siehe Seite 28–29). Stellen Sie sich neben den sitzenden Partner, und streichen Sie mit dem Finger sanft auf seinem Nasenrücken nach oben (siehe Abb. 5 bis 8). Drücken Sie ihn nicht nach hinten. Achten Sie darauf, so zu stehen, dass Sie die Stirnmitte des Sitzenden gut sehen können. Hier sind die Anweisungen für den stehenden Partner:

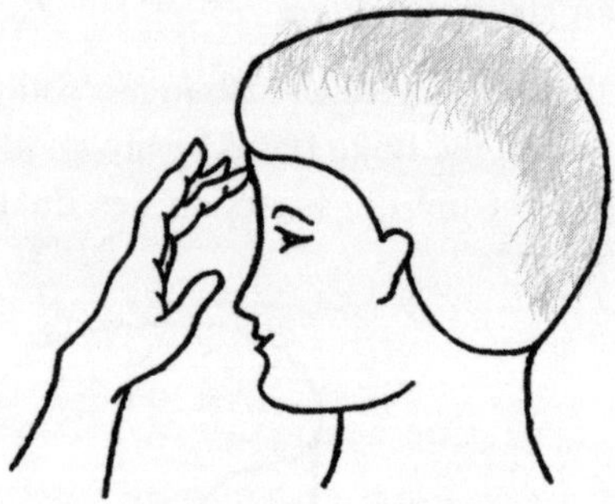

Abb. 12: Schritt 3 des Joy Touch mit Partner

- **Legen Sie einen Finger behutsam auf den Nasenrücken des sitzenden Partners.**
- **Helfen Sie ihm, sich auf die Stelle über den Augen zu konzentrieren, indem Sie langsam nach oben streichen (siehe Abb. 11 und 12).**
- **Drücken Sie leicht, wenn Sie die Stirnmitte erreicht haben.**
- **Sobald der sitzende Partner diesen Druck spürt, lässt er seine Konzentration nach innen wandern.**
- **Dann streichelt er im Geiste das Septum pellucidum.**
- **Entfernen Sie die Hand sanft, und beginnen Sie erneut auf dem Nasenrücken (Abb. 13, dann zurück zu Abb. 10).**

Der sitzende Partner schließt am besten die Augen, der stehende öffnet sie natürlich.

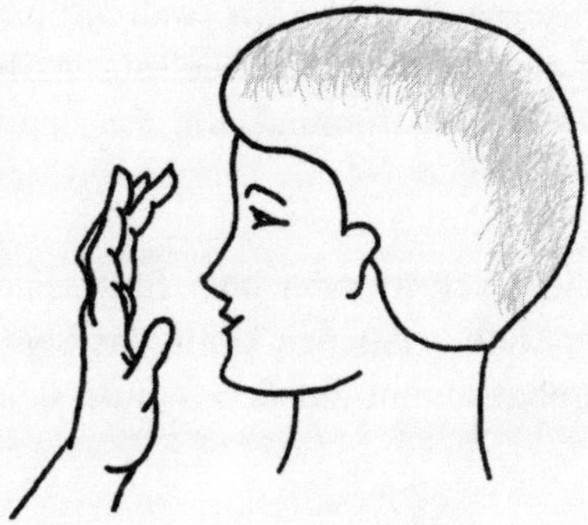

Abb. 13: Schritt 4 des Joy Touch mit Partner

Machen Sie diese Übung mindestens vier oder fünf Mal, damit der sitzende Partner die Reise nach innen und das Streicheln des Septum pellucidum üben kann, sobald Sie leicht auf seine Stirn drücken.

Bei der folgenden Variante berühren Sie den sitzenden Partner nicht, sondern streichen durch sein Biomagnetfeld (siehe Abb. 14–16).

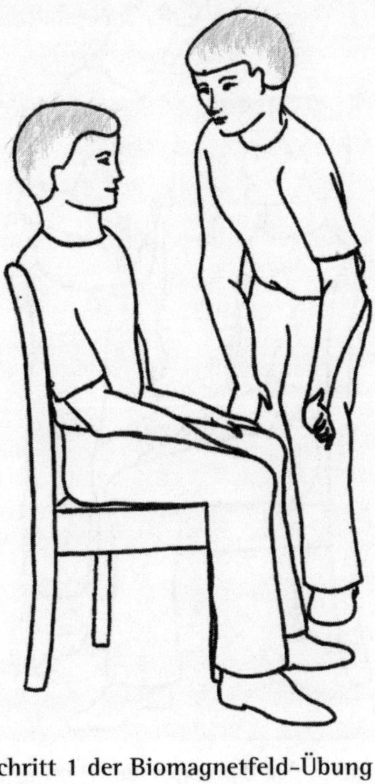

Abb. 14: Schritt 1 der Biomagnetfeld-Übung mit Partner

Viele Leute ziehen diese Methode vor, weil sie hier nicht durch das Berühren der Stirn abgelenkt werden. Sie spüren die Wärme der Hand und nutzen die sanfte Luftströmung, um das Septum pellucidum zu aktivieren.

Wiederholen Sie diese Schritte vier oder fünf Mal, damit der sitzende Partner mehrere Male versuchen kann, das Septum pellucidum zu aktivieren (jeweils abgestimmt auf den Impuls, den die Hand auf der Stirn auslöst).

Dies sind die Anweisungen für den stehenden Partner:

- **Stellen Sie sich neben den sitzenden Partner, und beginnen Sie mit der Hand in Kniehöhe (siehe Abb. 14).**

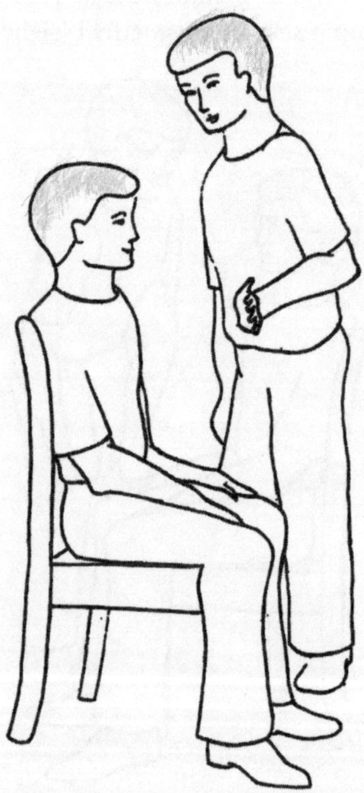

Abb. 15: Schritt 2 der Biomagnetfeld-Übung mit Partner

- Helfen Sie ihm, sich auf die Stelle über den Augen zu konzentrieren, indem Sie langsam nach oben streichen (siehe Abb. 15).
- Halten Sie die Hand 30 bis 60 cm vom Körper entfernt, bis Sie die Höhe der Stirn erreicht haben.
- Machen Sie dann mit der Hand kleine, rhythmische Bewegungen auf die Stirnmitte zu (siehe Abb. 16).
- Sobald der sitzende Partner diese Impulse spürt, lässt er seine Konzentration nach innen wandern.
- Dann streichelt er mental das Septum pellucidum.
- Entfernen Sie die Hand behutsam, und beginnen Sie den Zyklus wieder am Knie.

Der sitzende Partner schließt am besten die Augen, der stehende öffnet sie natürlich.

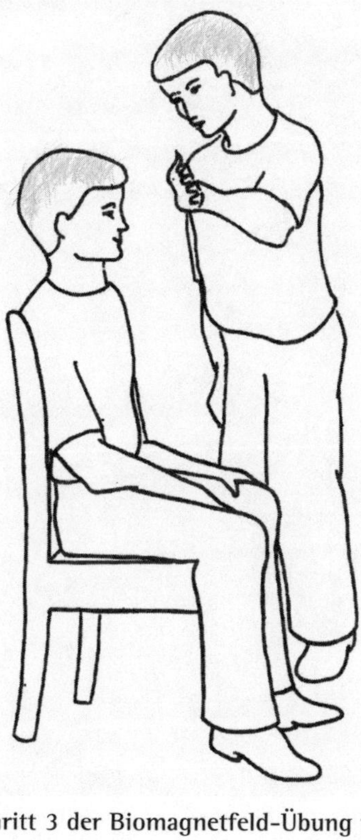

Abb. 16: Schritt 3 der Biomagnetfeld-Übung mit Partner

Jetzt sollten Sie bereit sein, die Übungen auf Seite 38–43 allein zu bewältigen, also nur die eigene Hand zu benutzen und das Septum pellucidum nur mental zu stimulieren. Denken Sie daran, dass die meisten Menschen anfangs nur schwache Empfindungen haben. Je öfter Sie üben, desto stärker werden sie.

Wenn Sie mehr Unterstützung brauchen, stehen Ihnen Lehrer in der Nähe Ihres Wohnortes für einen Einzelunterricht zur Verfügung. Schreiben Sie an Free Soul, P.O. Box 1762, Sedona, AZ 86339, USA, oder benutzen Sie unsere Webseite http://freesoul.net.

2

Limbischen Stress und limbische Depression überwinden

Vorbemerkung des Autors:

Dieses Kapitel enthält Abschnitte, die wegen ihrer Thematik möglicherweise schwer zu verstehen sind. Sie erklären ausführlich, wie Sorgen, Kränkungen, Wut und Angst das Leben verdüstern. Warum ist dieses Kapitel notwendig? Weil es auch den Schlüssel zur Heilung enthält, zur Überwindung des emotionalen Chaos, das Sie unglücklich macht.

Wenn Sie im Folgenden über die einzelnen Arten von limbischem Stress lesen, dürfen Sie darauf nicht Ihrerseits gestresst reagieren. Wenden Sie den Joy Touch an, den Sie im vorigen Kapitel gelernt haben, um trotz des unangenehmen Themas ruhig zu bleiben. Spüren Sie Wut, Sorgen, Groll und Angst, aber lassen Sie sich nicht von ihnen beherrschen oder die Stimmung verderben.

Betrachten Sie dieses Kapitel als Reise in die Zukunft. Während Sie lesen, wirft Ihr Bewusstsein ein Licht auf Ihre künftige Fähigkeit, mit den emotionalen Herausforderungen des Lebens fertig zu werden, und zwar möglichst ohne Traumen und Unbehagen. Sie sind buchstäblich ein Pionier; denn Sie erforschen eine bessere Lebensweise, um sich von den Schmerzen zu befreien, die das Dinosauriergehirn verursacht.

Bei den Übungen konzentrieren Sie sich auf die Freude, die Sie empfinden, wenn Sie alten Ballast abwerfen. Sie werden neue Methoden kennenlernen, damit Sie es nächstes Mal besser machen, und Sie erfahren Geheimnisse, die Ihnen helfen, glücklicher zu werden. Wenn Ihre Stimmung sich einmal verschlechtern sollte, dann machen Sie eine Pause und wenden den Joy Touch an – so oft, bis Sie sich wieder als Pionier fühlen, der nach neuen Einsichten und Weisheit strebt.

Alles, was Sie in diesem Kapitel lernen, kommt unmittelbar Ihrem EQ (emotionalen Quotienten) zugute. Die emotionale Intelligenz wird vor allem daran gemessen, wie Sie heftige Emotionen verarbeiten. Der EQ spiegelt Ihre Fähigkeit wider, Ihren analytischen Verstand zu integrieren, um mit Ängsten, Enttäuschungen und Trauer angemessen umgehen zu können. Jeder Abschnitt zeigt Ihnen, wie Sie Ihr spezifisches Heilmittel für diese Art von Stress finden.

Diese Tröstende Verbindung ist ein zweites hochwirksames Instrument für den Umgang mit Emotionen. Mit dem Joy Touch können Sie sich physiologisch beruhigen. Mit der Tröstenden Verbindung können Sie die Ursache der Wut, der Sorgen, des Grolls oder der Angst mental heilen.

Vielleicht ist es am besten, wenn Sie jeweils nur einige Abschnitte des Kapitels lesen. Selbst der eifrigste Forscher kann müde werden, und Müdigkeit macht Sie anfälliger für negative Emotionen. Dieses Kapitel will nicht Ihre emotionale Ausdauer auf die Probe stellen, sondern ein Leitfaden für Sie sein. Die einzelnen Abschnitte erläutern, wie Sie sich von den verschiedenen limbischen Stressarten befreien.

Sobald Sie die Tröstende Verbindung erlernt haben, können Sie zu jedem beliebigen Abschnitt oder Kapitel vorblättern. Wenn Sie das Buch das nächste Mal zur Hand nehmen, können Sie sich dann über den nächsten limbischen Stress informieren oder diesen Abschnitt überspringen, bis Sie zum spezifischen Trauma Ihres Lebens kommen (Ablehnung, Sorgen, Wut, Untreue usw.). Noch bevor Sie zu lesen anfangen, sollten Sie aber wissen, dass Sie dank Ihres Mutes und Forschungsdranges bereits gewonnen haben.

Der Tyrannosaurus des Stress: limbischer Stress

Einerlei, wie viel Sie über Stress und seine schädlichen Folgen zu wissen glauben, Sie haben noch nicht einmal die Oberfläche angekratzt, solange Sie die Auswirkungen des limbischen Stress noch nicht kennen. Limbischer Stress ist in der heutigen Welt der größte Feind der Leistungsfähigkeit und der Lebensqualität. Wenn es Ihnen nicht gelingt, ihn zu beseitigen, können Sie niemals mehr als einen Bruchteil Ihres Potenzials nutzen. Außerdem finden Sie sich dann mit einem Leben ab, das Sie furchtsam und unglücklich macht.

Um limbischen Stress abzubauen, brauchen Sie eine Technik, die über das übliche Stressmanagement hinausgeht, weil es sich hier um ein völlig anderes physiologisches und psychologisches Phänomen handelt. Die meisten Methoden befassen sich nur mit den negativen Wirkungen auf die Nebennieren, das Herz und die Gefäße. Das ist der „Kampf-oder-Flucht-Stress", unter dem der Körper (vor allem Herz und Kreislauf) leiden und den Adrenalin und andere Hormone auslösen.

Was ich limbischen Stress nenne, ist der mentale Kurzschluss, den das limbische System des Gehirns auslöst. Sie spüren ihn, wenn Sie ausrasten, wenn negative Emotionen Sie unglücklich machen und Ihre Leistung reduzieren. In physiologischer Hinsicht geht es um die Symptome, die auftreten, wenn das limbische System den höheren Kortex überwältigt und beherrscht. Praktisch gesehen sind es Funktionsstörungen, zu denen es kommt, wenn Sie im Chaos negativer Emotionen (Groll, Sorgen, Wut, Angst) stecken bleiben.

Wie bereits erwähnt, sind nicht Gefühle und Emotionen das Problem. Emotionen machen das Leben sinnvoll und geben ihm Würze. Zudem ist das Wissen um die Gefühle ein wesentlicher Aspekt dessen, was Howard Gardner von der Harvard University intrapersonale Intelligenz nennt. Schwierigkeiten treten auf, wenn ungesunde Gefühle überhandnehmen. Denken Sie daran, wie oft Sie von Traurigkeit, Angst, Enttäuschung oder Beklommenheit überwältigt wurden. Das ist der Zyklus des limbischen Stress, die mentale Schallplatte, die das limbische System mit *negativen* Emotionen zerkratzt.

Das limbische System ist einer der ältesten und tiefsten Teile des Gehirns. Es wird oft als frühes Säugetiergehirn bezeichnet, weil es auf die Anfänge der menschlichen Evolution zurückgeht. Man findet es bei allen Säugetieren, aber nicht bei Reptilien oder anderen niedrigeren Arten. Wir sind zwar noch weit davon entfernt, das limbische System vollständig zu verstehen, aber wir wissen, dass es Emotionen verarbeitet. Seit Jahren wundern sich Wissenschaftler über die Vielfalt der negativen Emotionen, die man durch elektrische Stimulation oder Verletzungen dieses Gehirnareals auslösen kann.

Eine klassische Geschichte über das limbische System, die ich während meines Studiums am MIT hörte, handelt von Joe, einem verwundeten Weltkriegsveteran. Er hatte einen Kopfschuss abbekommen und mit einem Splitter in einem Gehirnventrikel überlebt. Das hatte keine negativen Auswirkungen, solange er den Kopf nicht zu schnell bewegte. Dann nämlich verrutschte der Splitter und streifte Teile seines limbischen Systems. Selbst wenn er vor wenigen Sekunden noch glücklich war, brach er nun ganz plötzlich in Tränen aus, und wenn ihn jemand fragte: „Was ist los, Joe?“, antwortete er: „Es ist, als würde ich innerlich weinen.“

Das limbische System beherbergt auch das „Wutzentrum“. Stimuliert man diesen Teil des Gehirns, löst er extreme und irrationale Wutanfälle aus. Der Physiologe und Nobelpreisträger Walter Hess experimentierte mit Elektroden, die er in diesen Teil eines Katzengehirns einführte. Ein sanftes, schnurrendes Tier verwandelte sich sofort in eine fauchende Bestie, die auf die geringste Provokation mit Kratzen und Beißen reagierte.

Dank dieser extremen Empfindlichkeit und Macht ist das limbische system ein potenziell tödlicher Feind. Wenn Ereignisse oder Gedanken diesen Teil Ihres Gehirns aktivieren, gehen Sie auf eine Berg-und-Tal-Fahrt der negativen Emotionen, die kaum aufzuhalten ist. Kurzschlüsse im limbischen System (verursacht durch Elektroden, Kugelsplitter oder alltägliche Ereignisse) können den bewussten, denkenden Geist überwältigen. Limbischer Stress kann innerhalb eines Augenblicks Ihre Fähigkeiten lahm legen und Sie unglücklich machen.

Der Joy Touch verschafft Ihnen zeitweilige Erleichterung. Er kann Sorgen, Groll, Wut und Angst sofort lindern. Aber das genügt nicht immer, um den limbischen Stress zu besiegen. Das limbische System erzeugt derart heftige negative Emotionen, dass die positive Wirkung des Joy Touch bisweilen aufgehoben wird.

Deshalb ist es sehr wichtig, den limbischen Stress zu verstehen und speziell zu behandeln. Sobald Sie gelernt haben, ihn zu erkennen und zu beseitigen, haben Sie Ihr Innenleben vollständig im Griff, denn Sie können sich ein Leben lang von negativen Emotionen und Depressionen befreien.

Das Schwarze Loch des Gehirns – der limbische Stress

Es gibt mehrere Gründe dafür, dass limbischer Stress viel schlimmer ist als sein vom Adrenalin ausgelöster Vetter. Erstens ist der limbische Stress hartnäckiger. Die negativen Wirkungen des Adrenalinstress flauen meist ab, sobald die Ereignisse, die ihn verursacht haben, zu Ende sind. Wenn Sie der stressigen Situation entronnen sind, bilden die Nebennieren kein Adrenalin mehr und Puls, Blutdruck und andere physiologische Funktionen normalisieren sich allmählich. Beim limbischen Stress (Groll, Sorgen, Wut, Angst) kann der mentale Kurzschluss noch lange nach der Auslösung durch ein bestimmtes Ereignis andauern. Wie lange waren Sie schon gekränkt oder besorgt? Oft wird der Stress mit der Zeit sogar schlimmer anstatt besser, da wir das auslösende Ereignis immer wieder im Geiste durchspielen. Dieser Vorgang schließt häufig Erinnerungen an frühere Kränkungen ein, die das innere Chaos verdoppeln oder verdreifachen.

Zweitens beeinflusst der limbische Stress viele Aspekte des Lebens, weil er so lange andauert. Wie können Sie optimale Beziehungen pflegen, wenn Sie Schmerzen haben oder unruhig sind? Ihre Leistung lässt nicht nur am Arbeitsplatz nach, sondern auch im Privatleben. Wichtiger noch: Limbischer Stress schadet auch Ihrem Selbstbild. Negative limbische Reize unterdrücken und überlagern die normalen stimmungsaufhellenden Zyklen des Gehirns. Wie können Sie glücklich sein, wenn Sie ständig gekränkt oder wütend sind, sich Sorgen machen oder Angst haben? Limbische Störungen sind der Stress, der alle Lebensbereiche erfasst.

Die negativen Folgen können lange andauern, weil die üblichen Methoden des Stressabbaus sie kaum oder gar nicht beeinflussen – sie haben mental und physiologisch oft den falschen Ansatz. Zudem tritt ihre beruhigende Wirkung häufig so langsam ein, dass sie die Lawine aus negativen Emotionen, die der limbische Stress auslöst, nicht aufhalten können. Sie haben einfach nicht die Kraft, den inneren Stress zu lindern, den wir allzu oft selbst in Gang halten.

Ja, Sie haben richtig gelesen: Wir halten ihn selbst in Gang! Ist Ihnen schon einmal aufgefallen, dass Sie meist aufgewühlt bleiben *wollen,* wenn Sie gekränkt, besorgt, wütend oder furchtsam sind? Wir beschleunigen die Abwärtsspirale, indem wir eine erlittene Kränkung immer und immer wieder „durchkauen". Das muss natürlich keine bewusste Entscheidung sein, aber es ist eine mentale Reaktion auf ein äußeres Ereignis, das längst vorbei ist.

Das häufigste Beispiel ist unsere Neigung, eine Kränkung erneut zu durchleben, entweder indem wir die Szene und die beteiligen Personen visualisieren oder indem wir das Gespräch, das uns gekränkt hat, innerlich noch einmal hören. Und jedes Mal, wenn wir die Erinnerung wachrufen, tut sie weh. Der limbische Zyklus beginnt von vorne und löst immer neue mentale Kurzschlüsse aus, die uns schwächen.

Naomi ist eine Karrierefrau, der man vor Kurzem im Büro eine Anfängerin namens Roseanne vor die Nase setzte. In Roseannes ersten Monaten tat Naomi ihr Bestes, damit die Neue sich wohlfühlte. Dann geschah etwas, was Naomi in einen verheerenden Zyklus aus limbischem Stress stürzte. Roseanne erzählte Naomis hochgeachtetem Mentor Dr. Janes, Naomi habe ihn verleumdet. In Wahrheit hatte Naomi andere wegen dieser Äußerungen kritisiert und gehörte zu den überzeugten Anhängern von Dr. Janes.

Roseanne sprach mit Dr. Janes, um sich bei ihm einzuschmeicheln und befördert zu werden. Diese Heimtücke verletzte Naomi und machte sie wütend, denn sie hatte ihre Kollegin ja solidarisch unterstützt. Noch schmerzlicher war, dass Dr. Janes zunächst Roseanne glaubte und Naomi sogar vorwarf, eine Verräterin zu sein. Dieser Mangel an Vertrauen bei einem Menschen, den Naomi bewundert hatte, löste in ihrem limbischen System eine Explosion aus. In dieser Nacht konnte sie nicht schlafen. Immer wieder spielte sie den Vorfall im Geiste durch. Tagelang war sie ein emotionales Wrack. Wann immer die Arbeit sie nicht vollständig in Anspruch nahm, durchlebte sie das Ereignis neu und spürte wieder Groll und Wut.

Schlimmer noch: Als Dr. Janes herausfand, dass Roseanne ihn belogen hatte, entschuldigte er sich nicht bei Naomi. Das verstärkte deren Enttäuschung und Wut. Monate später sah Naomi die schmerzlichen Szenen immer noch vor dem geistigen Auge und hörte die Gespräche. Sie ging sogar einen Schritt weiter und grübelte darüber, was sie hätte sagen sollen. Und jedes Mal spürte sie den Schmerz erneut. Die Erinnerung konnte selbst die besten Tage verdüstern. Naomis Arbeit litt sehr darunter, und ihr Privatleben ebenso. Meist war sie reizbar und lethargisch.

Dies ist die Folge des limbischen Stress. Er ist ein mentales schwarzes Loch, das uns auffrisst, unsere Leistung untergräbt und uns die Freude am Leben raubt. Joyce, eine meiner Seminarteilnehmerinnen, beschrieb dieses Vorgang als Gift, das sich langsam und unaufhaltsam ausbreitet und schließlich jeden Lebensbereich erfasst. Naomis Fall ist ein Beispiel für einen limbischen Kurzschluss, ausgelöst von Groll und Wut. Was Sorgen und Angst anbelangt, ist der Prozess etwas anders, aber im Wesentlichen gleich. Die lähmende Angst kehrt mit jedem neuen „Was wäre, wenn?“ zurück. Jedes Mal fällt uns ein neuer Aspekt des Problems ein, aber keine Lösung. Das Gefühl der Hilflosigkeit und Unsicherheit wird neu entfacht. Die Folge ist eine mentale Überlastung. Die Angst erfasst alle Bereiche des Berufs und des Lebens.

Ann, ebenfalls eine Seminarteilnehmerin, identifizierte ein anderes Element, das den limbischen Stress bei ihr so destruktiv macht. Sie stellte fest, dass sie immer wieder Situationen heraufbeschwört, die den Zyklus erneut in Gang setzen. Sie fühlt sich fast magnetisch von Menschen angezogen, die den gleichen Knopf drücken und die gleichen Folgen auslösen: Groll, Sorgen, Wut oder Angst. Haben Sie dieses Verhaltensmuster jemals bei sich bemerkt?

Fällt Ihnen ein limbisches Problem ein, dessen Wiederholung Sie verhindern möchten? Wenn Sie ein Ärgernis mit einem Zauberstab aus Ihrem Leben verbannen könnten, welches würden Sie wählen? Machen Sie eine kurze Pause, und denken Sie darüber nach. Wenden Sie mehrere Male den Joy Touch an, falls Sie sich unwohl oder mental blockiert fühlen.

Stellen Sie sich nun vor, wie Ihr Leben ohne Groll, Sorgen, Wut oder Angst aussähe.

- **Sehen Sie sich entspannt lächeln.**
- **Fühlen Sie sich zufrieden und innerlich friedvoll.**
- **Hören Sie sich positive Gedanken denken.**
- **Machen Sie sich klar, dass dies Ihre Zukunft ist, wenn Sie lernen, den Zyklus des limbischen Stress zu durchbrechen.**

Ich werde Ihnen bald zeigen, wie Sie diese Zukunft real machen. Diese einfache Übung dient nur der Vorbereitung. Sie legt ein unbewusstes Fundament für die Techniken, die Sie erlernen werden. Limbischer Stress lässt sich beseitigen, und Sie können das Glück, das Ihnen bestimmt ist, voll genießen.

Emotionales Chaos rasch beseitigen

Um die zerkratzte Schallplatte der negativen Emotionen zu reparieren, müssen Sie zuerst die Ursache des Zyklus finden. Wir machen nur geringe Fortschritte, wenn wir lediglich Symptome behandeln. Auch der Versuch, der Abwärtsspirale vorzubeugen oder das Kratzen zu dämpfen, misslingt, wenn wir uns nicht um die Ursache kümmern.

Angenommen, wir halten den Zyklus aus einem bestimmten Grund in Gang. Man sagt ja, dass wir nichts ohne Grund tun. Möglicherweise haben wir (wenngleich unbewusst) beschlossen, deprimiert zu bleiben und „festzustecken".

Der Grund dafür, dass wir Groll, Sorgen, Wut oder Angst in Gang halten, ist ganz einfach, aber wir müssen ihn am richtigen Ort suchen – genauer gesagt, zur richtigen Zeit. Der Grund liegt nämlich in unserer Vergangenheit, in den ersten Jahren der Kindheit. Als Kinder waren wir nicht in der Lage, uns (körperlich oder seelisch) selbst zu versorgen, und niemand erwartete es von uns. Wenn wir wirklich gekränkt wurden oder Angst hatten, kam jemand und tröstete uns. Andere nahmen uns in den Arm, damit „alles gut" wurde. Diese *Tröstung* legte die Saat des Verhaltensmusters. Es war der Anfang unserer Konditionierung, die heute bewirkt, dass wir Trost in der äußeren Welt suchen.

Bei Kindern lässt sich das limbische System leichter aktivieren. Kinder weinen öfter als Erwachsene und bekommen leichter Angst. Da sie zudem niedlich sind, werden sie auch häufiger getröstet, und das sehr liebevoll. Die andere Person ist ganz für das Kind da. Meist wird die Tröstung von Essen begleitet (ein Hauptgrund dafür, dass wir so oft zwanghaft essen, um emotionalen Stress zu lindern). Die Kombination aus Fürsorge, Liebe und Essen ist eine mächtige Verstärkung. Sie hat uns buchstäblich programmiert, nach außen zu schauen, wenn wir limbischen Stress abbauen wollen.

Wenn wir älter werden, rückt das limbische System allmählich gegenüber dem Kortex und den höheren Hirnfunktionen in den Hintergrund. Aber wir assoziieren limbischen Stress immer noch mit dem Bedürfnis nach Trost von außen. Darauf sind wir ebenso konditioniert worden wie Pawlows Hunde, die das Läuten einer Glocke mit Futter verbanden.

Warum schwelgen wir in Groll oder in unseren Sorgen, obwohl es unangenehm ist? Weil wir unbewusst nach jemandem rufen, der kommt und uns tröstet. Wie das kleine Kind klagen wir so lange, bis man uns tröstet. Der innere Kurzschluss bleibt bestehen, bis jemand unser aufgewühltes limbisches System beruhigt oder etwas (Erschöpfung, Schlaf, ein Neubeginn oder ein erfreuliches Ereignis) den Zyklus unterbricht.

Allzu oft erwarten wir, dass dieser Jemand der Ehepartner, ein Angehöriger oder ein Freund ist. Das ist mehr als eine Bitte. Unsere Konditionierung macht daraus eine unbewusste Forderung. Wenn diese Menschen aus irgendeinem Grund nicht für uns das sind (oder nicht wissen, wie sie uns trösten können), wird der Stress stärker. Und selbst wenn jemand da ist, macht er oft etwas falsch: Er versucht, das Problem zu lösen, anstatt Trost zu spenden. Aber Lösungen helfen nicht, wenn wir vor allem Trost wollen und brauchen.

Es ist nicht hilfreich, Trost in der äußeren Welt zu suchen. Sie können auf dreierlei Weise enttäuscht werden. Erstens schreien Sie sich bisweilen die Seele aus dem Leib, aber niemand hört Sie. Also leiden Sie weiter. Zweitens kann es sein, dass jemand Sie zwar hört, aber nicht reagiert. Ebenso traurig ist es, wenn andere Sie nicht beachten und daher Ihre unbewussten Signale nicht empfangen.

Besonders tragisch ist Fall drei: Jemand ist da und sorgt sich um Sie, weiß aber nicht, wie er Sie trösten kann. Männer sind als schlechte Trostspender berüchtigt. Das heißt nicht, dass ihnen alles egal ist; sie neigen nur dazu, Probleme zu lösen, anstatt zu trösten. Sobald sie einen Hilferuf hören, reagieren sie oft mit Lösungsvorschlägen. Eine Frau erzählte mir, ihr Mann sage häufig: „Es gibt kein Problem, das man nicht in fünf Minuten mit Klebeband lösen könnte.“ Daraufhin rief eine andere Frau im Publikum: „Ja, wenn du ihm damit den Mund zuklebst!“ Eine der lustigsten Darstellungen dieser Kommunikationsstörung zwischen den Geschlechtern verdanken wir dem Star-Trek-Roman *Imazdi.* Dort begegnet Wil Riker zum ersten Mal Deanna Troi.

Deanna versucht, Will die Details der Betazed-Philosophie beizubringen, damit er empfindsamer wird. Sie stellt ihn vor eine hypothetische Situation, in der eine Ingenieurin ihm ein Problem mit ihrem Vorgesetzten darlegt. Wil bietet eine Lösung an, aber der Computer informiert ihn darüber, dass es nicht um eine Lösung gehe. Verwirrt und ein wenig verärgert fragt er: „Warum kommt sie mit dem Problem zu mir, wenn ich es gar nicht lösen soll?“ Deanna antwortet: „Sie will, dass du sie emotional unterstützt und ihr innere Kraft gibst. Du hättest deine Erfahrungen mit einem ähnlichen Problem mit ihr teilen können.“ Worauf Wil einwirft: „Und ich hätte ihr sagen können, wie ich das Problem gelöst habe.“ Deanna korrigiert ihn: „Nein, du hättest schildern können, wie du dich fühltest, damit sie weiß, dass sie mit ihrem Schmerz nicht allein ist.“ Resigniert erwidert Wil: „Und wie wird das Problem gelöst?“ Deanna antwortet: „Sie wird es zur rechten Zeit lösen, so wie es ihr gefällt. Oder sie beschließt, damit zu leben. Sie will, dass du sie bei ihrer Entscheidung unterstützt, einerlei, wie sie ausfällt.“ Diese humorige literarische Szene wiederholt sich sehr oft in vielen Beziehungen. Ich habe jahrelang über Wahrnehmungstypen,

Empfindsamkeit und Unterschiede zwischen den Geschlechtern nachgedacht und muss ehrlich zugeben, dass ich erst durchblicke, seit ich diese Passage gelesen habe.

Falls auch Sie (ob Mann oder Frau) an einem überaktiven Lösungsreflex leiden, kann diese Szene Ihr Leben so verändern, dass Sie anderen (Männern wie Frauen) helfen können, wenn sie in emotionalen Schwierigkeiten sind. In einer solchen Situation geht es nicht um Lösungen – Sie wollen zuerst und vor allem Verständnis und Unterstützung. Vor den Lösungen wollen Sie getröstet werden.

Der Lösungsreflex ist nicht nur ein Problem der Männer. Alle Menschen, auch Frauen, die allein vor einem emotionalen Problem stehen, denken zunächst häufig „Wie kann ich das lösen oder bessern?" anstatt „Was könnte mich jetzt trösten?". Und da sie meist nicht daran denken, sich selbst zu trösten, gleiten sie in das alte, programmierte Verhaltensmuster ab und suchen Trost bei anderen Leuten. Doch selbst wenn Ihnen ein liebevoller, empfindsamer Mensch zur Verfügung steht, können Sie enttäuscht werden – zum Beispiel wenn er mit seinen eigenen Problemen beschäftigt ist. Vielleicht würde er Ihnen gerne helfen, ist aber derzeit nicht dazu in der Lage. Das Leben scheint auf sadistische Weise komisch zu sein, wenn man bedenkt, wie oft unsere Bezugspersonen gerade dann, wenn wir sie brauchen, selbst in einer Krise stecken. Kinder haben offenbar einen sechsten Sinn. Sie spüren unweigerlich, wann die Mutter oder der Vater am wenigsten ansprechbar ist, und genau in diesem Augenblick geraten sie in Schwierigkeiten.

Warum verlassen Sie sich auf andere, obwohl ihnen die Zeit, die Fähigkeit oder das Interesse fehlt, Sie zu trösten? Stellen Sie sich vor, wie Ihr Leben sich ändern würde, wenn Sie imstande wären, sich selbst Trost zu spenden (auch ohne Essen)! Dann könnten Sie sich selbst von Ihrem Stress befreien. Das ist der Lohn, der Sie erwartet, wenn Sie lernen, Ihre eigene „Tröstende Verbindung" herzustellen. Wenn Sie sich zwei einfache Fragen merken, können Sie Sorgen, Groll, Wut oder Angst selbst überwinden.

Die einfachste Methode, mit der Selbsttröstung zu beginnen, ist die Frage: „Was würde mich in dieser Situation trösten?" Suchen Sie immer nach dem Wesen dessen, was für Sie ein Trost wäre, nicht nur nach äußeren Vorgängen. Einen Bananensplit zu essen ist beispielsweise nur der äußere Vorgang. Im Kern geht es darum, sich selbst zu verwöhnen. Sie brauchen nicht die Leckerei, sondern das Gefühl, etwas Besonderes verdient zu haben. Konzentrieren Sie sich also auf die Qualität oder das Gefühl, das Sie tröstet, nicht nur auf den Gegenstand oder den Menschen, den Sie für die Lösung halten. Meiden Sie die Lösungsfalle.

Fragen Sie dann: „Wie kann ich mir das verschaffen?“ oder „Was kann ich tun, um das Wesen dessen zu bekommen, was mich trösten würde?“ Warten Sie dann ab, welche Ideen Ihnen kommen. Zum Schluss gönnen Sie sich die Unterstützung, Tröstung oder Aktivität, die Ihnen eingefallen ist.

Fragen stellen, Ideen sammeln, handeln – dies ist Ihre *Tröstende Verbindung*. Es ist Ihnen gelungen, sich mit Ihren höheren Gehirnfunktionen zu verbinden, um den limbischen Kurzschluss zu beseitigen. Und das Beste ist, dass Sie diese Verbindung leicht und schnell herstellen können, ohne von anderen abhängig zu sein.

Viele Therapien und psychologische Methoden können das tobende limbische System beruhigen. Die meisten dauern jedoch zu lange, so dass Sie länger als nötig leiden müssen. Ich habe nichts Schnelleres gefunden als diese beiden einfachen Fragen: „Was würde mich in dieser Situation trösten?“ und „Wie kann ich mir das verschaffen?“. Wenn Sie diese Fragen beantworten, erreichen Sie genau den Kern des Problems. Sie durchbrechen schnell den Zyklus des limbischen Stress und aktivieren die Fähigkeit des Kortex, Probleme zu lösen. Nachdem der Joy Touch Ihre Stimmung auf physiologische Weise verbessert hat, gibt Ihnen die Tröstende Verbindung eine hochwirksame Eins-Zwei-Kombination in die Hand, mit der Sie kurzfristigen und langfristigen emotionalen Stress lindern oder beseitigen können.

Anmerkung 1: Es ist ratsam, sich einen „Leckerbissen“ zu gönnen, der zu Ihrer Persönlichkeit und zu Ihrem Wahrnehmungstyp passt. Wenn Sie ein visueller Mensch sind, kann das Betrachten eines Bildes oder einer Szene für Sie besser sein als bloße Worte. Wenn Sie ein Hörtyp sind, profitieren Sie mehr von inspirierender Lektüre oder laut gesprochenen positiven Gedanken. Kinästhetisch veranlagte Menschen sollten sich unbedingt bewegen. Machen Sie einen Spaziergang, und betrachten Sie den Himmel, schreiben Sie positive Gedanken nieder, oder zeichnen Sie tröstende Symbole. Wenn Sie spontan und intuitiv sind, sollten Sie das Problem schnell loslassen. Überlegen Sie, was Sie trösten würde, und suchen Sie den Kern dieser Belohnung. Gönnen Sie sich die Belohnung so schnell wie möglich, und machen Sie dann weiter – Sie können später jederzeit wieder darauf zurückkommen, sogar noch gründlicher. Wenn Sie sehr empfindsam sind, sollte Ihre Tröstende Verbindung körperlich tröstend sein. Trinken Sie eine Tasse Tee. Ziehen Sie bequeme Kleider oder Schuhe an. Setzen Sie sich in einen bequemen Sessel anstatt auf einen starren Stuhl (ob Sie es glauben oder nicht, viele Hör- oder Mentaltypen bevorzugen harte, starre Möbel, weil sie ihnen helfen, sich zu konzentrieren und diszipliniert zu arbeiten). Musik kann für jeden Wahrnehmungstyp eine hilfreiche Ergänzung sein, sofern sie Ihnen gefällt, Ihren Bedürfnissen entspricht (ein hektisches Stück lindert keinen limbischen Stress, wenn Sie unter Zeitdruck stehen) und weder zu laut noch zu leise ist.

Anmerkung 2: Regungslos dazusitzen und zu grübeln ist in jedem Fall das Schlechteste, was Sie tun können. Damit lösen Sie erst recht einen limbischen Kurzschluss aus. Alles, was den Kortex des Gehirns aktiviert, hilft Ihnen, sich aus dem schwarzen Loch des limbischen Systems zu befreien. Darum fühlen wir uns oft besser, wenn wir spazieren gehen oder mit jemandem reden. Zum Gehen und Sprechen brauchen wir höhere Teile der Hirnrinde. Wenn Sie unbedingt sitzen wollen, dann schreiben Sie in Ihr Tagebuch oder visualisieren Sie, wie Sie dem limbischen Sumpf entrinnen. Es kann auch helfen, ein Tier zu streicheln, am Fester zu sitzen oder im Schaukelstuhl zu wippen. Schon die Bewegung der Hand beim Joy Touch, noch bevor Sie das Septum pellucidum stimulieren, ist hilfreich.

Nehmen Sie sich nun einen Augenblick Zeit, ehe Sie weiterlesen, und üben Sie die Tröstende Verbindung. Denken Sie daran, zuerst den Joy Touch anzuwenden oder ihn während der Übung zu nutzen, wenn Sie sich unwohl fühlen oder keine klaren Antworten bekommen.

- **Wenden Sie den Joy Touch an, damit Sie entspannt und ruhig anfangen.**
- **Denken Sie an einen Stress, den Sie gerne los wären – Sorgen, Groll, Wut oder Angst.**
- **Wenden Sie kurz den Joy Touch an, um Unbehagen zu beseitigen, das diese Erinnerung auslöst.**
- **Fragen Sie: „Was würde mich in dieser Situation trösten?" (Identifizieren Sie den Kern dessen, was Ihren Stress lindern würde.)**

- **Fragen Sie dann: „Wie kann ich mir das verschaffen?" (Auf welchen Gedanken, welche Handlung, welchen Blickwinkel oder welche Erinnerung könnten Sie sich konzentrieren, um sich selbst zu trösten?)**
- **Wiederholen Sie den Joy Touch, um sich Ihre Erkenntnis einzuprägen. (Verstärken Sie die Erinnerung an Ihre Tröstende Verbindung und an Ihre Fähigkeit, sich selbst zu trösten.)**
- **Beglückwünschen Sie sich mental für das Gelernte und für Ihre Fortschritte. (Fühlen Sie sich stolz, umarmen Sie sich, sagen Sie „Bravo!" zu sich, oder wissen Sie einfach, dass Sie es gut gemacht haben.)**

Noch wichtiger als der individuelle Tröster, den Sie sich ausdenken, ist der *Prozess*, bei dem Sie lernen, sich selbst zu trösten. Jedes Mal, wenn Ihnen eine Tröstende Verbindung gelingt, geht es Ihnen sofort besser. Außerdem nehmen Ihre Selbstachtung und Ihr Wissen zu. Sie kommen der Befreiung vom Schmerz, den das limbische System auslöst, einen Schritt näher. Stellen Sie sich vor, wie viel schöner Ihr Leben wird, wenn Sie lernen, emotionalen Stress mit der Tröstenden Verbindung sofort zu beseitigen.

In den folgenden Abschnitten finden Sie Beispiele für den Umgang mit verschiedenen Arten von Kränkungen, Sorgen, Wut und Angst sowie beispielhafte Tröstende Verbindungen. Wenn Sie bei der obigen Übung Schwierigkeiten hatten, genau die Tröstende Verbindung herzustellen, die Sie haben wollten, können Sie zu dem Abschnitt weiterblättern, der für Sie interessant ist. Sobald Sie mit der Tröstenden Verbindung gut vertraut sind, können Sie ebenfalls zu jenen Abschnitten vorblättern, die Sie interessieren. Doch zuerst sollten Sie mindestens die Abschnitte über geheime Schmerzen (Seite 71–73) und Depressionen (Seite 101–106) lesen. Danach können Sie nach Belieben (oder nach Bedarf) zu den einzelnen Abschnitten über die verschiedenen Arten von Sorgen, Groll, Wut und Angst zurückkehren.

Tipps für die Selbstheilung von seelischem Leid und geheimen Schmerzen

Kein limbischer Stress belastet uns mehr als Kränkungen. Sie schaden nicht nur unserer Leistung und unseren zwischenmenschlichen Beziehungen, sondern nehmen uns auch die Freude am Leben. Nichts gelingt und nichts freut uns, wenn wir seelisch verletzt sind. Außerdem kann Traurigkeit zu Lethargie und Erschöpfung führen. Das liegt vermutlich daran, dass Energiemangel den Höhlenmenschen veranlasste, einen sicheren Ort aufzusuchen, wenn er bekümmert und verwundbar war.

Zum Glück lässt sich diese Art von limbischem Stress mit der Tröstenden Verbindung leichter beseitigen als alle anderen. Die Erschöpfung können Sie überwinden, indem Sie handeln und sich dadurch neue Energie zuführen. Schon die mentale Aktivität beim Suchen nach einem Tröster sorgt für einen Energieschub, und das „Aha!“ muntert Sie auf. Verglichen mit vagen Sorgen und Ängsten sowie explosiven Wutanfällen ist Gekränktheit greifbarer und deshalb einfacher zu überwinden. Meist können Sie sofort etwas dagegen unternehmen.

Der erste Schritt ist die Identifizierung der Kränkung. Jede Situation ist einzigartig, aber die meisten Kränkungen kann man einer der folgenden Kategorien zuordnen: Zurückweisung, Betrug oder Verlust und Einsamkeit.

Zurückweisung

Eine Zurückweisung schmerzt, weil sie uns das Gefühl vermittelt, unerwünscht zu sein und/oder nicht geschätzt zu werden. Das Gefühl, erwünscht zu sein und akzeptiert zu werden, ist daher die Arznei, die diesen limbischen Stress beseitigt. Wenn Sie fragen: „Was würde mich in dieser Situation trösten?“, lautet die Antwort meist: „Anerkennung und Wertschätzung“. Letztlich liegt die Lösung darin, sich selbst zu akzeptieren. Jede Methode, die das Selbstwertgefühl stärkt, lindert den Schmerz und beseitigt den limbischen Kurzschluss. Konzentrieren Sie sich also darauf.

Oft fällt es allerdings schwer, sich vollständig zu akzeptieren, wenn man gekränkt wurde. Eine Brücke zur Selbstakzeptanz ist immer nützlich. Dieser Zwischenschritt kann die Tröstende Verbindung erleichtern. Joyce McNelly aus Williams in Arizona, eine meiner Lehrerinnen, benutzt eine neue Methode. Wann immer sie sich abgelehnt fühlt, lindert sie den Schmerz, indem sie einen Ort aufsucht, wo sie vollständig akzeptiert wird – sie besucht ihre Enkel, in deren Augen sie immer totale Akzeptanz sieht. Diese Besuche lösen den Schmerz auf und ermöglichen ihr einen positiven Neubeginn. Die Zuneigung eines Haustiers kann ähnlich aufbauend sein.

Wie dieses Beispiel zeigt, können Sie den Zyklus durchbrechen, indem Sie Zurückweisung in einem Lebensbereich durch Akzeptanz in einem anderen Bereich ersetzen. Joyce konnte ihren Schmerz schon dadurch lindern, dass sie an die Liebe ihrer Enkel dachte. Sie musste sie nicht unbedingt besuchen (aber ich glaube, es macht ihr so viel Freude, die Kinder zu umarmen und mit ihnen zu spielen, dass sie auf ihre Besuche nicht verzichten könnte). Wenn ein Besuch nicht möglich ist, sind die Erinnerungen jedoch eine Alternative, denn sie führen zu der Einsicht, dass sie doch geschätzt wird.

Nehmen Sie sich einen Augenblick Zeit, und denken Sie an jemanden, der Sie gern hat.

- **Denken Sie an das Lächeln und den freundlichen Blickkontakt.**
- **Spüren Sie die Umarmung oder andere Zeichen der Zuneigung.**
- **Hören Sie die freundlichen Worte.**
- **Machen Sie sich klar, dass Sie für diese Menschen wichtig waren und sind.**

Da Naomi (an deren Beispiel ich bereits erläutert habe, wie wir den Zyklus in Gang halten) sehr verbal veranlagt war, bestand ihre Tröstende Verbindung aus positiven Affirmationen. Wann immer Dr. Janes' Zurückweisung sie schmerzte, wiederholte sie Sätze wie „Ich leiste wertvolle Arbeit in diesem Büro“. Dann dachte sie an die Projekte, die sie abgeschlossen hatte und an die vielen Menschen, denen sie geholfen hatte. Diese mentalen Affirmationen überlagerten die limbische Wiederholung der schmerzlichen Gespräche.

Viele Menschen können den limbischen Zyklus mit einem Symbol durchbrechen, das ihr Selbstwertgefühl stärkt. Sie schenken sich eine Blume, gehen ins Kino, essen einen Becher Schokoladeneis oder nehmen sich einfach Zeit für ein heißes Bad oder eine Massage. Das kann das Gefühl der Zurückweisung lindern und den limbischen Zyklus durchbrechen. Am wichtigsten ist es jedoch, sich selbst zu lieben und sich nicht nur auf das Symbol als Linderungsmittel zu verlassen. Ein Kaufrausch oder zu viele Eisbecher können unerwünschte Nebenwirkungen haben! Wenn Ihnen klar ist, dass Sie wertvoll sind und eine Belohnung verdient haben, können Sie diese Art Groll überwinden.

Beseitigen Sie nun die Folgen einer vor Kurzem erlittene Kränkung.

- **Wenden Sie zuerst den Joy Touch an, damit Sie ruhig und objektiver sind.**
- **Denken Sie an eine Situation in letzter Zeit, in der Sie sich zurückgewiesen oder nicht ausreichend geschätzt fühlten.**
- **Beseitigen Sie das Unbehagen, das diese Erinnerung auslöst, mit dem Joy Touch.**
- **Fragen Sie: „Was würde mir helfen, mich wohler zu fühlen? Was ist das Wesentliche an diesem Mittel?“**
- **Überlegen Sie, wie Sie sich dieses Mittel verschaffen können.** (Versuchen Sie etwas zu finden, was Sie sofort sagen oder tun können. Es sollte Ihnen zumindest Erleichterung verschaffen, schon wenn Sie daran denken.)
- **Sehen, fühlen, wissen und verstehen Sie, dass Sie eine wertvolle, einzigartige Seele sind.**
- **Beenden Sie die Übung mit einem Joy Touch und einem „Bravo!“.**

Nutzen Sie den Joy Touch, wenn es Ihnen schwerfällt, eine Antwort zu finden. Die Stimulierung des Septum pellucidum hilft Ihnen, den Groll zu überwinden. Dann können Sie sich mit den Einsichten und kreativen Lösungen Ihres höheren Geistes verbinden.

Üben Sie im täglichen Leben, tröstende Verbindungen herzustellen, während Sie in diesem Buch weiterlesen. Lesen vermittelt Ihnen Wissen; Handeln und Erfahrung machen Sie zum Meister, der sein Leben besser im Griff hat. Wenn eine Zurückweisung in dieser Woche Ihre Leistung verringert, dann probieren Sie eine selbsttröstende Technik aus und beobachten Sie, wie schnell Sie wieder fröhlich werden.

Betrug

Betrug gleicht in mancher Hinsicht der Zurückweisung. Er leugnet, dass Sie wichtig sind. Wir fühlen uns verletzt, weil der Betrüger keine Rücksicht auf unsere Gefühle oder Interessen nimmt. Aber der Schmerz geht noch tiefer, denn der Betrug löst auch Gefühle der Hilflosigkeit und Ungerechtigkeit aus. Diese beiden negativen Emotionen verursachen ihre eigenen limbischen Kurzschlüsse. Das folgende Beispiel zeigt, wie man damit fertig wird. (Siehe auch „Wut über Ungerechtigkeit", Seite 80–82 und „Angst vor Hilflosigkeit", Seite 97–99.)

In den ersten Jahren meiner landesweiten Organisation hatte ich Gelegenheit, den Schmerz eines schlimmen Betruges zu verarbeiten. Diesem Ereignis verdanke ich die Entdeckung der Tröstenden Verbindung. Der Schmerz und die Lähmung waren so intensiv, dass ich ein Heilmittel finden musste, um zu überleben.

Ich war der Meinung, dass eine Lehrerin, die ich hier Monica nennen will, mein Vertrauen missbrauchte und ihrer Verantwortung als leitende Vertreterin meiner Organisation nicht gerecht wurde. Ohne mich zu fragen, änderte und strich sie Teile unseres Programms, die meiner Meinung nach wichtig waren. Schlimmer noch: Als ich sie darauf ansprach, lehnte sie es ab, auf meine Bedenken einzugehen. Trotz dieses Streits sah sie keinen Grund, ihre leitende Stellung aufzugeben.

Hätte es sich um eine neue Lehrerin gehandelt, wäre das kein Problem gewesen. Ich hätte sie sofort entlassen. Da Monica und ich jedoch seit Jahren zusammenarbeiteten, war die Lage komplizierter. Ich empfand tiefe Freundschaft für Monica, und ihr unsolidarisches Verhalten machte mich traurig. Sie hatte mein Vertrauen missbraucht und die Chancen, die ich ihr geboten hatte, nicht genutzt. Ich nahm mir diesen Betrug so zu Herzen, dass ich buchstäblich Herzrhythmusstörungen bekam.

Zum Glück sagte der Arzt, die Beschwerden seien nicht lebensbedrohend. Er hielt sie für Symptome meiner ungewöhnlich hohen Belastung. Mein alltäglicher Stress war in der Tat hoch, und nun kam dieser enorme limbische Stress hinzu, ausgelöst von meinem Gefühl, betrogen worden zu sein. Ich nahm es mit Humor, dass die freundliche Arzthelferin mir riet, Antistress-Tonbänder zu kaufen – sie wusste nicht, dass ich im ganzen Land Vorträge über Stressabbau hielt. Natürlich probierte ich aus, was ich predigte; aber nichts half. Selbst meine früheren

Durchbrüche beim Stressabbau (Seelenverlagerung und Entspannung durch Atemübungen) linderten die Herzrhythmusstörungen nicht. Zudem verlor ich die Freude, die ich sonst bei meiner Arbeit empfand. Alles wurde zur Last, und ich schleppte mich durch die Arbeitswoche. Ich war deprimiert und arbeitete nur noch halb so schnell wie üblich.

Ist wusste, dass ich tiefer ansetzen musste, um den limbischen Stress zu lindern. Mir war klar, dass ich mich der schmerzlichen Situation nicht wirklich stellte. Ich fühle mich in einer hoffnungslosen, hilflosen Lage gefangen. Da Monica sich weigerte, ihren Fehler einzugestehen, hatte ich keine andere Wahl, als sie aus ihrer leitenden Stellung zu entfernen. Das fand ich besonders schrecklich, weil ich einer alten Freundin gegenüber loyal sein wollte. Zudem war ich sicher, dass sie unter diesen Umständen kündigen würde. In dieser ausweglosen Situation (ich wollte keine Trennung, konnte Monicas Verhalten aber auch nicht hinnehmen) fühlte ich mich nicht nur betrogen, sondern auch hilflos.

Betrug zieht meist das Gefühl der Hilflosigkeit nach sich. Das ist der Schlüssel zur ersten Tröstenden Verbindung. Als ich mich fragte: „Was würde mich in dieser Situation trösten?“, fand ich die Lösung sofort. *„Mich nicht hilflos zu fühlen“*, lautete die Antwort. Wenn Sie nach Wegen suchen, die Situation in den Griff zu bekommen, durchbrechen Sie unweigerlich den Zyklus der Hilflosigkeit. Sie können immer etwas tun. Sie können Ihren Gemütszustand *immer* beeinflussen.

Mir wurde klar, dass ich zwar Monicas Verhalten nicht steuern konnte, dass ich aber Herr über meine Gefühle und Handlungen war. Ich konnte nicht mit einer Verfälschung unseres Programms leben, sondern musste meiner Überzeugung treu bleiben. Letztlich musste ich Monica entlassen. Anstatt zu jammern, weil sie von dem Programm abwich, das ich ihr beigebracht hatte, beschloss ich, meine Energie in ein besseres Training für alle meine Lehrer zu stecken. Dabei waren Kommunikation und Teamwork besonders wichtig. Danach kümmerte ich mich um meinen Ärger darüber, dass Monica mich nicht ernst nahm. Ich beschloss, mich selbst dafür zu respektieren, dass ich Wert auf ein hohes Niveau legte. Kurze Zeit später hörten die Herzrhythmusstörungen auf. Meine Arbeit und mein Leben machten mir wieder Freude. In den folgenden Wochen erreichte ich mehr als früher in Monaten und fühlte mich dennoch weniger gestresst.

Ein weiteres Element des Betrugs ist das Gefühl der Ungerechtigkeit. Wir neigen dazu, uns mit Groll und Wut zu bestrafen, wenn jemand uns unfair behandelt. Deshalb gehört zur Tröstenden Verbindung auch die Einsicht, *dass Sie ebenfalls unfair zu sich sind.* Der Schmerz, den Naomi empfand, wurde dadurch verstärkt, dass Roseanne ihre Freundschaft verraten hatte. Naomi hielt den Zyklus in Gang, weil sie ständig sagte: „Wie konnte ich nur so dumm sein, Roseanne zu vertrauen?" Als sie erkannte, wie ungerecht sie mit dieser Frage zu sich selbst war, ließ ihr Groll allmählich nach. Sie lobte sich dafür, dass sie so freundlich zu Roseanne gewesen war. Das half ihr, den limbischen Zyklus zu durchbrechen. Jetzt konnte sie konstruktiv handeln, anstatt sich gekränkt zurückzuziehen.

Wenn Sie vor Kurzem betrogen wurden, hilft Ihnen die folgende Übung, Ihren Groll zu überwinden, indem Sie etwas Positives für sich tun.

- **Wenden Sie den Joy Touch an, bevor Sie die folgenden Fragen beantworten und nachdem Sie sie beantwortet haben.**
- **Denken Sie daran, dass Sie nicht hilflos sind. Was können Sie unternehmen?**
- **Welche Zeichen der Unterstützung können Sie sich selbst geben?**
- **Was ist an Ihrem Verhalten in der Situation lobenswert?**
- **Wie können Sie verhindern, dass auch Sie unfair zu sich sind?**
- **Wenden Sie zum Schluss noch einmal den Joy Touch an, um frische Energie zu tanken.**

Die Schmerzen nach einem Betrug werden oft dadurch verstärkt, dass wir ständig darüber grübeln, was wir anders hätten machen können oder sollen. Es spielt keine Rolle, wie schuldig der Betrüger ist. Wenn Ihnen etwas an ihm oder ihr liegt, ist die Gefahr groß, dass Sie glauben, Sie hätten etwas tun können oder müssen, um den Betrug zu verhindern. Vergessen Sie nie, wer für den Betrug wirklich verantwortlich ist. Selbst wenn Sie glauben, Sie hätten etwas tun *können,* trägt der Betrüger die Hauptschuld an der Situation.

Das gilt vor allem für sexuelle Untreue. Machen Sie aus dem Problem des Betrügers keine Waffe, die Sie gegen Ihr Selbstwertgefühl einsetzen. Lassen Sie nicht zu, dass Untreue, Unreife oder Bindungsangst Ihre Selbstachtung untergraben. Das wäre so, als würden Sie einem Dieb Ihren Hausschlüssel geben und sich dann wundern, wenn Sie ausgeraubt werden. Beim sexuellen Betrug ist es äußerst wichtig, die Tröstende Verbindung anzuwenden, die ich im vorigen Abschnitt über Zurückweisung beschrieben habe. Weisen Sie sich nicht selbst zurück; glauben Sie nicht, Sie seien aus irgendeinem Grund „nicht gut genug". Suchen Sie nach Tröstenden Verbindungen, die Ihren Wert betonen. Das ist die beste Methode, über den Betrug hinwegzukommen.

Wenn Sie dennoch darüber grübeln, was Sie hätten tun können oder sollen, dann nutzen Sie diese Gedanken konstruktiv. Hören Sie auf, sich selbst zu kasteien, und lernen Sie aus dem „Hätte ich doch ...", was Sie das nächste Mal anders machen werden. Anstatt in limbischer Reue zu schwelgen, visualisieren Sie, wie Sie es in Zukunft besser machen. Man sagt, es gebe vier Stadien der Kompetenz: 1. Unbewusste Inkompetenz (Sie machen Fehler, ohne es zu merken oder ohne den Grund zu kennen). 2. Bewusste Inkompetenz (Sie sind unzufrieden, aber Sie wissen immerhin, was Sie besser machen müssen). 3. Bewusste Kompetenz (Sie machen es bewusst besser). 4. Unbewusste Kompetenz (Sie wissen „automatisch", was zu tun ist, und handeln entsprechend.) „Was mache ich nächstes Mal anders?" ist zwar auch eine Art mentales Grübeln, aber es macht aus dem „Ach, hätte ich doch nur ..." in einer künftigen ähnlichen Situation ein automatisiertes Verhalten. Das kann der Schlüssel für die Evolution von der bewussten Inkompetenz zur bewussten Kompetenz sein. Vergessen Sie auch nicht, dass die Erkenntnis, was Sie verbessern wollen, der erste Schritt aus der unbewussten Inkompetenz ist. Sie machen Fortschritte. Die Überlegung, was Sie beim nächsten Mal anders machen werden, setzt den Lernprozess fort.

Nehmen Sie sich einen Augenblick Zeit, und überlegen Sie, was Sie vorige Woche hätten besser machen können.

- **Wenden Sie den Joy Touch an, damit Sie das Ereignis leidenschaftslos begutachten können.**
- **Visualisieren Sie, was Sie ändern möchten, und sehen Sie sich entsprechend handeln.**
- **Spüren Sie, dass Sie nächstes Mal kompetenter sein werden.**
- **Hören Sie mit dem inneren Ohr, was Sie sagen werden, oder beobachten Sie, wie Sie besser zuhören.**
- **Glauben Sie daran, dass Sie nächstes Mal in einer ähnlichen Situation besser vorbereitet sein werden.**
- **Beglückwünschen Sie sich, und wenden Sie zum Schluss den Joy Touch an, um das Gelernte zu bekräftigen.**

Kummer und Einsamkeit

Ein schwerer Verlust oder Einsamkeit sind in vieler Hinsicht die schlimmsten Kränkungen. Diese limbischen Zyklen lösen ein Gefühl der Leere aus, das überwältigend sein kann. Manchmal untergräbt es selbst die größten Bemühungen, die Schmerzen zu lindern. Das Geheimnis besteht darin, die Leere zu füllen.

Die Antwort auf die Frage „Was tröstet mich in dieser Situation?" lautet immer: „Alles, was die Leere füllt." Das ist der erste Schritt. Beseitigen Sie das anfängliche Gefühl der Leere, und suchen Sie dann nach dauerhaften Lösungen. Wie bereits erwähnt, ist Essen keine Lösung. Hier sind einige Beispiele.

Diane hatte einen der schlimmsten Verluste erlitten, die es gibt. Angela, ihr einziges Kind, war im Alter von zehn Jahren gestorben. Sie hatte jahrelang an inneren Schmerzen gelitten und nicht normal schlafen können. Diane vermisste das lächelnde Gesicht, die Freude, die ihr das Kind gemacht hatte, und den täglichen Umgang mit ihm. Noch mehr bedauerte sie, dass sie nicht mehr miterleben konnte, wie Angela zur Frau heranreifte. Sie hatte sich vorgenommen, ihre Tochter durch die Gefahren des Teeangeralters zu schleusen, und jetzt war diese Chance für immer dahin. Ihr Kummer verdüsterte jeden Aspekt ihres Lebens. Sie zog sich von ihrem Mann und ihren Freundinnen zurück. Ihre Arbeitsleistung schwankte derart, dass sie fast entlassen worden wäre. Alles schien jeden Tag schlimmer zu werden.

Diane fand den Schlüssel für ihre Umkehr in einem meiner Workshops. Ich erklärte ihr, dass wir mit jeder Seele verbunden sind, auch mit den Seelen der Verstorbenen. Ein solches Band sind unsere Erinnerungen. Niemand kann sie uns nehmen. Ich glaube fest an die alte Redensart, dass es besser ist, geliebt und verloren zu haben, als niemals geliebt zu haben. Sie können die Erinnerung an eine kostbare Liebe immer wieder durchleben. Dann bleiben Sie dem geliebten Menschen eng verbunden, anstatt ihn zu vermissen.

Zudem bedeutet neu durchleben mehr als erinnern. Die Wissenschaft lehrt, dass jeder irgendwann ausgesandte Lichtstrahl heute noch irgendwo leuchtet. Dasselbe gilt für jedes Wort, jedes Gefühl und jede Interaktion. Die Energie jedes Ereignisses strahlt immer noch irgendwo in Raum und Zeit. Um irgendein Ereignis zu erreichen, brauchen Sie nur zu wissen, dass die Seele schneller als das Licht reisen kann. Das können wir zwar noch nicht mit Geräten messen, aber es lässt sich subjektiv beweisen.

Sicherlich haben Sie schon einmal den Sternenhimmel bewundert. Denken Sie nun an diesen Moment zurück. Hatten Sie je das Gefühl, dort draußen zu sein, eins mit den Sternen? Wie lange brauchten Sie dafür? Nehmen wir an, eine Sekunde. Vielleicht sind Sie mit dem Orion verschmolzen, der ungefähr 10.000 Lichtjahre entfernt ist (die meisten Objekte am Himmel sind weiter entfernt). In diesem Augenblick reiste Ihre Seele 315.360.000.000 Mal schneller als das Licht. Ihr Bewusstsein verlagerte sich in einer Sekunde um 10.000 Lichtjahre!

Dank dieser Fähigkeit kann die Seele jeden Ort und jede Zeit erreichen. Sie müssen nur bereit sein, es zu probieren. Genau das tat Diane. Anstatt um Angela zu trauern, pflegte sie ihre Erinnerungen. Wenn sie Angela vermisste, dachte sie an ein fröhliches Ereignis in ihrer gemeinsamen Zeit. Sobald Diane die Seelenverlagerung erlernt hatte und höhere Dimensionen des Bewusstseins erreichen konnte (siehe Kapitel 3, Seite 139–145), konnte sie aus der Erfahrung mehr als eine bloße Erinnerung machen. Sie erlebte das fröhliche Ereignis noch einmal.

Einerlei, ob Sie das für bloße Erinnerung oder für eine Seelenreise halten – es wirkt. Es wirkt auch, wenn Sie lebende Menschen vermissen. Das habe ich während meiner Jahre als Marineoffizier selbst erfahren. Als mein Schiff wochenlang auf See war, vermisste ich meine Frau sehr. Meine Gefühle waren so stark, dass meine Frau sie oft intensiv spürte und Migräne bekam. Als ich mir angewöhnte, liebevoll an sie zu denken, anstatt sie zu vermissen, hörten die Kopfschmerzen auf. Zudem schwelgte ich nun in meinen zärtlichen Gefühlen für meine Frau anstatt in meiner Einsamkeit.

Mit dieser Methode gelang es Diane, ihren Kummer in Freude umzuwandeln und weiterzuleben. Sie befolgte auch meinen Rat, für die Organisation „Big Sisters“ zu arbeiten. Jetzt kümmert sie sich um Mädchen, die in ihren Teenagerjahren dringend eine Freundin und Mentorin brauchen. So füllte sie die Leere, die sie empfunden hatte, weil sie Angela in diesem Alter nicht begleiten konnte. Dianes Leben hatte wieder einen Sinn, und ihr Chef lobte ihre gute Arbeit und ihre positive Einstellung.

Diese Technik ist immer erfolgreich, sofern Sie eine angemessene Trauerzeit hinter sich haben. Solange der Trauerprozess nicht beendet ist, kann Trost zu Leugnung führen. Die Dauer des Trauerprozesses ist unterschiedlich, aber er ist für jeden Menschen wichtig. Wenn Sie spüren, dass es Zeit ist, Ihren Kummer hinter sich zu lassen, kann die Selbsttröstung Ihnen helfen, Ihr Leben fortzusetzen. Die liebevolle

Erinnerung an einen Menschen ist nicht nur ein Trost, sondern sie ermöglicht auch Fortschritte. Anstatt über den Verlust zu grübeln, sind Sie dankbar für Ihr Leben und Ihre Erfahrungen.

Das gilt auch für Verluste anderer Art. Anna, eine meiner Seminarteilnehmerinnen, wurde von ihrem Vater verlassen, nachdem ihre Eltern sich hatten scheiden lassen. Sie vermisste ihn und trauerte jahrelang. Als sie beschloss, damit aufzuhören, stellte sie fest, dass sie die Leere füllen konnte, indem sie sich auf ihre Liebe für ihn konzentrierte. Das war ein schönes Gefühl. Anna schätzte sich zudem selbst wegen der Liebe, die sie für ihre Kinder empfand. Mit dieser doppelten Liebe füllte sie die Leere, welche die fehlende Vaterliebe zurückgelassen hatte.

Diese Methode wirkt bei jeder Beziehung, die zu Ende gegangen ist. Genießen Sie die Liebe, die Sie gegeben und empfangen haben – sie ist ewig. Das hilft, wenn Sie einen alten Freund verloren haben oder nach einer Scheidung Leere empfinden. Verzichten Sie keine Minute länger auf Lebensfreude.

Probieren Sie diese Technik aus, ehe Sie weiterlesen.

- **Denken Sie an einen alten Freund oder an einen geliebten Menschen, oder sehen Sie ihn mit dem geistigen Auge.**
- **Rufen Sie die Erinnerung an eine besonders glückliche oder fröhliche Zeit mit diesem Menschen wach.**
- **Achten Sie darauf, wie diese Erinnerung ein Lächeln auf Ihr Gesicht zaubert.**
- **Spüren Sie die Wärme in Ihrem Herzen.**
- **Wenden Sie den Joy Touch an, um sich diese schöne Erinnerung dauerhaft einzuprägen.**

Nichts ist jemals verloren, wenn Sie diese Gefühle augenblicklich wachrufen können. Dann gehören diese Augenblicke für immer Ihnen. Mehr noch: Im Laufe der Ewigkeit kreuzen sich die Pfade zwischen Ihnen und jeder anderen Seele viele Male. Darum sage ich zum Abschied am liebsten „Bis zum nächsten Mal“.

Einsamkeit ähnelt dem Kummer. Wir konzentrieren uns darauf, was uns fehlt, anstatt darauf, was wir haben. Sie können den limbischen Stress der Einsamkeit überwinden, wenn Sie hinaus in die Natur gehen und die Schönheit der Sonne, der Pflanzen und der Vögel genießen.

Viele Menschen fühlen sich mit der ganzen Welt eins, wenn sie am Meer sind oder sein Rauschen hören. Die gleiche Wirkung kann es haben, wenn Sie den majestätischen Himmel betrachten. Wenn Sie einen starken Glauben haben, können Sie die Leere füllen, indem Sie daran denken, dass Gott und die Schutzengel immer bei Ihnen sind. Nutzen Sie diese Momente, um die Kommunikation mit ihnen zu verbessern. Und vergessen Sie nicht, regelmäßig den Joy Touch anzuwenden.

Was hilft Ihnen gegen Einsamkeit? Rufen Sie die Erinnerung an das Heilmittel einen Augenblick wach, bevor Sie weiterlesen. Beschließen Sie, dieses Gefühl jetzt durch das Wachrufen der Erinnerung oder später durch spezifisches Handeln zu erneuern.

Arbeitslosigkeit und verpasste Chancen

Ebenso stark ist der limbische Stress, der entsteht, wenn Sie arbeitslos werden oder eine gute Chance verpassen. Das Gefühl des Versagens kann so demoralisierend sein wie der Verlust eines geliebten Menschen. Vielleicht sind Sie danach Tage, Wochen oder gar Monate deprimiert. Noch schlimmer ist es, wenn ein verlorener Arbeitsplatz in Ihrem Leben und für Ihre Identität eine wichtige Rolle spielte.

Karen, eine meiner Seminarteilnehmerinnen, verlor einen Job, in den sie Jahre ihres Lebens investiert hatte. Ihre Entlassung erschütterte sie umso mehr, als sie ihrer Arbeit allmählich andere Aktivitäten und Interessen geopfert hatte. Sie hatte auf Freundschaften und Beziehungen verzichtet, um sich ganz ihrer Karriere zu widmen. „Plötzlich war ich arbeitslos, unverheiratet, ohne Freunde und ohne ein Ziel", sagte sie. Ihre Welt brach zusammen. Sie war ganz in ihrem Beruf aufgegangen und hatte mit dem Arbeitsplatz nicht nur ihre Sicherheit, sondern auch ihr Selbstwertgefühl und ihre Ziele verloren. Je mehr sie grübelte, desto deprimierter und hilfloser fühlte sie sich.

Karen befreite sich mit einer doppelten tröstenden Verbindung aus dem limbischen schwarzen Loch. Zuerst ging sie Schifahren, um wieder das Gefühl zu haben, ein fähiger und freier Mensch zu sein. Die gleiche Wirkung erzielen Sie, wenn Sie einen Ausflug machen oder im Stadtpark picknicken. Wichtig ist, dass Sie alle Orte hinter sich lassen, die Sie mit Ihrem Verlust identifizieren. In einer neuen Umgebung können Sie das Leben aus einem neuen Blickwinkel betrachten.

Zudem eröffnet der Verlust eine Chance für einen Neubeginn. Für Karen war die Entlassung ein Anreiz, wieder zur Schule zu gehen und in einem neuen Fach ein Examen abzulegen. Heute reist sie als angesehene Lehrerin durchs Land und hilft anderen bei ihrer Ausbildung zum Physiotherapeuten. Auch das Umstellen der Möbel im Wohnzimmer oder im häuslichen Büro kann ein Neubeginn sein.

Viele Menschen, die ihren Arbeitsplatz verloren haben, fühlen sich obendrein zurückgewiesen. Deshalb kann die bereits beschriebene Tröstende Verbindung nach einer Zurückweisung hilfreich sein. Sie beseitigt den limbischen Kurzschluss nach einer Kündigung. Lehnen Sie sich nicht selbst ab. Nutzen Sie die Gelegenheit, Ihr Leben positiv zu ändern. Manchmal bedeutet das, den Beruf zu wechseln; aber es kann auch ein Ansporn sein, sich im gewählten Beruf noch mehr anzustrengen.

Das Gleiche gilt, wenn man bei einer Beförderung übergangen wird. Frank war Vizepräsident eines großen Unternehmens. Er war entsetzt, als ein Manager einer anderen Firma zum Nachfolger des Präsidenten ernannt wurde. Aber er ließ nicht zu, dass limbischer Stress sein Leben vergiftete, sondern steigerte seine Bemühungen, alles zu lernen, was er für den Posten des Präsidenten brauchte. Er nahm sich einen Tag frei und fuhr an einen seiner Lieblingsplätze mit Aussicht aufs Meer. Außerdem beschloss er, weiter an sich zu glauben und sich nicht entmutigen zu lassen. Zudem unterstützte er den neuen Präsidenten loyal. Als dieser das Unternehmen drei Jahre später verließ, stellte er seinem Vertreter ein so hervorragendes Zeugnis aus, dass der Aufsichtsrat Frank zum neuen Präsidenten ernannte.

Wichtig ist in allen diesen Fällen, den Verlust als Umweg, aber nicht als Sackgasse zu betrachten. Einerlei, ob eines Ihrer Projekte abgelehnt wird oder ob Sie Opfer eines Stellenabbaus werden, Ihre erste Tröstende Verbindung setzt voraus, *dass Sie etwas tun.* Bleiben Sie aktiv, und glauben Sie an ein Ziel. Das lindert das Gefühl der Hilflosigkeit nach einem Verlust.

Versuchen Sie, Ihr Projekt auf einem anderen Weg zu verwirklichen, oder stellen Sie es vorübergehend zurück (anstatt es aufzugeben). Wenn Ihre Firma bankrott geht oder aufgelöst wird, sollten Sie die Zeit, die Sie jetzt haben, für etwas nutzen, was Sie bisher nicht tun konnten. Suchen Sie nach Arbeit, aber verbringen Sie auch mehr Zeit mit Ihrer Familie. Sie können auch einen oder zwei Nachmittage für gemeinnützige Zwecke (Rotes Kreuz, Hospizgruppe usw.) opfern, für die Sie früher nie Zeit hatten. Wenn Sie anderen helfen, behalten Sie Ihr Selbstwertgefühl und können Ihr Ziel dennoch im Auge behalten.

In allen genannten Beispielen war *Handeln* der Schlüssel. *Tun Sie etwas,* anstatt herumzusitzen und zu Trübsal zu blasen. Trägheit ist im Grunde fehlende Aktivität. Wenn Sie handeln, und sei es nur im Kopf, beginnen Sie, die Leere zu füllen. Dies ist das Geheimnis der Tröstenden Verbindung. Diese Technik zwingt Sie, aktiv zu werden.

Probieren Sie die folgenden Schritte aus, wenn Sie kürzlich den Arbeitsplatz verloren oder eine Chance verpasst haben (oder wenn Sie Ihren Blickwinkel verändern wollen).

- **Wenden Sie den Joy Touch an, damit Sie sich wohler fühlen und klarer denken können.**
- **Was können Sie aus dem Verlust lernen?** (Was können Sie tun, um es nächstes Mal besser zu machen? Wie können Sie Situationen besser vorausahnen? Wie können Sie Ihr Projekt verbessern?
- **Inwiefern hat der Verlust Sie stärker gemacht?** (Welche neuen Fähigkeiten hat er in Ihnen geweckt? Stehen Sie jetzt einem Angehörigen oder Freund näher denn je?)
- **Welchen Neubeginn kann Ihnen dieser Umweg eröffnen?** (Brauchen Sie eine zusätzliche Ausbildung? Wo müssen Sie besser werden? Wissen Sie, was wirklich wichtig für Sie ist?)
- **Was können Sie tun, um zielstrebig zu bleiben?** (Welche Schritte können Sie unternehmen? Wie können Sie sich auf Ihre nächste Phase vorbereiten?)
- **Wie können Sie sich selbst belohnen?** (Beglückwünschen Sie sich zu Ihren Bemühungen, Ihrer Ausdauer und Entschlossenheit, Ihrer Kreativität – z.B. beim Neubeginn – usw.)
- **Wenden Sie den Joy Touch an, und bekräftigen Sie Ihren neuen Blickwinkel.**

Die Bibliotheken sind mit Psychologiebüchern gefüllt, die Hilfe bei Zurückweisung, Betrug und Verlust anbieten. Zwar hat jedes Buch seine Verdienste, aber alle setzen voraus, dass Sie sich an viele Details erinnern, um Ihr Leben zu bewältigen. Sobald Sie die Tröstende Verbindung erlernt haben, sind Sie Ihre eigene Bibliothek. Wenn Sie wissen, wie Sie die einfachen Fragen beantworten – „Was kann mich in dieser Situation trösten“ und „Wie kann ich es bekommen?“ –, finden Sie Ihre eigenen, einzigartigen Lösungen, um *jede* limbische Störung zu beseitigen.

Dank einer einfachen Methode bekommen Sie Ihren Beruf und Ihr Privatleben besser in den Griff und können sich gegen lähmenden limbischen Stress wehren. Außerdem werden Sie eine Methode erlernen, die auch bei tieferen emotionalen Problemen hilft.

Der Schatten geheimer Schmerzen

Manchmal genügt selbst Ihre normalerweise wirksame Tröstende Verbindung nicht, um eine Kränkung vollständig zu überwinden. Sie fühlen sich zwar besser, aber eine nagende Traurigkeit oder ein quälender Schmerz bleibt zurück. Das deutet darauf hin, dass die akute Gekränktheit nur die Oberfläche ist, die tiefere, geheime Schmerzen widerspiegelt.

Wir alle leiden an verborgenen Schmerzen. Sie sind geheim, weil wir sie nicht nur vor anderen verstecken, sondern – wichtiger noch – auch vor uns selbst. Wir tun das nicht, weil wir unehrlich sind oder etwas leugnen. Wir wissen einfach noch nicht, wie wir die Schmerzen lindern können. Es wäre ungesund, diese tief sitzenden Dolche weiterschneiden zu lassen; darum sperren wir sie ein. So bleiben sie im Unterbewusstsein begraben, wo sie uns nicht so offenkundig weh tun. Das Problem besteht darin, dass geheime Schmerzen unser Glück auch dann wie Säure zersetzen, wenn wir sie wegsperren. Die in diesem Abschnitt beschriebene Technik hilft Ihnen, geheime Schmerzen aufzudecken und zu stillen.

Manchmal handelt es sich nur um eine vor Kurzem erlittene Kränkung, die wir verdrängen. Häufiger geht es jedoch um Kindheitsprobleme. Diese Wunden Ihres inneren Kindes bleiben verborgen, wenn Sie nicht wissen, wie Sie damit umgehen sollen. Mit der Tröstenden Verbindung steht Ihnen eine wirksame Methode zur Verfügung.

Die gleiche Technik, die Sie bei Zurückweisung oder Verlust anwenden können, eignet sich auch für tiefere Gefühle der Verlassenheit. Die Methoden, die bei akutem Missbrauch (körperlich, seelisch, verbal oder sexuell) trösten, helfen auch, wenn das innere Kind missbraucht wurde. Wichtig ist, dass Sie das ursprüngliche Problem anpacken und während des Prozesses auch den Joy Touch nutzen.

Sylvia, eine meiner Seminarteilnehmerinnen, wandte diese Technik an, um einen alten Groll zu heilen. Sie fühlte sich von ihrem Vater nicht respektiert und geschätzt. Obwohl er sie nie misshandelte oder sexuell missbrauchte, litt Sylvia sehr. Ihr Vater beschimpfte sie, weil sie unlogisch oder „zu emotional" sei. Deshalb fühlte sie sich als Heranwachsende unzulänglich. Dieses Gefühl beeinflusste jeden Aspekt ihres Lebens als Erwachsene. Sie wechselte häufig den Arbeitsplatz und den Partner und suchte nach Selbstbestätigung. Sogar wenn sie Erfolge erzielte, versank sie nach der kleinsten Kritik oder Zurückweisung im limbischen Stress.

Als Teillösung benutzte Sylvia eine Variante von Joyces Besuchen bei ihren Enkeln. Immer wenn eine Zurückweisung sie an die Ablehnung ihres Vaters erinnerte, dachte sie liebevoll an ihre Zeit als junges Mädchen. Ihr Auslöser war ein Bild aus ihrer Kindheit. Das Foto zeigte sie in einem Alter, in dem sie vor Lebensfreude sprühte. Ein Blick auf das Bild genügte, und sie erkannte, was für eine schöne, lebhafte Seele sie war und immer noch ist. Diese mentale Arznei und die Hilfe einer fürsorglichen Psychotherapeutin halfen Sylvia, die Wunden zu heilen, die ihr Vater ihr in ihrer Kindheit mit seiner Missbilligung zugefügt hatte.

In der Therapie erforschte und beseitigte sie endlich die Probleme aus ihrer Vergangenheit, die sie jetzt hemmten. Wenn eine Zurückweisung die geheimen Schmerzen zwischen den Sitzungen aufflackern ließ, nutzte sie die Tröstende Verbindung, um die Macht vergangener Kränkungen über ihr heutiges Glück und ihre heutige Leistung zu brechen. Außerdem wandte sie bei jedem Blick auf das Foto den Joy Touch an. Das verdoppelte die lindernde Wirkung.

Nun wollen wir üben, wie man geheime Schmerzen stillt und sich dabei wohlfühlt.

- **Wenden Sie den Joy Touch an, damit Sie sich von Anfang an wohlfühlen.**
- **Wählen Sie eine Sorge, Gekränktheit, Wut oder Angst aus, die Ihrer Meinung nach tief sitzt** (weil sie in der Kindheit wurzelt).
- **Finden Sie heraus, welches Ereignis oder welche Situation die Schmerzen auslöste.**
- **Überlegen Sie, was Sie damals getröstet hätte.** (Hätte es Ihnen geholfen, wenn jemand Ihnen versichert hätte, dass Sie nicht allein sind? Wenn Sie Wertschätzung erfahren hätten? Wenn Sie sich behütet gefühlt hätten? Wenn Ihnen jemand zugehört hätte? Wenn jemand Sie unterstützt hätte?)

- **Überlegen Sie, wie Sie Ihr inneres Kind jetzt trösten können.** (Würde es helfen, wenn Sie sagen würden, was Sie damals gerne gehört hätten, oder wenn Sie sich die Umarmungen schenken würden, die Sie nie bekommen haben?)
- **Wenden Sie den Joy Touch an, um Ihre Einsichten und Ihr neues Wissen zu bekräftigen.**
- **Beglückwünschen Sie sich dafür, dass Sie Ihre emotionale Last** (ein wenig) erleichtert haben.
- **Wenden Sie ein letztes Mal den Joy Touch an, um Ihre größere Freiheit zu feiern. (Fühlen Sie sich leichter. Fühlen Sie die Linderung Ihrer seelischen Schmerzen. Fühlen Sie sich frei, glücklicher zu sein.)**

Ihre Tröstenden Verbindungen können alle geheimen Schmerzen lindern, besonders zusammen mit der Stimulierung des Septum pellucidum. Viele Menschen werden dank des Joy Touch und der Tröstenden Verbindung ihre eigenen Therapeuten. Andere brauchen professionelle Hilfe. Sie kennen sich selbst am besten. Zögern Sie nicht, einen qualifizierten Therapeuten aufzusuchen, wenn Sie nicht mehr weiter wissen oder Hilfe brauchen, um Probleme Ihres inneren Kindes vollständig aufzudecken.

Einerlei, welche Option Sie wählen, nutzen Sie zwischen den Sitzungen auf jeden Fall Ihre Tröstenden Verbindungen und den Joy Touch. Durchbrechen Sie den limbischen Zyklus, bis es Zeit ist, die Kernprobleme anzupacken. Mit diesen beiden Techniken können Sie den Vorfall vorübergehend abheften. Später können Sie das Problem in Ruhe untersuchen, ohne die Belastung durch Ihre Arbeit oder Ihre familiären Pflichten.

Wichtig ist, die geheimen Schmerzen aufzudecken und zu stillen, allein oder mit fachkundiger Unterstützung. Wenn sie verborgen bleiben, steigern sie Ihre Anfälligkeit für limbischen Stress erheblich. Emotionales Narbengewebe veranlasst Sie zu Überreaktionen auf alltägliche Kränkungen. Dann bleiben Sie länger in den limbischen Kurzschlüssen gefangen. Beschließen Sie, Ihre mentalen Ressourcen zu nutzen, um akute Probleme anzupacken. Beseitigen Sie alles, was Ihre Leistung schmälert und Sie unglücklich macht.

Geheime Schmerzen hängen oft mit einem anderen limbischem Stress zusammen: Wut. Damit wollen wir uns jetzt befassen.

Entschärfen Sie inneren Sprengstoff

Wut ist ein limbischer Stress, der buchstäblich in uns explodiert. Wenn Sie diese Zeitbombe nicht entschärfen, bevor sie platzt, ist eine Kettenreaktion die Folge. Die Wut kann ein Eigenleben entwickeln. Wie ein Feuersturm, der alles verschlingt, kann Wut alle Aspekte Ihres Lebens in Asche verwandeln und mit ihrem Rauch selbst den hellsten Tag verdüstern.

Der erste Schritt beim Entschärfen dieses Sprengstoffs ist seine *Verdünnung.* Sie müssen den Einfluss der limbischen Wutreflexe verdünnen. Alles, was Wut lindert oder Sie von ihr ablenkt, verhindert, dass sie ihre kritische Masse erreicht.

Früher hörte man von Psychologen nur Phrasen wie „Machen Sie eine Pause, und beruhigen Sie sich". Das hilft zwar, aber es ist oft unmöglich, einer Situation zu entkommen, die Sie ärgert, oder sich so schnell abzuregen, dass Sie nicht explodieren. Außerdem können viele Menschen mit dem Rat „Beruhigen Sie sich" nichts anfangen. Sie wissen nicht, was sie tun sollen, um sich zu entspannen, und sie können ihre wütenden Gedanken nicht abschalten.

Jetzt verfügen Sie über eine Methode, die innerhalb von Sekunden wirkt. Mit dem Joy Touch können Sie sofort beginnen, sich körperlich und seelisch zu beruhigen. Das bloße Reiben der Stirn erinnert Sie daran, die Technik anzuwenden und sich schneller abzuregen.

Der Joy Touch zerstreut die Wut auf zweierlei Weise. Erstens hilft es Ihnen bereits, wenn Sie irgendetwas tun, weil Sie dadurch höhere Bereiche des Gehirns einbeziehen. Zweitens wird der Wutreflex schwächer, wenn Sie die Stimmungsaufheller des Gehirns stimulieren, selbst wenn Ihre Wut weiterkocht. Zumindest schalten Sie die Hitzezufuhr aus, indem Sie sich ablenken und die Bildung von Kampf-oder-Flucht-Hormonen verhindern. Bestenfalls löst die Stimmungsaufhellung die Produktion von beruhigenden Endorphinen und Enkephalinen aus, die das Feuer der Wut chemisch löschen.

Alles, was Sie im positiven Sinne ablenkt, ist ebenfalls ein gutes Verdünnungsmittel. Beschwingte oder beruhigende Musik bringt den zornigen inneren Dialog zum Stillstand. Auch wenn Sie ins Freie gehen oder aus dem Fenster schauen, wendet sich Ihre Aufmerksamkeit vom Grund Ihrer Wut ab (es sei denn, die Aussicht ist abscheulich!). Ein Spaziergang oder eine andere körperliche Aktivität zwingt Sie, auf die Muskelkoordination zu achten und wirkt der Wut entgegen, weil dabei Adrenalin verbraucht wird, so dass der Körper nach der Bewegung ruhiger wird. Bei extremer Wut kann dieses körperliche „Dampfablassen" äußerst wichtig sein, um die Wut so weit abzubauen, dass Sie an andere Maßnahmen denken können. Wählen Sie eine Aktivität, die weder Ihnen noch anderen schadet, zum Beispiel Laufen, Schwimmen, Aerobic oder Boxen (mit einem Sandsack, nicht mit Menschen).

Natürlich können Sie Ihre Wut auch mit Worten verdünnen. Es ist wichtig, den mentalen Sprengstoff zu entschärfen, der mit Wut einhergeht. Wenn Sie nicht mental Dampf ablassen, werden die zornigen Gedanken zum Zündstoff.

Der Joy Touch ist ebenfalls ein wichtiger erster Schritt, um Wut mit passenden Worten zu dämpfen. Die Technik beruhigt Sie so weit, dass Sie die Lage wieder realistisch einschätzen können. Statt „Immer musst du ..." zu schreien, können Sie dann sagen: „Ich ärgere mich, weil du ..." Diese Klarheit hilft Ihnen zudem herauszufinden, wie Sie Ihre Wut am besten überwinden. Lesen Sie in Kapitel 1, Seite 33–35 nach, wie Sie den Joy Touch als ersten Schritt im Umgang mit Wut anwenden.

Der zweite Schritt besteht darin, durch Schreiben (zum Beispiel ins Tagebuch) oder Sprechen Dampf abzulassen. Dieser Prozess beginnt sofort, nachdem Sie die Wut identifiziert haben. Gedanken, die Sie beruhigt haben, werden meist zu Einsichten. Das verbale Dampfablassen geht weiter, wenn Sie geeignete Wege finden, um Ihre Gefühle auszudrücken, anstatt sie zu unterdrücken. Es nützt nichts, Gefühle „hinunterzuschlucken" weil sie später unweigerlich hochkommen, und zwar meist ätzender als zuvor. Unterdrückte Gefühle schaden Ihnen seelisch und körperlich. Die verborgene Säure kann viele Folgen haben, von Geschwüren bis zum Krebs, von Verbitterung bis zur Unfähigkeit zu lieben. Es ist wichtig, Gefühle auszudrücken (ohne jemanden anzugreifen), um limbischen Stress abzubauen, und es ist unerlässlich, um Wut zu dämpfen.

Sie *fühlen* sich zwar stets besser, wenn Sie Dampf ablassen, aber es hilft nur, wenn Sie es richtig machen. Experimente belegen, dass bloße Wutausbrüche das innere Feuer nur anfachen. Es ist aber nützlich, genau zu beschreiben, worüber Sie sich ärgern. Das erleichtert nicht nur, sondern bringt den Verstand ins Spiel und hemmt daher das limbische System, das die Wut ausgelöst hat.

Bemühen Sie sich, den Dampf so abzulassen, dass weder Sie noch andere verletzt werden. Sie wollen ja den inneren Druck lindern, nicht aber

Ihre Wut auf andere verlagern. Anstatt jemandem Vorwürfe zu machen, müssen Sie herausfinden, worum es Ihnen geht. „Ich bin wütend, weil ich mich darauf verlassen habe, dass du pünktlich kommst!" ist besser als „Immer kommst du zu spät!" Ebenso ist „Ich ärgere mich, weil ich einen Fehler gemacht habe" besser als „Ich vermassle wirklich alles!"

Denken Sie auch daran, dass die Frage „Was kann mich in dieser Situation trösten?" nicht bedeutet „Was löst das Problem und stillt meine Wut?" Die erwünschte tröstende Wirkung stellt sich ein, weil sie Druck abbaut. Wenn Sie obendrein das Problem lösen wollen, gießen Sie Öl ins Feuer. Angenommen, Sie fühlen sich hilflos oder machtlos. Dann entfachen Sie das Feuer der Enttäuschung erst recht, wenn Sie keine sofortige Lösung finden. Wenn limbische Wut Sie überwältigt hat, arbeitet Ihr Verstand nicht richtig. Sie müssen also zuerst Dampf ablassen und die Wut verdünnen und dann nach Lösungen suchen.

Sobald Sie Ihre Wut gedämpft haben, lautet eine der ersten Lösungen: Sorgen Sie dafür, dass Ihre Gefühle beachtet werden.

Wut, weil niemand zuhört

Verbales Dampfablassen ist äußerst wichtig, weil die Ursache der Wut oft das Gefühl ist, dass jemand Ihnen nicht zuhört. In solchen Situationen müssen Sie Ihre Gefühle ausdrücken und dafür sorgen, dass man Ihre Gefühle zur Kenntnis nimmt. Dies ist die einfachste und wirksamste Methode, den Druck zu lindern und Ihre Wut durch Selbsttröstung zu dämpfen. Viele neuere Studien über Wut und emotionale Intelligenz stützen diese Theorie. Wissenschaftler sind der Meinung, dass das Aussprechen von Gefühlen der Schlüssel zu einem hohen EQ ist. „Ich *fühle* mich gekränkt" zu sagen ist klüger und gesünder als aggressives Verhalten. Wenn Sie aussprechen, wie Sie sich fühlen und warum Sie wütend sind, aktivieren Sie den vorderen Stirnlappen (eine wichtige Hirnregion, die Emotionen und bewusstes Denken verknüpft) und lassen gleichzeitig Dampf ab. Unter diesen Umständen besteht Ihre Tröstende Verbindung zu einem großen Teil darin, gehört zu werden.

Das bedeutet nicht, dass Sie direkt mit dem Menschen sprechen müssen, auf den Sie wütend sind. Meist ist es sogar besser, dies zunächst nicht zu tun. Ihre ersten explosiven Ausbrüche könnten beim anderen ebenfalls Wut auslösen, weil er oder sie sich verteidigen will. Wenden Sie immer zuerst den Joy Touch an, um Ihre Wut ein wenig zu dämpfen. Dann können Sie allein oder bei einem vertrauenswürdigen Freund oder Kollegen Dampf ablassen.

Wenn Sie niemanden haben, der Ihnen zuhört, führen Sie ein lautes Selbstgespräch. Sprechen hilft, den limbischen Kurzschluss zu beseitigen. Wenn Sie grübeln, bleiben Sie in der Schlinge der limbischen Wut gefangen. Die Stimmbänder zu steuern ist zwar eine einfache körperliche Tätigkeit, aber sie genügt, um Sie mit der Hirnrinde zu verbinden. Die gleiche Wirkung erzielen Sie, wenn Sie Ihre Gefühle aufschreiben; auch das zwingt Sie, höhere Regionen des Gehirns zu nutzen. Beide Methoden (Reden oder Schreiben) ermöglichen dieses anfängliche Dampfablassen.

Sobald das gelungen ist, können Sie mit den letzten spezifischen Schritten der Tröstenden Verbindung beginnen. Denken Sie daran, den Joy Touch ausgiebig anzuwenden, während Sie überlegen, was Sie unbedingt mitteilen wollen, und wo, wann und wie Sie das Gespräch erfolgreich abschließen können.

Nun wollen wir diese Methoden einmal praktisch anwenden.

- **Denken Sie an eine Situation, in der Sie wütend darüber waren, weil jemand Ihnen nicht zuhörte.**
- **Wenden Sie den Joy Touch an, um sich zu entspannen und objektiver zu sein.**
- **Sagen Sie laut oder schreiben Sie auf, was Sie fühlen und warum Sie wütend sind.**
- **Wenden Sie den Joy Touch an, damit Sie nicht ausrasten, und bekräftigen Sie Ihr Recht, wütend zu sein.**
- **Sagen Sie laut oder schreiben Sie auf, mit welchem Anliegen Sie gehört werden möchten.**
- **Überlegen Sie, wo, wann und wie Sie sich am besten Gehör verschaffen.** (Schreiben Sie z. B. eine Nachricht oder eine lustige Karte: „Ich muss mit dir über etwas reden, was mich ärgert".)
- **Wenden Sie den Joy Touch an, um ruhig zu bleiben, so dass Sie mit dem anderen reden können, ohne aggressiv zu werden.**
- **Beglückwünschen Sie sich dafür, dass Sie Ihre Wut auf gesunde und reife Weise verarbeitet haben.**

Einer der Vorteile des lauten Sprechens besteht darin, dass Sie dabei tatsächlich gehört werden – zumindest hören Sie sich selbst, und auch das dämpft häufig Ihre Wut. Zuerst hören Sie, worüber Sie wütend sind. Das Sprechen zwingt Sie, das Problem zu umreißen, anstatt sich nur zu ärgern. Und wenn Sie sich hören, merken Sie vielleicht, wie lächerlich Ihre Wut ist.

Lange bevor ich den Joy Touch kannte, machte ich in New York eine Erfahrung dieser Art, als ich für mein erstes Buch, *Das Handbuch übersinnlicher Wahrnehmung,* warb. Ich hatte Bücher signiert und fuhr anschließend mit dem Zug nach Long Island, um einen Abend mit der Familie zu verbringen. Da ich einen Koffer-Trolley hinter mir herzog, brauchte ich einen speziellen Platz. Am Ende jedes Waggons gibt es zwei Sitze, die drei Sitzen zugewandt sind. Ich wollte einen diese Sitze ergattern und meinen Koffer in die Lücke stellen. Dann würde mir auch das Aussteigen leichter fallen.

Es war nicht einfach, weil viele Leute auf dem Bahnsteig standen und auf denselben Zug warteten. Ich beschloss, die übersinnliche Technik anzuwenden, die ich in meinem Buch beschreibe, um den optimalen Standort zu finden. Ich aktivierte meine Intuition, visualisierte, wo ich mich hinstellen musste – und stand tatsächlich vor einer Tür am Ende eines Waggons, als der Zug hielt. Ich stieg ein und stellte fest, dass ich *den einzigen* Waggon erwischt hatte, in dem sich anstatt des Sitzes, den ich brauchte, ein WC befand! Mit dem Koffer im Schlepptau (er war nur ein paar Zentimeter schmaler als der Gang) machte ich mich auf den Weg zum anderen Ende und zum richtigen Sitz. Zu meinem Schrecken begannen die Menschen durch die andere Tür zu strömen, und ich blieb in der Mitte stecken.

Jetzt war ich in Schwierigkeiten, weil ich bald umsteigen musste. Es war schwer genug gewesen, den Trolley durch den leeren Gang zu ziehen. Nun versperrten Ellbogen, Beine und Füße den ganzen Weg zur Tür. Ich würde es kaum schaffen, den Zug während seinen kurzen Zwischenaufenthalts zu verlassen. Also setzte ich mich und beschloss, positiv zu denken und mich der Herausforderung zu stellen. Wenn ich mit meiner selbstsichersten Stimme „Entschuldigen Sie bitte" oder „Darf ich?" sagen würde, konnte ich die Tür vielleicht rechtzeitig erreichen.

Es klappte tatsächlich! Ich zerrte den verflixten Trolley durch das Meer von Ellbogen und Füßen und verließ den Zug kurz bevor die Türen sich hinter mir schlossen. Ich war in Hochstimmung. In Siegerlaune hob ich die Arme und rief „Ja!" Doch als ich den verlassenen Bahnsteig vor mir musterte, merkte ich, dass es mir gelungen war, an der falschen Haltestelle auszusteigen. Zu allem Überfluss musste ich über eine Stunde auf den nächsten Zug warten. Ich ärgerte mich schwarz.

Hätte ich damals den Joy Touch gekannt, hätte ich mich wahrscheinlich schnell beruhigen können. Aber ich kannte ihn nicht und war wütend. Ich hatte die Nase voll von Großstädten, besonders von New York. Es ist mir zwar ein wenig peinlich, aber ich ließ Dampf ab, indem ich die Laternenpfähle und Plakatwände auf dem Bahnsteig mit Karatetritten traktierte und dabei über meine missliche Lage mitten in Queens schimpfte. Nach diesen intensiven Leibesübungen fühlte ich mich erleichtert, und mein Ärger flaute ein wenig ab.

Eine positive Folge der Situation war, dass dieser Bahnhof zehn oder fünfzehn Minuten lang der sicherste in New York war. Straßenräuber und Drogendealer hielten sich wahrscheinlich fern und sagten: „Geht nicht da rein, dort ist ein Verrückter auf dem Bahnsteig!" Die Taxifahrer in meiner Nähe stiegen sogar ein und fuhren ans Ende der Schlange.

Als ich mich langsam beruhigte, machte ich mir selbst Vorhaltungen. Am nächsten Abend sollte ich in Larry Kings landesweit ausgestrahlter Radioshow zu meinem Buch interviewt werden. „Du willst ein Medium sein?", sagte ich. „Du kannst nicht einmal an der richtigen Haltestelle aussteigen!" Dann begann ich zu lachen. Ich erkannte nicht nur die Komik der Situation, sondern merkte auch, dass ich ungerecht zu mir selbst war. Dass ich Entdeckungen auf dem Gebiet der übersinnlichen Wahrnehmung gemacht hatte, bedeutete nicht, dass ich vollkommen sein musste. Auch ich durfte noch lernen. Daran dachte ich auch während des Interviews am nächsten Abend. Anstatt mich als unfehlbarer Experte auszugeben, sprach ich als Forscher. Ich erklärte: „Ich weiß nicht alles über PSI, aber ich habe neurowissenschaftliche Geheimnisse entdeckt, die es Ihnen ermöglichen, die vier medialen Sinne willentlich zu nutzen. Die Show war so erfolgreich, dass man mich zu Larry Kings Fernsehshow einlud.

Das ist eine lustige Geschichte, aber sie zeigt auch zweierlei. Erstens half mir das Dampfablassen, mich schnell zu beruhigen. Als ich bei meinen Verwandten eintraf, war ich gelassen und brachte Humor statt Ärger mit. Wir lachten gemeinsam. Das ist zwar ein extremes Beispiel fürs „Dampfablassen", aber meine Methode schadete niemandem. Ein paar Laternenpfähle zum Vibrieren zu bringen ist viel besser, als seine Wut an einem Verwandten oder Freund abzureagieren. Suchen Sie immer nach Wegen, Ihre Wut zu dämpfen, ohne Angehörigen oder

Kollegen zu schaden – *aber tun Sie etwas.* Andernfalls werden Sie zu einem wandelnden Vulkan, der ausbricht, wenn ihm die nächste arme Seele über den Weg läuft. Jetzt haben Sie zudem den Vorteil, den Joy Touch zu kennen. Je schneller Sie ihn anwenden, sobald Sie wütend werden, desto geringer ist die Gefahr, dass Sie körperlich oder verbal aggressiv werden. Und wenn Sie den Joy Touch auch während des Abkühlens nutzen, beruhigen Sie sich bald vollständig.

Meine Geschichte illustriert auch, wie wichtig es ist, Wut in Worte zu fassen. Als ich hörte, wie unfair ich zu mir selbst war, durchbrach ich den Zyklus. Zudem kam mir dabei eine Idee, die mir half, eines meiner besten Rundfunkinterviews zu geben.

Ich erzähle diese Geschichte, weil sie auch illustriert, wie man die Tröstende Verbindung gründlicher nutzen kann. Wir sind oft wütend auf uns selbst. Wenn Sie sich dieser Wut nicht stellen, siedet sie sogar weiter, nachdem Sie mit den Leuten, über die Sie sich geärgert haben, ins Reine gekommen sind. Jedes Mal, wenn Sie eine Wut nicht loswerden können (nicht einmal, nachdem Sie darüber gesprochen oder geschrieben haben), ist das ein sicheres Zeichen für eine noch vorhandene tiefer sitzende Wut (auf sich selbst oder aus der Kindheit). Ich musste aufhören, mir selbst Vorwürfe zu machen, ehe ich mit dem Leben und mit New York Frieden schließen konnte.

Fügen Sie Ihrer Tröstenden Verbindung immer die folgenden Schritte hinzu, wenn Sie auch auf sich selbst wütend sind:

- **Sprechen Sie laut aus, warum Sie wütend auf sich sind.** (Beschreiben Sie Ihre Gefühle genau, anstatt sich nur selbst Vorwürfe zu machen.)
- **Wenden Sie den Joy Touch an, und denken Sie daran: Auch Sie sind nur ein Mensch.** (Darum dürfen Sie lernen und Fehler machen.)
- **Leiten Sie Ihre Wut in den disziplinierten Wunsch, sich zu ändern oder zu bessern.** (Was können Sie nächstes Mal anders machen? Wie können Sie härter arbeiten?)

Wut über Hilflosigkeit oder ungerechte Bevormundung

Das Gefühl, von anderen bevormundet oder unfair behandelt zu werden, ist eine weitere häufige Ursache der Wut. Wenn Sie fragen: „Was würde mich in dieser Situation trösten?“, lautet die Antwort häufig:

„Nicht bevormundet zu werden." Der restliche limbische Kurzschluss lässt sich meist beseitigen, wenn Sie mit dem Menschen reden, um den es geht (nachdem Sie mit sich selbst gesprochen und Dampf abgelassen haben). Dann hat der andere die Möglichkeit, sich zu entschuldigen oder ein Missverständnis aufzuklären. Beides trägt dazu bei, eine explosive Kettenreaktion in Ihrem Inneren zu verhindern.

Wenn es weder eine Entschuldigung noch eine Erklärung gibt, nutzen Sie die Tröstende Verbindung, um die Beherrschung nicht zu verlieren. Martha, die in San Francisco lebt, fühlte sich von ihrer Vorgesetzten Thelma ungerecht behandelt. Nichts, was Martha tat, konnte Thelma davon abbringen, ihr einen starren Dienstplan aufzuzwingen. Das machte Martha wütend und verdarb ihr die Freude an der Arbeit. Martha wusste, was sie trösten könnte: das Gefühl, alles selbst im Griff zu haben. Sie erinnerte sich an etwas, was ich oft erklärt hatte: Wir können nicht alles selbst bestimmen (Donald Trump und Leona Helmsley haben es am eigenen Leib erfahren), aber wir können immer unseren Gemütszustand bestimmen.

Martha beschloss, diese Idee zu ihrer Tröstenden Verbindung zu machen und sich trotz der äußeren Umstände innerlich frei zu fühlen. Niemand konnte sie davon abhalten, nicht wütend, sondern glücklich zu sein. Sofort wurde ihr Leben leichter. Anstatt bei der Arbeit zornig und unglücklich zu sein, leistete sie jetzt mehr und war stolz auf ihre Selbstdisziplin. Außerdem freute sie sich darüber, dass die autoritäre Vorgesetzte sie nicht unterkriegen konnte.

Probieren Sie diese Methode selbst aus.

- **Denken Sie an eine Situation, in der Sie sich hilflos oder unterdrückt fühlten.**
- **Wenden Sie den Joy Touch an, damit Sie ruhig bleiben und nicht überreagieren.**
- **Sprechen Sie Ihre Gefühle aus, und machen Sie Ihrem Ärger auf gesunde Weise Luft.**
- **Wenden Sie den Joy Touch an, und denken Sie daran, dass Sie nicht hilflos sind.**
- **Überlegen Sie, was Sie tun können, um Ihren Ärger auf konstruktive Weise zu lindern.**
- **Überlegen Sie, was Sie tun können, um glücklicher zu werden.** (Beschließen Sie zumindest, sich nicht unterkriegen zu lassen. Schon das macht Sie stärker.)

- Wenden Sie den Joy Touch an, und bekräftigen Sie, dass es in Ihrer Macht steht, glücklich zu sein.
- Bekräftigen Sie zum Schluss, dass Sie Ihr Leben selbst bestimmen können. (Seien Sie stolz auf sich, und spüren Sie Ihre innere Macht: Sie können Ihre Gefühle akzeptieren, das Gute in Ihrem Leben sehen und Ihren Gemütszustand selbst bestimmen.)

Wut über mangelnde Wertschätzung

Manchmal ärgern Sie sich vielleicht über mangelnde Wertschätzung. In diesem Fall besteht der beste Trost darin, *sich selbst* zu schätzen. Katie Bechtel, eine Lehrerin aus Phoenix, fand eine kreative Methode, Wut zu dämpfen und sich selbst anzuerkennen. Sie fand, ihre Arbeit am Computer in einer Anwaltskanzlei werde nicht ausreichend gewürdigt. Also beschloss sie, über dem Computer ein Bild aufzuhängen, das sie als Tröstende Verbindung gemalt hatte. Als Kind hatte sie sich gewünscht, Künstlerin zu werden; aber Ihr Vater hatte sie davon abgehalten. Für sie symbolisierte das Bild den Respekt, den sie für ihre künstlerischen Fähigkeiten empfand. Jedes Mal, wenn Sie den Eindruck hatte, dass man sie oder ihre Arbeit nicht ausreichend würdigte, schaute sie zu diesem Bild hinauf und freute sich über ihre Kreativität. Wenn Katie das Bild sieht, nimmt ihr Selbstwertgefühl sofort zu.

Probieren Sie diese Methode aus, wenn Sie wütend über mangelnde Wertschätzung sind.

- Denken Sie an eine Situation, in der Sie sich ärgerten, weil andere Sie nicht ausreichend anerkannten.
- Wenden Sie den Joy Touch an, damit Sie ruhig bleiben und klar denken können.
- Sprechen Sie Ihre Gefühle laut aus, und beschreiben Sie genau, was Ihrer Meinung nach nicht gewürdigt wird.
- Wenden Sie den Joy Touch an, und denken Sie daran, dass Sie ein einzigartiges und wertvolles Individuum sind.
- Überlegen Sie, mit welchem Symbol Sie Ihren Wert bekräftigen können. (Kleben Sie einen Zettel an den Spiegel. Schenken Sie sich eine Blume. Umarmen Sie sich. Stellen Sie eine Liste Ihrer guten Leistungen zusammen, usw.)
- Wenden Sie den Joy Touch an, und bekräftigen Sie, dass Sie eine einzigartige, ganz besondere Seele sind.

Katies Beispiel zeigt außerdem, dass die Wurzeln der Wut bis tief in die Vergangenheit reichen können. Wenn Sie spüren, dass Ihre Wut auf ein Kindheitserlebnis zurückgeht, sollten Sie die tiefere Tröstende Verbindung anwenden, die ich im Abschnitt über geheime Schmerzen (Seite 71–73) beschrieben habe. Sie hilft Ihnen, Ihren Ärger vollständig zu stillen.

Reizbarkeit

Oft ist die Wut unspezifisch. Die Komplexität des modernen Lebens kann uns reizbar machen. Deshalb kann unspezifische Gereiztheit nach banalen Ärgernissen zu Wutausbrüchen führen. Diese Ereigniskette hat physiologische Ursachen und lässt sich am besten mit dem Joy Touch unterbrechen. Gereiztheit löst allmählich die Ausschüttung von „Wuthormonen" (vor allem von Catecholaminen) aus. Dadurch wird der Körper langsam verspannter, und Sie neigen zu Gefühlsaufwallungen.

Der Joy Touch kann dieses Verhaltensmuster durchbrechen und verhindern, dass der Topf überkocht. Verwenden Sie diese Technik, um Ihre Reizbarkeit zu dämpfen. Wenn Sie den Joy Touch oft und sofort nutzen, können Sie die Explosion verhindern.

Wenn Ihnen das nicht gelingt, versuchen Sie herauszufinden, ob Ihre Wut einen bestimmten Grund hat (ob sie von einem realen Ereignis ausgelöst wurde, so dass Sie einen Grund haben, sich zu ärgern) oder ob es sich nur um eine allgemeine Gereiztheit handelt. Bei einer spezifischen Wut wenden Sie den Joy Touch und eine geeignete Tröstende Verbindung an. Bei Reizbarkeit konzentrieren Sie sich hauptsächlich darauf, den Joy Touch wiederholt anzuwenden, um ruhiger zu werden. In beiden Fällen dürfen Sie nicht den Fehler machen, wütend über Ihre Wut zu werden.

Wut auf die Wut

Es ist unfair zu erwarten, dass Sie nie wütend werden. Alle Emotionen, die das limbische System auslöst, können das Bewusstsein und Ihre unmittelbaren Reaktionen zumindest zeitweilig dominieren. Das ist ganz natürlich, weil das limbische System sich vor dem Kortex entwickelt hat. Es ist die Aufgabe des limbischen Systems, Aufmerksamkeit zu verlangen und sofortige Reaktionen auszulösen. Jede Situation ist für diese Gehirnregion lebensbedrohend. Sie ärgern sich gewiss nicht über den Blinzelreflex Ihrer Augen. Ebenso unfair ist es, sich zu heftige Vorwürfe zu machen, weil Sie wütend werden.

Wir können Ereignisse, die uns wütend machen, nicht verhindern. Aber wir können bestimmen, wie wir auf die ausgelösten Emotionen reagieren. Diese Fähigkeit ist ein wichtiges Merkmal der emotionalen Intelligenz. Selbstbeherrschung ist schon schwierig genug, ohne dass Sie sich über Ihre Wut ärgern. Machen Sie sich klar, dass es normal und gesund ist, wütend zu werden. Wichtig ist, dass Sie die Dauer der Wut bestimmen.

Dies ist eine gute Gelegenheit, über die normale, gesunde Dauer negativer Emotionen zu sprechen. Sobald das limbische System aktiviert ist, erleben Sie in gewissem Umfang einen körperlichen Aufruhr. Das gilt ganz besonders dann, wenn Sie wütend sind. Es ist so gut wie unmöglich, Wut sofort zu dämpfen. Wenn die Wutzentren aktiv sind, ist sozusagen der Ofen eingeschaltet. Selbst wenn Sie Ihr Temperament rasch zügeln, heizt Ihr physiologischer Grill den Ofen weiter auf. Das Löschen der Flamme bringt ihn nicht sofort auf Zimmertemperatur zurück. Der Ofen hat seine eigene, natürliche Abkühlungszeit. Das sind die Gesetze der Physik und der Gehirnbiochemie. Es ist unvernünftig zu erwarten, dass Sie sich sofort in den Griff bekommen. Darum ist es ungerecht, wütend auf Ihre Wut zu sein. Wenn Sie unbedingt wütend auf sich selbst sein wollen, dann allenfalls deshalb, weil Ihre Wut schon zu lange andauert oder weil Sie unangemessen mit Ihren Emotionen umgehen, nicht aber deshalb, weil Sie überhaupt wütend geworden sind.

Es ist wichtig herauszufinden, wie lange eine gesunde Wut dauert. Selbst wenn Sie sofort auf sie reagieren, bleibt die Frage, wie lange die Körperchemie vernünftigerweise braucht, um sich vollständig zu normalisieren (vorausgesetzt, dass die Wut nicht neu entfacht wird). Meiner Erfahrung nach dauert das mindestens fünf bis fünfzehn Minuten, je nach Persönlichkeitstyp und Geschlecht (Männer explodieren leichter).

Hier kann der Joy Touch helfen. Er öffnet auf physiologische Weise die Tür des Ofens, so dass er schneller abkühlt. Selbst dann dauert es einige Zeit, bis die Ofenwände zur normalen Temperatur zurückkehren. Das Gleiche gilt für das Gehirn. Glauben Sie bitte nicht, dass Sie nicht mehr wütend (oder traurig oder ängstlich) werden, nur weil Sie den Joy Touch kennen. Sie dürfen diese Gefühle haben, denn sie sind ein normaler Teil des Lebens. Anstatt sie zu leugnen, sollten Sie ihre negativen Aspekte daran hindern, sich in die Länge zu ziehen und Ihr Leben zu beherrschen. Die Lösung lautet: Finden Sie heraus, wie lange eine gesunde Wut bei Ihnen dauert, und arbeiten Sie innerhalb dieses Zeitraumes an ihr.

Nehmen Sie sich einen Augenblick Zeit, und überlegen Sie, wie lange Sie vernünftigerweise brauchen sollten, um Ihre Wut zu stillen.

- **Wenden Sie den Joy Touch an, damit Sie ruhig und objektiv beginnen können.**
- **Finden Sie heraus, wie lange Sie normalerweise und vernünftigerweise wütend sein dürfen.** (Wie lange dürfen Sie brauchen, um sich *ohne den Joy Touch* abzuregen?)
- **Überlegen Sie nun, wie lange Sie wütend bleiben dürfen, wenn Sie den Joy Touch anwenden.** (Der Joy Touch allein kann nicht verhindern, dass Ihr mentaler Ofen heiß wird.)
- **Welche tröstende Verbindung könnte Ihre Wut auf Ihre Wut besänftigen?** (Zum Beispiel die Worte „Ich bin auch nur ein Mensch, ich darf Gefühle haben, ich darf lernen".)
- **Wenn Sie wollen, können Sie diese Schritte für Groll, Sorgen und Ängste wiederholen.**

Sie können diese Schätzungen als Richtlinie für den angemessenen Umgang mit Ihrer Wut benutzen. Versuchen Sie, die Wut innerhalb dieses Zeitraumes zu überwinden. Zumindest sollten Sie sich diesen Zeitraum zugestehen, ohne erneut in Wut zu geraten. Denken Sie auch daran, mit einer Tröstenden Verbindung Ihr Recht auf diese Emotionen zu bekräftigen. Zusammen mit dem Joy Touch verfügen Sie dann über eine Methode, mit der Sie Ihren EQ steigern und sich über Ihre animalische Vergangenheit erheben können.

Das sind nur ein paar Beispiele dafür, wie man mit Wut umgeht. Das Leben gibt uns reichlich Gelegenheit zu forschen. Für mich besteht einer der Vorteile des Joy Touch und der tröstenden Verbindung darin, dass ich über meine Probleme und meinen Ärger nicht mehr abfällig denke. Ich betrachte sie als Forschungsmaterial für besseren Varianten und Anwendungen meiner Techniken.

Wir müssen verhindern, dass Sorgen uns unglücklich machen. Es gibt keinen Lebensbereich, in dem wir die Forschung nötiger haben. Mit diesem Bereich wollen wir uns als Nächstes befassen.

Beenden Sie Ihr „Sorgenprogramm“

Sorgen sind zwar nicht so schmerzhaft oder schädlich wie Groll und Wut, aber sie sind wohl der größte Störenfried unter allen Arten des limbischen Stress. Kränkungen können neues Wachstum auslösen. Wut kann zumindest motivieren. Aber Sorgen bewirken meist nichts Positives. Sie laugen uns langsam aus und machen uns schlapp und lethargisch. Wenn Sie im mentalen Kreislauf der Sorgen gefangen sind, arbeiten Sie buchstäblich mit halber Kraft. Mentale Fähigkeiten, die Sie für den Beruf oder die Lebensfreude nutzen könnten, werden im zyklischen inneren Dialog Ihres „Sorgenprogramms“ vergeudet.

Sorgen sind besonders typisch für die limbische Störung, die ich mit einer zerkratzte Schallplatte vergleiche. Sobald wir anfangen, uns zu sorgen, wiederholen wir negative Gedanken immer wieder. Dieses mentale Rauschen stört die Konzentration, macht uns reizbar und verringert die Leistungsfähigkeit. Sorgen verbrauchen mentale Energie, die wir für Höchstleistungen brauchen.

Wenn Sie Ihr Sorgenprogramm beenden wollen, müssen Sie zunächst den endlosen Zyklus der negativen Gedanken unterbrechen. Verhindern Sie, dass die mentale Ablenkung sich ständig wiederholt, und Sie haben diese limbische Störung schon halb besiegt. Nutzen Sie zuerst den Joy Touch, um die Sorgen zu lindern. Schreiben Sie dann auf, was Ihnen Sorgen bereitet, um den Zyklus zu brechen. Es hat seinen Grund, warum Sorgen so hartnäckig sind: Sie symbolisieren ein Problem, das wir lösen müssen. Das Unterbewusstsein will damit sagen: „Vergiss nicht, dich darum zu kümmern.“ Die zerkratzte Schallplatte ist eine physiologische Erinnerungshilfe. Wenn Sie Ihre Sorgen aufschreiben, sind sie dokumentiert. *Dadurch wird das „Vergiss-nicht-Programm“ überflüssig.*

Das Aufschreiben der Sorgen hilft Ihnen zudem, das Problem und sein Ausmaß genau zu bestimmen. Sorgen sehen kleiner aus, sobald sie auf dem Papier stehen. Die mentale Wiederholung lässt sie dagegen größer erscheinen. Wie bereits im Abschnitt über die Wut erwähnt, aktivieren Sie durch das Schreiben die höheren Gehirnregionen und heben den limbischen Kurzschluss auf.

Wenn die Störung so ernst ist, dass es Ihnen selbst nach dem Joy Touch schwerfällt, mit dem Schreiben zu beginnen, suchen Sie nach einem anderen sensorischen Zugang, um das limbische Rauschen zu übertönen. Hören Sie Musik, spielen Sie mit einem Tier, riechen Sie an Blumen, oder nehmen Sie ein Sonnenbad. Das lindert Ihre Anspannung und löst die Schreibblockade.

Gelegentlich führt schon das Schreiben zu Ideen und Lösungen. Umso besser! Nutzen Sie den Moment, um Probleme zu lösen oder Pläne zu schmieden und die Sorgen zu stillen. Zumindest können Sie Ihre Liste verwenden, um das mentale Wiederkäuen der Sorgen zu verhindern. Mit der Liste heften Sie die Sorgen ab und bearbeiten sie bei passender Gelegenheit.

Eine neue Methode besteht darin, eine „Sorgenstunde" zu reservieren. Suchen Sie dafür eine Stunde nach Feierabend aus, in der Sie sich um Ihre Sorgen kümmern können. Auf diese Weise verhindern Sie, dass die Sorgen Ihnen den Tag verderben, denn Sie können ja sagen: „Darüber mache ich mir später Sorgen." Das Schöne daran ist, dass Sie das Problem nicht leugnen oder verdrängen. Sie lassen es nur nicht zu, dass es Ihren Tag beherrscht. Schreiben Sie Ihre Sorgen auf, sobald sie Ihnen bewusst werden. Dann können Sie sich zur festgesetzten Stunde damit befassen. Das kann jede beliebige Stunde sein, da Sie das Problem ja aufgeschrieben haben. Schon mit der Wahl des Zeitpunktes beginnen Sie, Ihr Leben wieder in den Griff zu bekommen.

Das Gefühl, alles im Griff zu haben, ist eine wichtige Tröstende Verbindung, wenn Sie von Sorgen geplagt werden. Wir machen uns Sorgen, weil wir nach einer Entscheidung unsicher sind oder weil wir uns eine bestimmte Leistung nicht zutrauen. Es ist ein uralter physiologischer Reflex, der aus der Anfangszeit unserer Evolution stammt. Ängstlichkeit bedeutete damals, ständig wachsam zu sein und somit größere Überlebenschancen zu haben. Dank dieser biologischen Methode erreichten wir unser oberstes Ziel: am Leben zu bleiben.

Heute stehen wir nicht mehr unter solchem Druck. Aber wir haben immer noch ein limbisches System, das nach (realen und eingebildeten) Gefahren Ausschau hält und Überängstlichkeit auslöst. Wie Sie damit fertig werden, hängt davon ab, welche Art Sorgen Sie ängstlich macht. Die häufigste besprechen wir im folgenden Abschnitt.

Alles richtig machen

„Welche Entscheidung ist richtig?". Das ist eine weit verbreitete Sorge. Jedes Mal, wenn Sie sich auf der Grundlage lückenhafter Informationen entscheiden müssen, sind Sie eine leichte Beute der Versagensangst. Diese Angst ist besonders schädlich, wenn sie lange andauert. Wir machen uns nicht nur während der Entscheidungsfindung Sorgen, sondern auch lange danach. Als ich mein Haus umschuldete, lernte ich diese quälende Unsicherheit kennen. Erst als ich sie beseitigt hatte, konnte ich wieder vernünftig arbeiten.

Ich hatte keine Ahnung von Refinanzierung, und es gab so viele Möglichkeiten. Sollte ich den derzeitigen Zinssatz festschreiben lassen oder flexible Zinsen vereinbaren? Würden die Zinsen steigen oder fallen? Würde das Schätzgutachten positiv ausfallen? Welche Bank bot das günstigste Darlehen an? Mit welcher Entscheidung würde meine Familie am meisten Geld sparen?

Ich bekam einen dicken Kopf, als ich über buchstäblich Hunderte von Möglichkeiten grübelte. Ich brauchte Wochen, um alles zu prüfen, und machte mir jeden Tag mehr Sorgen. Darunter litt meine Leistungsfähigkeit. Eines Morgens erkannte ich, dass die Sorgen mein ganzes Leben lähmten. Ich war nicht mehr kreativ und konnte nicht mehr zusammenhängend schreiben. Meist war ich mürrisch und unglücklich. Ich wusste, dass ich den limbischen Stress beseitigen und wieder normal leben musste. Also wendete ich den Joy Touch an und fragte mich dann: „Was würde mich in dieser Situation trösten?" Sofort hörte ich: „Die Gewissheit, dass ich die *richtige* Entscheidung treffen werde."

Augenblicklich wurde mir klar, dass ich mir übertriebene Sorgen machte. Ich hatte es zugelassen, dass ein Viertelprozent wichtiger wurde als mein Seelenfrieden. Ja, ich wollte den besten Handel abschließen, aber das war nicht unbedingt notwendig. Mein Zinssatz würde um mindestens drei Prozentpunkte sinken. Die Umschuldung war bereits die richtige Entscheidung gewesen. Jetzt ging es nur noch um Einzelheiten, und es lohnte sich nicht, deswegen krank zu werden. Ich nutzte meine übersinnlichen Fähigkeiten und meine Recherchen, um die beste Entscheidung zu treffen, die ich treffen konnte. Dann ging ich zurück an meine Arbeit.

Ich fühlte mich, als hätte sich ein Nebel in meinem Gehirn aufgelöst. Jetzt konnte ich wieder schreiben und fröhlich mit meinen kleinen Kindern spielen, ohne mit den Gedanken woanders zu sein. Bedauerlich war nur, dass ich mich erst so spät gefragt hatte: „Was würde mich trösten?"

Diese Geschichte illustriert die Tröstende Verbindung des „neuen Blickwinkels". Wenn wir ängstlich bemüht sind, alles richtig zu machen, übertreiben wir oft die Bedeutung von Details oder machen unser Selbstwertgefühl von der Perfektion einer Entscheidung abhängig.

Bin ich ein Versager, weil ich das Darlehen irgendwo um ein Achtelprozent günstiger bekommen hätte? Bestimmt nicht.

Selbst wenn Ihr Beruf kritisches Denken und Entscheiden verlangt, können Sie immer nur nach bestem Wissen und auf Grund der verfügbaren Informationen entscheiden. Wer sich Sorgen macht, kann nicht mehr klar denken, denn Sorgen schwächen das Arbeitsgedächtnis (die Fähigkeit, sich die Daten zu merken, die für eine Aufgabe wichtig sind). Darunter leiden auch die Kreativität, die Intuition und das Urteilsvermögen. Nutzen Sie bei Ihren Entscheidungen alle Ressourcen des höheren Kortex, anstatt unter dem zermürbenden Rauschen des limbischen Stress zu leiden.

Andere Möglichkeiten, den Blickwinkel zu ändern, sind Fragen wie: „Wird das in hundert Jahren noch wichtig sein?“ oder: „Wenn ich nur noch sechs Monate zu leben hätte, wie wichtig wäre diese Sache dann?“ Wenn Sie von Sorgen geplagt werden, können Sie Ihre Situation buchstäblich erhellen, indem Sie an das Gute in Ihrem Leben denken. Auch die Erkenntnis, dass viele Entscheidungen nicht das letzte Wort sind, lindert den Druck. Betrachten Sie Ihren Plan als Entwurf, den Sie später genauer ausarbeiten können. Alles, was die Sorgen verringert, lindert auch den limbischen Stress. Der Joy Touch sorgt in allen Fällen für die innere Ruhe, die Ihnen hilft, neue Standpunkte und Tröstende Verbindungen zu erkennen und zu nutzen.

Machen Sie sich derzeit Sorgen, weil Sie etwas unbedingt richtig machen wollen? Dann versuchen Sie, sich von diesem Druck zu befreien.

- **Denken Sie an eine Aufgabe, die Ihnen Sorgen bereitet, weil Sie unbedingt alles richtig machen wollen.**
- **Wenden Sie den Joy Touch an, damit Sie ruhig und objektiv beginnen können.**
- **Betrachten Sie die Situation unter einem neuen Blickwinkel.** Welche Bedeutung hat sie? (Ist sie lebensbedrohend? Gibt es nur eine einzige Chance? Muss die Entscheidung endgültig sein? Und so weiter.)
- **Wenden Sie den Joy Touch an, und bekräftigen Sie, dass Sie der Aufgabe gewachsen sind.**
- **Denken Sie daran, was Sie bereits richtig gemacht haben.** (Sie haben das Problem erkannt und befassen sich mit ihm, anstatt ihm auszuweichen, usw.)

- **Wenden Sie den Joy Touch an, und machen Sie sich klar, dass Sie Ihre Sorgen selbst überwinden können.**
- **Entscheiden Sie, was als Nächstes zu tun ist.** (Weitere Recherchen, andere um Rat fragen, einen vorläufigen Plan entwerfen, darüber schlafen usw.)
- **Wenden Sie den Joy Touch an, und beglückwünschen Sie sich dafür, dass Sie vorankommen.** (Denken Sie daran, dass Sie Ihr Bestes tun und dass Sie das Recht haben zu lernen.)
- **Suchen Sie nach einer Tröstenden Verbindung, die Sie nutzen können, wenn die Sorgen zurückkehren.** (Machen Sie sich klar, dass die Lage nicht kritisch ist. Sie kommen gut voran und haben bereits einiges richtig gemacht. Sie haben einen Plan und tun Ihr Bestes, um ihn zu verwirklichen.)

Warum bemühen wir uns so krampfhaft, immer die richtigen Entscheidungen zu treffen? Weil wir uns dafür verantwortlich fühlen.

Die Last der Verantwortung

Verantwortung ist das Joch, das wir uns am Arbeitsplatz und in der Familie selbst auferlegen. Wenn wir uns verpflichtet fühlen, wird alles stressig. Sorgen sind der limbische Stress, den die Ungewissheit auslöst. Verantwortung kann die Situation verschlimmern. Unter ihrem Druck machen wir uns über alles Sorgen, was geschehen könnte. Diese Last kann uns selbst die angenehmste Arbeit verleiden, und sie bedroht auch unsere Beziehungen. Vergleichen Sie einmal die Pflichten der Eltern mit denen der Großeltern, und denken Sie daran, was sich nach einer Heirat ändert.

Wenn Sie Verantwortung übernehmen, sind richtige Entscheidungen besonders wichtig. Ich trete nicht für Verantwortungslosigkeit oder Gleichgültigkeit ein. Ich warne nur davor, Verantwortung als Last zu empfinden; sonst fallen Sie dem limbischen Stress zum Opfer. Wenn Sie Verantwortung tragen, haben Sie auch Sorgen. Entscheidend ist, wie Sie damit umgehen. Sie brauchen sich nicht hilflos zu fühlen; denn Sie können in jeder Situation angemessen reagieren. Diese bewusste Entscheidung vermittelt Ihnen das Gefühl, Ihrer Aufgabe gewachsen zu sein, und befreit Sie vom limbischen Stress.

Wenn wir uns für etwas verantwortlich fühlen, machen wir uns oft allerlei Sorgen. Das beste Mittel, um das Gefühl der Hilflosigkeit zu überwinden, ist ein Plan. Jeder Plan – vollständig oder nicht – gibt Ihnen wieder Handlungsspielraum. Einerlei, ob Sie für Ihr Alter oder die Ausbildung Ihrer Kinder vorsorgen oder einem Herzinfarkt vorbeugen wollen, ein Plan ist ein Aktionsprogramm. Er hilft Ihnen, die Sorgen hinter sich zu lassen und Fortschritte zu machen. Wenn Sie einen Plan aufstellen, können Sie reagieren.

Denken Sie auch daran, dass ein Plan sich entwickeln muss. Sie brauchen nicht alle Probleme sofort zu lösen. Schon der Plan, Informationen zu sammeln, kann den limbischen Kurzschluss beseitigen. Ich muss ständig zahlreiche Projekte, Gespräche mit Lehrern und familiäre Verpflichtungen unter einen Hut bringen. Und jeden Tag frage ich mich einige Dutzend Male: „Was ist, wenn ..." Ein schlichtes Notizbuch verhindert eine Überbelastung. Wenn mir ein Problem einfällt, notiere ich es auf der Seite des betreffenden Projekts. Dann nehme ich mir kurz Zeit, um aufzuschreiben, was ich tun kann und wann ich die erste Entscheidung treffen muss. So vertreibe ich meine Sorgen und kehre mit neuer Kraft an meine Arbeit zurück oder kümmere mich um die Familie. Ich leiste mehr und habe mehr Freude am Leben. Ich lasse mich nicht von Sorgen lähmen, sondern erstelle einen Plan.

Wir müssen unsere Sorgen konstruktiv nutzen. Die meisten Sorgen sind destruktiv. Wir plagen uns selbst mit dem ewigen „Was ist, wenn ...?" Dann fühlen wir uns hilflos. Stattdessen sollten wir vorausplanen. Wenn Sie sich fragen „Was ist, wenn ...?", dann beenden Sie das Gespräch. Anstatt lediglich die Sorgen zu wiederholen, überlegen Sie, was Sie tun können, wenn die düsteren Prognosen sich erfüllen. Denken Sie über alle Möglichkeiten nach, die Ihnen zur Verfügung stehen. Auf diese Weise nutzen Sie Ihre höheren Gehirnregionen und bleiben nicht im limbischen Stress stecken.

Wir können uns also auch konstruktiv Sorgen machen. Es gibt einen physiologischen Grund dafür, dass der Mensch einst anfing, sich zu sorgen. Heute können wir unsere Sorgen für uns arbeiten lassen.

Versuchen wir einmal, Sorgen zu bewältigen, die mit Verantwortung zu tun haben.

- **Denken Sie an etwas, was Ihnen Sorgen bereitet, weil Sie sich dafür verantwortlich fühlen.**
- **Wenden Sie den Joy Touch an, damit Sie ruhig und klar beginnen.**
- **Überlegen Sie, wofür Sie sich verantwortlich fühlen.**

- Wenden Sie den Joy Touch an, damit Sie erkennen, dass Sie in jeder Situation reagieren können.
- Entscheiden Sie über Ihre erste Reaktion.
- Wenden Sie den Joy Touch an, und bekräftigen Sie, dass Sie alles im Griff haben und Ihrer Verantwortung gerecht werden können.
- Überlegen Sie, womit Sie sich trösten können, falls die Sorgen sich erneut einstellen. (Sagen Sie: „Ich habe die Lage im Griff, ich kann immer reagieren, ich bin frei, nicht hilflos" usw.)

Mit dem „Was ist, wenn ...?" können Sie so umgehen:

- Schreiben Sie alles auf, was „sein könnte".
- Wenden Sie den Joy Touch an, damit Sie entspannt und kreativ sind.
- Schreiben Sie neben jedes denkbare Problem eine mögliche Lösung.
- Beschließen Sie, sich konstruktiv Sorgen zu machen, wann immer Sie sich für etwas verantwortlich fühlen. (Überlegen Sie, was Sie tun können, skizzieren Sie einen Plan usw.)
- Wenden Sie den Joy Touch an, und bekräftigen Sie Ihre Fähigkeit, Sorgen in kreative Lösungen umzuwandeln.

Sicherheitsfragen (Sorgen über Beruf, Gesundheit und Geld)

Bei allen Sorgen über den Arbeitsplatz, die Gesundheit oder die Finanzen geht es im Grunde um Sicherheit. Auch für diesen limbischen Stress ist ein Plan die wichtigste Tröstende Verbindung. Wenn Sie aufschreiben, welche Möglichkeiten es gibt, einen Job zu finden, gesund zu bleiben oder für finanzielle Sicherheit zu sorgen, brauchen Sie sich nicht mehr hilflos zu fühlen. Wenn Sie dann auch noch handeln, nimmt Ihre Angst weiter ab. Fangen Sie an, einen Lebenslauf zu schreiben, oder prüfen Sie, welche Angebote es in Ihrem Fach- oder Interessengebiet gibt. Treiben Sie Sport, und stellen Sie Ihre Ernährung um. Legen Sie jede Woche ein wenig Geld beiseite. Sie fühlen sich sicherer, wenn Sie *etwas tun.* Dieser Schwung gibt Ihnen das Gefühl, die Lage im Griff zu haben und anpassungsfähig zu sein. Trägheit macht Sie verwundbar und noch ängstlicher.

Manchmal genügt es schon, sich zu informieren. Karen entdeckte eine einzigartige Methode, um ihre Angst vor Kündigung zu lindern. Sie arbeitete in einem Bauunternehmen in Los Angeles, das bereits 45 von 50 Mitarbeitern entlassen hatte. Jede Woche fragte sie sich: „Bin ist die Nächste?" Mit dieser Ungewissheit konnte sie nicht mehr ordentlich arbeiten; außerdem verdüsterte die Angst ihr Privatleben. Karen beschloss, nicht länger mit diesen Zweifeln zu leben. Jeden Montag fragte sie ihren Vorgesetzten: „Ist mein Job diese Woche sicher?" Und jede positive Antwort half ihr, mit klarem Kopf zu arbeiten und sich im Privatleben nicht von Sorgen überwältigen zu lassen. Selbst wenn sie eine negative Antwort bekommen hätte, wäre die Ungewissheit vorbei gewesen, und sie hätte damit beginnen können, sich um eine neue Stelle zu bemühen. Wenn Ihre Gesundheit Ihnen Sorgen macht, finden Sie in Büchern und Zeitschriften die neusten Erkenntnisse über Gesundheitsvorsorge und gute Ernährung.

Viele Menschen machen sich Sorgen über ihre Geldanlagen. Die beste Tröstende Verbindung für diesen limbischen Stress ist Vorausplanung. Investieren oder riskieren Sie nur einen Geldbetrag, dessen Verlust Sie verschmerzen können. Selbst wenn der mögliche Gewinn verlockend ist, müssen Sie überlegen, ob er das Risiko für Ihre Gesundheit und Lebensqualität wert ist. Was nützt Ihnen mehr Geld, wenn die Sorgen Sie früh ins Grab bringen?

Wenn Sie dennoch einen finanziellen Verlust erleiden, sollten Sie sich keine Vorwürfe machen. Suchen Sie nach Tröstenden Verbindungen, die Ihr Selbstwertgefühl stärken. Wenn Sie das Geld einmal verdient haben, können Sie es auch ein zweites Mal verdienen. Konzentrieren Sie sich zudem darauf, was Sie haben: Gesundheit, Ihre Familie, Ihre Zukunft usw.

Wenn es um die Sicherheit geht, müssen wir richtige Entscheidungen treffen und Verantwortung übernehmen. Wir fühlen uns doppelt verantwortlich, weil eine Entscheidung nicht nur Folgen für uns hat, sondern auch für andere Menschen. Vielleicht finden Sie keine Tröstende Verbindung, die hier ausreicht. Das ist nicht schlimm. Suchen Sie nach einer Kombination von Maßnahmen, die Sie aus dem Griff dieses doppelten limbischen Stress befreit. Denken Sie auch daran, dass der Stress sich vervielfacht, wenn Sie für mehr als einen Menschen verantwortlich sind.

Versuchen wir nun, Sorgen über eine Sicherheitsfrage zu stillen.

- **Wählen Sie ein Problem aus, das Ihnen zu schaffen macht und bei dem es um Gesundheit, Geld oder den Beruf geht.**
- **Wenden Sie den Joy Touch an, damit Sie ruhig und klar beginnen.**
- **Überlegen Sie, worüber Sie sich Sorgen machen, und notieren Sie alles, was „sein könnte".**
- **Wenden Sie den Joy Touch an, und fragen Sie: „Was würde mich in dieser Situation trösten?"**
- **Bestimmen Sie den Kern dessen, was Ihre Angst lindern würde.** (Was können Sie tun? Welche Pläne oder Vorbereitungen bieten sich an? Hilft es, das größere Bild zu sehen? Und so weiter.)
- **Schreiben Sie neben jedes denkbare Problem eine mögliche Lösung.**
- **Wenden Sie den Joy Touch an, und bekräftigen Sie, dass Sie das Problem bewältigen können.**
- **Wählen Sie die Tröstende Verbindung aus, die Ihre Sorgen am besten bekämpfen kann.** (Ein Plan, die Einsicht, dass Sie nicht hilflos sind, ein neuer Blickwinkel usw.)

Sorgen um die Familie

Die Verantwortung für geliebte Menschen, vor allem für Kinder, ist besonders schwer. Es gibt so vieles, was wir tun „könnten" oder „sollten". Natürlich fühlen wir uns dafür verantwortlich, „was aus den Kindern wird". Hier finde ich es unerlässlich, sich konstruktiv Sorgen zu machen und in jeder Situation angemessen zu reagieren. Einerlei, in welcher Klemme die Kinder stecken oder in welcher Entwicklungsphase sie sich befinden, ich kann etwas tun. Ich handle, und zwar immer nach bestem Wissen und Gewissen.

Außerdem hilft mir die folgende Frage, den richtigen Blickwinkel zu finden: „Sind meine Kinder Seelen oder Teigklumpen?" Wenn sie nur Teigklumpen sind, bin ich hundertprozentig dafür verantwortlich, was aus ihnen wird. Wenn sie Seelen sind, kamen sie mit ihren eigenen Plänen auf diese Welt. Ich kann meine Sorgen nutzen, um zu planen, wie ich sie am besten anleiten, trösten, unterrichten und unterstützen kann. Letztlich ist es aber ihr Leben, und sie sind dafür verantwortlich, nicht ich.

Wray Plunkett, eine Lehrerin aus New Mexico, benutzte diese Methode, als sie sich Sorgen über die Zukunft ihrer einzigen Tochter machte. Obwohl Chelsea ins College ging und eine eigene Wohnung hatte, machte Wray sich Sorgen. Sind ihre Noten gut genug? Trifft sie die richtigen Entscheidungen? Wray linderte ihre Ängste mit einem neuen Blickwinkel. Sie erkannte, dass sie Chelsea gut erzogen hatte und nun darauf vertrauen musste, dass ihre Tochter das Gelernte richtig anwendete. Also sagte sie zu sich selbst: „Egal, was passiert, ich will nur, dass Chelsea ihr eigenes Leben meistert." Dann beschloss Wray, ihrer Tochter zu helfen, wann immer sie Rat und Hilfe brauchte. So konnte sie stolz auf Chelsea sein und sie aufmuntern, anstatt sich Sorgen zu machen.

Wir alle wollen gute und fürsorgliche Eltern sein. Aber wir müssen lernen, deswegen nicht zu Sklaven zu werden. Wir können unseren Kindern nicht alle Probleme im Leben ersparen. Diese „Schmelzöfen" sind der Grund dafür, dass Seelen auf die Erde kommen. Verweigern Sie Ihren Kindern nicht die Weisheit, die der Erfahrung entspringt. Übrigens ist es möglich, Kinder ohne Probleme zu erziehen, ohne das innere Kind zu verwunden. Aber die Folge ist meist, dass die Eltern zusammenbrechen. Der goldene Mittelweg ist am besten.

Üben Sie, Ihre Sorgen um die Familie zu vertreiben:

- **Denken Sie an eine Sorge, bei der es um Ihre Familie geht.**
- **Wenden Sie den Joy Touch an, damit Sie ruhig und entspannt beginnen.**
- **Beglückwünschen Sie sich dafür, dass Sie sich Sorgen machen, weil Ihre Familie Ihnen am Herzen liegt.**
- **Überlegen Sie, was Ihnen Sorgen macht.**
- **Wenden Sie den Joy Touch an, um die Angst zu lindern und einen objektiven Blickwinkel zu gewinnen.**
- **Was ist der Kern dessen, was Sie trösten würde, und wie können Sie es erlangen?**
- **Was können Sie tun, um Ihre Angehörigen zu unterstützen, anstatt sich zu sorgen?** (Es muss keine physische Handlung sein; manchmal genügt verbale Unterstützung. Sie können auch telepathisch Liebe senden.)
- **Überlegen Sie, wie Sie Ihren Angehörigen helfen können, anstatt kleinlich oder überkritisch zu sein.**

- **Wenden Sie den Joy Touch an, und machen Sie sich klar, dass auch Sie das Recht haben zu lernen.**
- **Wählen Sie die Tröstende Verbindung, die bei dieser Sorge Ihr Schlüssel ist.** (Schreiben Sie konstruktive Lösungen für denkbare Probleme auf, seien Sie fürsorglich, aber nicht besorgt usw.)

Wenn Sie ständig daran denken, was „sein könnte“, werden Ihre Sorgen zur Angst.

Der Umgang mit Angst

Eine alte Geschichte erzählt von einem Jungen, der im tiefsten, dunkelsten Afrika mehrere Jahre außerhalb seines Dorfes lebte. Als er zurückkehrte, fand er nur Ruinen vor. Niemand war bei der Arbeit, niemand genoss das Leben. Alle versteckten sich vor einem Drachen, der sich auf dem Berg in der Nähe des Dorfes niedergelassen hatte.

Der Junge beschloss, sein Dorf zu befreien; doch als er den Berg hinaufschaute, erblickte er ein riesiges Ungeheuer. Obwohl er sich fürchtete, konnte er es nicht ertragen, dass seine Familie in Angst lebte. Er nahm all seinen Mut zusammen und stieg den Berg hinauf, um den Drachen zu stellen. Auf halbem Weg blieb er stehen und schaute wieder nach oben. Jetzt sah der Drache kleiner aus, aber er spie Feuer. Erschrocken rannte der Junge nach unten, und als er nach oben schaute, war das Ungeheuer noch größer als zuvor. Er zitterte bei dem Gedanken, was es ihm antun würde.

Schließlich schlug er jede Vorsicht in den Wind, packte seinen Speer und stieg hinauf bis zum Gipfel. Dort konnte er den Drachen jedoch nicht finden. Er suchte ihn überall – vergeblich. Plötzlich spürte er, das ihn etwas in den Fuß zwickte. Er schaute hinunter und sah einen fünf Zentimeter langen Drachen, der ihn angriff. Er hob ihn auf und fragte: „Was für ein Tier bist du? Aus der Ferne bist du riesig, und aus der Nähe winzig.“ Der Drache antwortete: „Ich heiße ‚WAS KÖNNTE PASSIEREN?‘“

Angst vor dem Unbekannten

Angst ist eine Sorge, die das limbische System aufgebläht hat. Eine der häufigsten Ängste ist die Angst vor dem Unbekannten. Wie der

Drache in der Geschichte erscheint das, „was passieren könnte", immer größer, als es ist. Denken Sie darüber nach. Fast alles, was Sie gefürchtet haben, ist nie eingetreten oder war zumindest viel harmloser!

Die erste Tröstende Verbindung bei Angst vor dem Unbekannten besteht darin, die Luft aus der aufgeblähten Angst herauszulassen. Wenn eine Angst in mein Leben eindringt, wende ich sofort den Joy Touch an. Dann denke ich an den fünf Zentimeter langen Drachen und nehme mir vor, aus meiner Angst kein Ungeheuer zu machen, sondern mich ihr zu stellen. Ich schaue auf mein Leben zurück und sehe, dass fast alles gut gegangen ist und dass ich jeder Herausforderung gewachsen bin. Dann gehe ich wieder an die Arbeit und beginne damit, die Zukunft, die ich mir wünsche, zur Realität zu machen.

Nun wollen wir üben, die Angst vor dem Unbekannten zu überwinden.

- **Wenden Sie den Joy Touch an, um sich von der Angst zu lösen und klar zu denken.** (Beschließen Sie, aus dem Unbekannten kein Ungeheuer zu machen.)
- **Überlegen Sie, was Sie bereits wissen und wie Sie mehr herausfinden können.** (Durch Lesen, Gespräche, Beten, Meditation usw.?)
- **Denken Sie darüber nach, was Sie in Ihrem Leben schon bewältigt und/oder erreicht haben.**
- **Wenden Sie den Joy Touch an, um mutiger und beharrlicher zu werden.**
- **Wählen Sie die tröstende Verbindung aus, die Ihre Angst vor dem Unbekannten am besten lindert, falls sie zurückkehrt.** (Inspirierende Musik, die Erinnerung an frühere Erfolge, Ihre Macht als Entdecker spüren usw.)

Angst vor Hilflosigkeit oder Einsamkeit

Einsamkeit oder Hilflosigkeit verschlimmern den limbischen Stress der Angst immer. Lindern Sie diese Aspekte der Angst mit den gleichen Mitteln, die wir bereits im Abschnitt „Wut über Hilflosigkeit" besprochen haben: einen Plan erstellen, konstruktiv handeln, Ihren Gemütszustand in den Griff bekommen.) Und denken Sie daran, dass Sie nie allein sind, selbst wenn Sie sich hilflos fühlen.

Bob und Sara sind gute Freunde von mir, die sich mit Angst vor Krebs auseinandersetzen mussten. Bei Sara wurden Zervikalzellen mit

Krebs im Vorstadium gefunden. Eine Biopsie wurde anberaumt. Sollte dabei Krebs festgestellt werden, musste die Gebärmutter entfernt werden. Sara litt unter einer realen und offenkundigen Angst vor einer Operation, die ihr Leben verändern würde. Es zermürbte sie, eine Woche auf die Biopsie und dann noch ein paar Tage auf die Ergebnisse warten zu müssen. Sara, eine freischaffende Künstlerin, konnte nicht mehr richtig arbeiten. Sie fauchte sogar ihre kleinen Kinder an. Sara glaubte, sie sei ihrem Schicksal hilflos ausgeliefert. Auch Bob fühlte sich zum ersten Mal im Leben hilflos.

Bob hatte immer alles erreicht, was er gewollt hatte. Als Freiberufler war er dank seiner Hingabe und Ausdauer immer wieder erfolgreich gewesen. In dieser Situation glaubte er jedoch, nichts tun zu können. Er konnte nicht für günstige Testergebnisse sorgen. Der limbische Stress untergrub sein Selbstvertrauen, seine Motivation und daher auch sein Geschäft – obwohl er dringend Geld brauchte, falls Sara eine größere Operation benötigte.

Schließlich erkannte Bob, dass er nicht völlig machtlos war. Er konnte Sara helfen, indem er für sie da war. An diesem Abend blieb er in ihrer Nähe, und beide wussten, dass weder er noch sie allein waren. Einerlei, was ihnen bevorstand, sie würden es gemeinsam meistern. Die Liebe ihrer Familie und ihre Kinder konnte ihnen niemand nehmen.

Zum Glück war der Befund negativ, so dass Sara nicht operiert werden musste. Das tagelange Warten wurde erträglicher, als Bob und Sara sich klarmachten, dass sie nicht allein waren. Auch der Glaube kann diese Einsicht vermitteln.

Musik ist ein weiteres Mittel, um die tröstende Erkenntnis auszulösen, dass wir Teil eines größeren Ganzen sind. Wenn ich deprimiert bin, können meine Lieblingslieder mich aufmuntern, vor allem Elvis Presleys Version von *You'll Never Walk Alone*. Diese Musik inspiriert mich. Wie es in dem Lied heißt, gehe ich erhobenen Hauptes durch den Sturm und die Dunkelheit, ohne mich zu fürchten. Die Erkenntnis, dass ich nicht allein bin, reißt mich aus der Düsterkeit des limbischen Stress. Dann kann ich die höheren Regionen meines Gehirns nutzen, um das Licht am Ende des Tunnels zu sehen und wieder an der Verwirklichung meiner Ziele zu arbeiten.

Nehmen Sie sich einen Augenblick Zeit, und nennen Sie einige Gründe dafür, dass Sie nicht allein sind. Hier geht es weniger darum, Angst zu überwinden, sondern mehr um die klarere Einsicht, dass Sie nicht einsam sind.

- **Wenden Sie den Joy Touch an, damit Sie ruhig und gelassen beginnen.**
- **Denken Sie an einen Menschen, dem Sie etwas bedeuten (es kann auch ein Tier sein).**
- **Überlegen Sie, in welchen Lebensbereichen Sie Teil eines Teams sind.**
- **Sprechen Sie laut Aussagen Ihres Glaubens, die bestätigen, dass Sie nicht allein sind.**
- **Wenden Sie den Joy Touch an, um das Gefühl der Verbundenheit und Unterstützung zu stärken.**
- **Sagen Sie laut: „Ich bin ganz für mich da!“**

Wenn diese Art Angst für Sie besonders problematisch ist, kann diese Übung sie lindern. Wichtig ist, dass Sie sich nur auf positive Gedanken konzentrieren. Wenn sich negative Gedanken einschleichen, vertreiben Sie sie sofort mit positiven und wenden den Joy Touch an. Weitere Ideen für Tröstende Verbindungen finden Sie im Abschnitt über Verlust und Einsamkeit (Seite 65–68). Lähmende Angst oder Angstzustände, die sich ständig wiederholen, sind ernstere Störungen.

Phobien, Panikattacken und Zwangsverhalten

Wenn Sie starke Angst haben, können die folgenden Hinweise nicht den Rat eines Arztes oder Psychologen ersetzen. Bei diesen ernsten Störungen brauchen Sie möglicherweise eine ständige fachkundige Betreuung. Die Tröstende Verbindung kann aber nicht nur die kleineren Ängste lindern, mit denen wir alle zu tun haben, sondern auch ernste Phobien.

Bei starker Angst empfehle ich eine Methode in zwei Schritten. Zuerst setzen Sie sich der Angst nur ein klein wenig aus, dann etwas mehr und so weiter. So überwinden Sie die Angst nach und nach. Nach jedem Teilerfolg loben und belohnen Sie sich, weil Sie Fortschritte gemacht haben. Eine Klinik, die Patienten mit Angst vor Schlangen behandelt, gewöhnt die Menschen allmählich an diese Tiere. Zunächst berühren die Patienten kurz eine kleine Schlange; später halten sie sogar eine Python. Nach jedem Schritt bekommen sie einen Aufkleber, der sie beglückwünscht. Sie können diese Methode übernehmen, indem Sie vor und nach jedem kleinen Schritt den Joy Touch anwenden.

Schauen Sie der Situation, die Ihre Angst auslöst, nach und nach mutiger ins Gesicht, und belohnen Sie jeden Sieg mit einem Joy Touch. Sie können sich auch eine Medaille verleihen! Kaufen und tragen Sie eine Nadel oder ein Schmuckstück als Symbol Ihres Mutes. Würdigen Sie Ihre Tapferkeit im Angesicht der Angst.

Das vollständige Aufdecken der psychischen Ursachen einer Phobie, einer Panikattacke oder eines Zwangsverhaltens sprengt den Rahmen dieses Buches und der Tröstenden Verbindung. Dafür brauchen Sie einen ausgebildeten Therapeuten. Die folgenden Tipps helfen Ihnen jedoch, solche Störungen mit dem Joy Touch zu lindern.

Bei Phobien:

- **Wenden Sie mehrere Male den Joy Touch an, bevor Sie mit der Tätigkeit beginnen oder sich in die Umgebung wagen, die Sie nervös macht.**
- **Wenden Sie den Joy Touch jedes Mal an, wenn Sie einen kleinen Schritt in Richtung Ihrer Angst gemacht haben.**
- **Wenden Sie am Ende Ihrer Bemühungen den Joy Touch an, und loben Sie sich für Ihren Mut und Ihre Fortschritte.**

Bei Panikattacken:

- **Sobald die Panik sich einstellt, wenden Sie den Joy Touch an, bis Sie ruhiger werden.**
- **Wenden Sie den Joy Touch bei jedem panischen Gedanken an, bis Sie ruhiger werden.**

Bei Zwangsverhalten:

- **Wenden Sie sofort den Joy Touch an, wenn Sie den Zwang spüren.** (Konzentrieren Sie sich darauf, den Joy Touch korrekt anzuwenden, anstatt die Zwangshandlung vorzunehmen.)
- **Wenden Sie den Joy Touch nicht an, wenn Sie die Zwangshandlung ausführen.** (Denken oder sagen Sie dann: „Ich verzichte auf den Joy Touch, weil ich mich zwanghaft verhalten habe.")
- **Belohnen Sie sich jedes Mal mit dem Joy Touch, wenn Sie dem Zwang widerstanden haben.**

Einerlei, wie stark Ihre Angst ist, Sie dürfen stolz auf sich sein. Dass Sie dieses Buch gekauft und gelesen haben, ist bereits ein Sieg. Sie sind ein Held! Sie haben den Mut, den Feind (den limbischen Stress) zu stellen und anzugreifen. Mehr noch: Mit den Techniken, über die Sie jetzt verfügen, können Sie auch Depressionen besiegen.

Leichte Depression überwinden

Viele medizinische und psychologische Bücher befassen sich mit der Physiologie und Therapie schwerer Depressionen. Dieses Buch will sie nicht ersetzen, und es ist nicht für schwere klinische Depressionen bestimmt. In diesen Fällen müssen Sie immer einen ausgebildeten Arzt oder Psychologen konsultieren. Die Techniken, die ich in den nächsten zwei Abschnitten beschreibe, sollen die Therapie begleiten, nicht ersetzen. Der Joy Touch und die Tröstende Verbindung können ein Abgleiten in eine schwere Depression verhindern oder deren Häufigkeit verringern.

Der erste Abschnitt will dem Durchschnittsmenschen helfen, kurzfristige, milde Depressionen zu lindern, unter denen wir alle gelegentlich leiden. Im zweiten Abschnitt beschreibe ich Techniken, die mir bei längeren Depressionen geholfen haben.

Eine Depression ist die Folge einer limbischen Erschöpfung. Wenn ein Groll so tief sitzt oder so lange anhält, dass er unerträglich wird, ziehen wir uns in die Depression zurück. Das ist eine unwillkürliche Flucht vor dem Schmerz. Das Gleiche gilt für Wut, Sorgen und Angst. Wenn die Intensität oder die Dauer dieser negativen Emotionen unsere Kräfte übersteigt, ist Flucht die einzige Lösung. Die limbische Überlastung ist so unangenehm, dass selbst die Düsterkeit einer Depression (vorübergehend) besser ist.

Das Problem ist, dass die Depression chronisch werden kann. Solange die Ursache der Überlastung nicht beseitigt wird, stecken wir in einer selbstgeschaufelten mentalen Schlangengrube fest. Ohne eine Lösung verhindern Groll, Sorgen, Wut oder Angst jede positive Aktivität und hält uns in der Depression gefangen.

Eine Depression ist der Gipfel der Hilflosigkeit. Wir haben aufgegeben und uns damit abgefunden. Aber Sie können gegen eine Depression kämpfen, weil Sie nicht hilflos sind. Was Sie bisher gelernt haben, gibt Ihnen Waffen gegen die Depression in die Hand. Mit dem Joy Touch und der Tröstenden Verbindung können Sie negative Emotionen zerstreuen, bevor Sie überlastet sind. Je öfter Sie die verschiedenen Arten von limbischem Stress in Ihrem Leben beseitigen, desto seltener werden Sie depressiv. Dies ist die erste Methode, das Kommando zu übernehmen, anstatt hilflos zu sein. Auch die regelmäßige Anwendung des Joy Touch hilft Ihnen, Optimismus und Beharrlichkeit, also emotionale Intelligenz, aufzubauen. Die Stimmungsaufhellung, die daraus entsteht, ist für Sie ein Hoffnungsstrahl und gibt Ihnen den Mut, weiterzumachen.

Dies sind die einzelnen Schritte, mit denen Sie eine Depression besiegen:

- **Wenden Sie den Joy Touch an, sooft Sie können.**
- **Wenden Sie den Joy Touch einmal oder öfter an, um Ihre Stimmung wenigstens ein bisschen zu verbessern.**
- **Überlegen Sie, welcher limbische Stress Sie belastet.** (Wut, Sorgen, Groll, Angst? Welche Subkategorie dieser Emotionen –Zurückweisung, Hilflosigkeit usw.? Es ist kein Beinbruch, wenn es mehrere sind – wenden Sie die folgenden Schritte nacheinander für jede negative Emotion an.)
- **Wenden Sie den Joy Touch an, um Ihre Nervosität zu lindern und klarer zu denken.**
- **Überlegen Sie, was Sie am besten trösten würde und wie Sie es sich verschaffen können.**
- **Wenden Sie den Joy Touch an, damit Sie merken, dass Sie nicht hilflos sind, sondern etwas tun können.**
- **Prüfen Sie, ob der limbische Stress tiefere Ursachen hat** (eine Verwundung des „inneren Kindes").
- **Wenn ja, wenden Sie den Joy Touch an und finden eine stärkere Tröstende Verbindung, um auch diese alten Wunden zu behandeln.**
- **Wenden Sie zum Schluss mehrere Male den Joy Touch an.** (Verstärken Sie damit Ihre Einsichten und das Gefühl, Ihr Glück selbst in der Hand zu haben. Der Joy Touch muntert Sie noch einmal auf und gibt Ihnen Energie, so dass Sie in den Alltag zurückkehren können.)

- **Beglückwünschen Sie sich dafür, dass Sie den Sieg der Depression verhindert haben.**

Dieser Prozess hilft Ihnen, sich aus dem Griff der milden Depression zu befreien. Wenn Sie sich nicht alle Schritte merken können oder zu lustlos dafür sind, sollten Sie sich wenigstens zum ersten Schritt aufraffen und immer wieder den Joy Touch anwenden. Das gibt Ihnen so viel Auftrieb, dass Sie weitermachen können. Um die Probleme, die den limbischen Stress auslösen, können Sie sich kümmern, sobald Sie dazu bereit sind. Auf diese Weise machen Sie wenigstens einen kleinen Schritt vorwärts, und oft ist dieser Schritt der wichtigste. Danach können Sie andere Techniken oder Therapien anwenden, die Ihnen helfen.

Chronische Depression überwinden

Die Recherchen für diesen Abschnitt waren mehr als ein akademisches Abenteuer. Wegen meiner Familiengeschichte waren sie eine persönliche Erfahrung. Ich weiß nicht viel über meinen Vater, weil er starb, als ich noch sehr jung war. Aber ich weiß, dass er manchmal an schweren Depressionen litt und deswegen sogar mehrere Male ins Krankenhaus gebracht wurde. Ich war immer ein ernster und melancholischer Typ. Bevor ich den Joy Touch erlernte, litt ich an Stimmungsschwankungen. Heute bin ich immer noch ernst, aber lockerer und zufriedener.

Die genetische Veranlagung zur Depression, die einst ein Fluch in meinem Leben war, erwies sich beim Schreiben dieses Abschnitts als Segen. Sie lieferte mir nicht nur die Motivation, den Joy Touch zu entdecken und zu entwickeln, sondern ermöglichte es mir obendrein, fortgeschrittene Methoden im Kampf gegen langwierige Depressionen persönlich auszuprobieren.

Wann immer diese Traurigkeit mich überfiel, wunderte ich mich darüber, wie sehr sie mich lähmte. Ausgelöst wurde sie meist von extremer Enttäuschung, schlechten Nachrichten oder Misserfolgen. In solchen Momenten verlor ich jede Hoffnung. Das ganze Leben war ein sinnloses Jammertal. Bisweilen war die Düsterkeit so intensiv, dass ich keinen anderen Ausweg als den Tod mehr sah. Manchmal hielt mich nur die Liebe zu meiner Familie und zu meinen Kindern davon ab, meine Selbstmordgedanken in die Tat umzusetzen.

Doch in der tiefsten Depression entglitt mir sogar das, was mir im Leben am meisten bedeutete. Ich betrachtete meine Kinder, die ich sehr liebe, als Last, die nur mit Pflichten und Belästigungen verbunden war. Meine Gefühle für meine Frau wurden stumpf. Einmal, an einem solchen Tiefpunkt, verstand ich nicht mehr, ob oder warum ich sie je geliebt hatte. Selbst meine Arbeit und mein Unterricht interessierten mich nicht mehr.

Gar nichts interessierte mich. Ich hatte keine Lust, etwas zweimal zu versuchen oder etwas Neues anzufangen. Selbst für die banalsten Tätigkeiten brachte ich kaum Energie auf. Ich war völlig niedergeschlagen. Obwohl ich wusste, dass der Joy Touch mir helfen konnte, benutzte ich ihn nicht. Die Intensität und Realität dieser Erfahrung war der Katalysator für die fortgeschrittenen Techniken, die ich in diesem Abschnitt beschreibe.

Zum Glück hatte ich auch am tiefsten Punkt kein Bedürfnis nach Alkohol oder Drogen. Aber ich verstehe, dass viele Menschen darin den letzten Ausweg aus ihrer unerträglichen Lage sehen. Da Alkohol und Drogen leicht erhältlich sind, ist es kein Wunder, dass so viele Menschen süchtig werden, zumal Freunde und Kollegen sie unter Druck setzen und die Medien sie mit Werbung bombardieren.

Was mich betraf, schien die Depression meine Sucht zu sein. Wenn überhaupt, war ich süchtig nach Selbstmitleid und Verzweiflung. Ich glaube, dass viele Menschen, die weder trinken noch Drogen nehmen, in einer ähnlichen Falle stecken. Wenn man sich verloren vorkommt und sich nicht mehr zu helfen weiß, sind Antidepressive verlockend. Sie gelten ja als Medikamente, nicht als Suchtmittel oder Laster. Ich ziehe natürliche Alternativen vor.

Das heißt nicht, dass ich Antidepressiva verdamme. Ich empfehle auch nicht, jede Depression selbst zu behandeln. Schwere Depressionen muss man immer ernst nehmen und fachkundig behandeln lassen. In manchen Fällen und bei manchen Menschen sind Medikamente nicht nur sinnvoll, sondern sogar lebensrettend.

Für mich waren diese langen depressiven Phasen das beste Forschungsmaterial für diesen Teil des Buches. Ich biete die Ergebnisse dieses Kampfes nicht als Rezept für alle an, sondern als Hilfsmittel, das man jederzeit nutzen kann, auch zusammen mit Medikamenten und Therapien.

Der Joy Touch beim Gehen

Da chronische Depressionen viel schwerwiegender sind als leichte, ist auch eine intensivere, umfangreichere Behandlung des Körpers und des Geistes notwendig. Der erste Schritt besteht einfach darin, den Joy Touch häufiger und jeweils mit mehr Impulsen anzuwenden. Leider wirkt diese einfache Lösung oft nicht, weil eine tiefe Depression uns sehr schwächen kann. Da der Wunsch, „nichts zu tun", so stark ist, liegt es nahe, den Joy Touch sogar seltener anzuwenden. Verstärkt wird das Problem durch die Körperhaltung, die Sie üblicherweise beim Joy Touch einnehmen.

Sitzen ist in vieler Hinsicht die schlechteste Position, wenn Sie mit dem Joy Touch eine chronische Depression lindern wollen. Wenn Sie mitten in einer schweren Depression stecken, entmachtet das limbische System den höheren Kortex. Sitzen trägt nur dazu bei, dass Sie in Ihrem eigenen Saft schmoren und noch tiefer sinken.

Wir wissen, dass Traurigkeit uns Energie kostet. Dieser physiologische Reflex war zu Beginn unserer Evolution möglicherweise ein Vorteil: Wer bekümmert oder traurig war, blieb in seiner Höhle. Dort war er weniger verwundbar als draußen, wo ein Raubtier ihn angreifen und fressen konnte. Energie und Bewegungsmangel können eine Depression verlängern und uns anfälliger für negative Emotionen machen.

Alles, was Sie in Kontakt mit dem höheren Kortex bringt, kehrt dieses Muster um und kann Ihnen helfen. Das ist der Grund, warum es eine Erleichterung ist, mit jemandem zu reden oder ein Tagebuch zu führen. Selbst wenn Sie nur Erfahrungen austauschen, fühlen Sie sich besser. Die Muskeln, die Sie benutzen, um zu sprechen oder zu schreiben, werden vom Kortex gesteuert. Wenn Sie diese Regionen aktivieren, ziehen Sie sich aus dem limbischen schwarzen Loch.

Gehen wirkt noch besser, weil es mehr Muskelgruppen und Gehirnregionen aktiviert und dadurch einem Rückfall in den Sog des limbischen Stress vorbeugt. Dass Sie beim Gehen vielen visuellen Reizen ausgesetzt sind, ist ebenfalls hilfreich. Gehen können Sie immer, und sei es nur in Ihrem Zimmer. Wahrscheinlich ist nicht immer jemand da, mit dem Sie reden können. (Beides zusammen ist noch wirksamer. Deshalb fühlen Sie sich so wohl, wenn Sie mit einem Freund bei einem Spaziergang reden.)

Je forscher Sie sich bewegen, desto mehr Endorphine werden dabei nachweislich gebildet. Das führt zu der offensichtlichen Schlussfolgerung, dass der Joy Touch, verbunden mit Bewegung, wirksamer ist als die gleiche Technik im Sitzen.

Das erklärt, warum selbst Menschen, die regelmäßig beten oder meditieren, depressiv werden können. Ein stummes Gebet kann möglicherweise nicht verhindern, dass Sie in der limbischen Schlangengrube versinken. Es ist also sinnvoller, das Gebet laut zu sprechen oder aufzuschreiben. Wenn Katholiken den Rosenkranz sprechen und dabei die Perlen durch die Finger gleiten lassen, können sie ähnliche Ergebnisse erzielen. Falls Sie meditieren, sollten Sie beim Joy Touch nicht Ihre übliche Haltung einnehmen. Sie brauchen spezifische mentale Bilder, positive Affirmationen oder Maßnahmen, die höhere Gehirnregionen aktivieren. Andernfalls kann eine Meditation in negativen inneren Sprechgesang abgleiten. Meditation im Gehen ist von unschätzbarem Wert.

Sobald Sie den Joy Touch im Sitzen beherrschen, ist es leicht, ihn auch beim Gehen zu nutzen. **Probieren Sie diese einfachen Schritte aus, damit Sie den Joy Touch mit Bewegung verbinden können.**

- **Gehen Sie langsam.** (Sie müssen nicht ins Freie gehen. Suchen Sie einen Ort auf, wo Sie 10 bis 20 Schritte hin und her gehen können.)
- Betrachten Sie einen Gegenstand in der Umgebung oder ein Objekt, das Sie durchs Fenster sehen. (Dadurch lenken Sie sich vom negativen inneren Dialog ab.)
- **Reiben Sie beim Gehen die Stirn sanft mit der Hand.** (Dann können Sie sich nachher beim Joy Touch auf die richtige Stelle konzentrieren.)
- **Drücken oder klopfen Sie nun mit einem oder zwei Fingern mehrere Male behutsam auf die Stirnmitte.** (Beginnen Sie dabei mit der mentalen Liebkosung, die Sie gelernt haben.)
- **Versuchen Sie, das Glückszentrum von oben zu stimulieren, indem Sie mit den Händen durchs Haar streichen.** (Oder klopfen Sie leicht auf die Mitte des Schädeldachs.)
- **Zum Schluss wenden Sie beim Gehen den Joy Touch an.** (Benutzen Sie nicht die Hände. Streicheln Sie das Glückszentrum mental, indem Sie den Konzentrationspunkt nach oben und innen verschieben.)
- **Eine weitere Möglichkeit besteht darin, den Joy Touch im Gehen bei jedem Einatmen anzuwenden.** (Visualisieren Sie, dass

der Joy Touch Ihnen eine neue Einstellung bringt, so wie die Lungen Ihnen neue Luft zuführen.)

Wenn Sie seit langem deprimiert sind, ist Bewegung der erste notwendige Schritt. Tun Sie etwas, was Sie aus dem Sessel holt und aktiviert. Gartenarbeit, Putzen, Basteln oder Sport helfen Ihnen, sich aus dem mentalen Sumpf zu ziehen. Verbunden mit dem Joy Touch sind diese Aktivitäten noch wirksamer. Es kann durchaus sein, dass der Joy Touch Ihnen die Energie, Begeisterung und Motivation schenkt, die Sie für andere körperliche Aktivitäten brauchen.

Wenn Sie unbedingt sitzen wollen, sollten Sie einen Dreh- oder Schaukelstuhl benutzen. Da Bewegungen die Gedankenmühle beenden und von inneren Problemen ablenken, waren Schaukelstühle als Beruhigungsmittel schon immer sehr beliebt (besonders, um Sorgen und Depressionen zu lindern).

Wenn Ihnen selbst das Schaukeln zu anstrengend ist, können Sie wenigstens mit Ihren Blicken im Zimmer herumwandern. Als Nächstes drehen Sie gleichzeitig den Kopf. Danach bewegen Sie den Arm und berühren mit der Hand die Stirn wie beim Joy Touch. Und zum Schluss stehen Sie auf und gehen hin und her, während Sie den Joy Touch anwenden (wie in der oben beschriebenen Übung).

Das Geheimnis besteht darin, das starre Muster der Depression zu durchbrechen. Diese Wirkung erreichen Sie auch, wenn Sie Ihr Glückszentrum an einer anderen Stelle und aus einer anderen Richtung stimulieren.

Der Joy Touch von oben und andere Alternativen

Nirgendwo steht geschrieben, dass Sie das Septum pellucidum nur von der Stirn her stimulieren können. Von der Mitte der Stirn aus nach innen zu gehen ist nur am einfachsten zu beschreiben und zu zeigen. Sobald Sie die genaue Stelle kennen und wissen, welche Art der Aktivierung bei Ihnen am wirksamsten ist, können Sie Ihr Glückszentrum aus jeder Richtung streicheln.

Manche Leute haben sogar festgestellt, dass es am besten ist, ein wenig links von der Stirnmitte nach innen zu gehen. Dafür könnte der Teil des Gehirns verantwortlich sein, der zwischen der linken Stirnseite und dem Septum pellucidum liegt. Dieser linke vordere Stirnlappen enthält Zentren, die unangenehme Gefühle dämpfen. Wenn ein

Schlaganfall dort Schaden angerichtet hat, neigen Betroffene mehr zu Sorgen und Phobien.

Wenn negative Emotionen oder eine anhaltende Depression Sie derart geschwächt haben, dass Ihre Bemühungen, das Septum pellucidum zu erreichen, fehlschlagen oder nur eine schwache Wirkung hervorrufen, kann die Stimulation durch den linken vorderen Stirnlappen helfen. Massieren Sie diese Region mental, wenn Sie nach innen gehen, um eine Depression zu lindern.

Manchmal ist Abwechslung das Wichtigste. Wenn Sie immer das Gleiche tun, wird es bald selbstverständlich. Langeweile raubt Ihnen das Interesse, das Sie brauchen, um den Joy Touch während einer langwierigen Depression anzuwenden. Jede Abwechslung, die Ihnen das Gefühl vermittelt, etwas Neues zu tun, ist hilfreich.

Sie können das Septum pellucidum auch von unten und von hinten erreichen. Um diese Abwandlung zu verstehen, stellen Sie sich am besten eine Hand vor, die an der Wirbelsäule nach oben klettert und dann von hinten nach vorne durch die Mitte des Kopfes dass Septum pellucidum streichelt (knapp 4 cm über Augenhöhe). Achten Sie darauf, weit genug nach oben zu steigen, bevor Sie nach vorne greifen; dann befinden Sie sich oberhalb des niederen limbischen Systems.

Dieser mentale Pfad führt Sie durch das Kleinhirn (Cerebellum), eine Gehirnregion, die, wie Dr. Robert Heath feststellte, mit dem Septum pellucidum verbunden ist. In vielen seiner späteren Experimente führte er Elektroden ins Kleinhirn ein, weil das einfacher und sicherer war. Meditierende erreichen diese Stelle bei der Kundalini-Meditation; sie stellen sich vor, dass die Energie durch die Chakras nach oben steigt und dann das Glückszentrum auflädt. Einerlei, welche Bilder oder Erklärungen Sie bevorzugen, Abwechslung ist die Würze des Lebens und motiviert Sie, den Joy Touch häufiger und wirksamer anzuwenden.

Probieren Sie nun diese zwei Alternativen aus.

- **Wenden Sie zuerst den Joy Touch mit Unterstützung der linken Hand an** (auch wenn Sie Rechtshänder sind). (Viele Menschen werden dadurch weniger abgelenkt, als wenn sie mit der rechten Hand quer über die Stirn greifen.)
- **Anstelle der Stirnmitte berühren Sie diesmal die Stelle, die zweieinhalb Zentimeter links von der Mitte liegt.**
- **Nun streicheln Sie das Septum pellucidum mental** (dringen aber etwas links von der Stirnmitte zu ihm vor). (Folgen Sie den nor-

malen Schritten, aber konzentrieren Sie sich darauf, die linke Seite des Kopfes mehr zu streicheln als die rechte.)

- **Wenden Sie nun den Joy Touch von unten und hinten an** (achten Sie darauf, weit genug nach oben zu gehen). (Sie müssen den Weg nicht genau einhalten; konzentrieren Sie sich einfach auf das Septum pellucidum, und greifen Sie mit der imaginären Hand nach vorne.)
- **Üben Sie jetzt jede andere Variante, die Ihnen gefällt.** (Wichtig ist, dass Sie das Endziel kennen: das Septum pellucidum. Versuchen Sie auch, einfach „dort zu sein" und es zu streicheln.)

Eine weitere Möglichkeit besteht darin, das Septum pellucidum von oben her zu aktivieren. Diese Variante hat den zusätzlichen Vorteil, dass Sie sich besser auf Ihren Glauben an eine höhere Macht konzentrieren können. Alle Glaubenslehren verbinden das Göttliche mit dem, was „oben" ist. Gott oder das Universum „da oben" sind gängige Vorstellungen, die Sie in Ihre Technik integrieren können. Selbst Wissenschaftler sind heute der Meinung, dass alles in zehn Dimensionen existiert. Diese extradimensionale und/oder spirituelle Energie (die Liebe Gottes, die Einheit des Geistes usw.) können Sie von oben in das Septum pellucidum leiten. Deshalb ist der Joy Touch für viele Menschen mehr als das Stimulieren Ihres Glückszentrums. Sie verbinden sich symbolisch mit einer höheren Macht.

Der letzte Teil von Kapitel 3 („Bringen Sie mehr Liebe in Ihr Leben") enthält in den Abschnitten über die Seelenverlagerung und Seelenverschmelzung spezifische Techniken, die Ihnen helfen, diesen Joy Touch von oben intensiver auszukosten. Blättern Sie vor, wenn Sie Ihrer Depression mit einem spirituellen Joy Touch begegnen wollen.

Wenn Sie mit der Seelenverlagerung vertraut sind (ich beschreibe sie im Free-Soul-Kurs und in meinen anderen Büchern), können Sie den Joy Touch von oben auch damit verbinden. Benutzen Sie diese Technik einfach dazu, um Ihre Konzentration auf die Seelenebene zu verlagern und das Septum pellucidum von dort aus abwärts zu streicheln. Ich finde diese spirituelle Technik sehr hilfreich, wenn ich hauptsächlich wegen körperlicher Beschwerden niedergeschlagen bin. Natürlich könnte man einwenden, dass die Linderung auch physiologische Ursachen hat.

Der Joy Touch von oben ist eine wichtige Technik, unabhängig davon, ob Sie an eine höhere Macht glauben. Wir wissen, dass es äußerst wichtig ist, die limbische Vorherrschaft zu brechen, um die Stimmung zu heben. Die Verbindung mit dem höheren Kortex erleichtert diesen Vorgang. Bei schweren Störungen ist es vielleicht sogar notwendig, sich auf einen Punkt über der gewünschten Region zu konzentrieren, um sich aus dem limbischen Sumpf zu ziehen. Vielleicht sind Sie so deprimiert, dass es nicht ausreicht, sich nur auf das Septum pellucidum zu konzentrieren oder den Kortex zu stimulieren. Wie auch immer, es ist gut zu wissen, dass Sie sich auf eine Stelle oberhalb des Kopfes konzentrieren und von dort aus nach unten streicheln können. Versuchen Sie es ein paar Mal, bevor Sie weiterlesen.

Negative Gedanken ersetzen

Ein großes Hindernis, auf das ich in Zeiten tiefer und/oder chronischer Depression stieß, waren meine eigenen trübsinnigen Gedanken, welche die positiven Wirkungen des Joy Touch schnell zunichte machten. Damals entdeckte ich, dass eine Zwei-Schritt-Methode, die auf Dr. David Burns Kognitiver Therapie basiert, besonders hilfreich ist.

Im Gegensatz zur Realitätstherapie, die davon ausgeht, dass Ereignisse im Leben uns depressiv machen, hält die Kognitive Therapie unsere Gedanken für die eigentliche Ursache der Depression. Mit anderen Worten: Sie sind nicht deshalb niedergeschlagen, weil Sie entlassen wurden oder Ihre Beziehung zerbrochen ist, sondern weil Sie ständig an das unerfreuliche Ereignis denken, sich Vorwürfe machen oder, schlimmer noch, sich Katastrophen ausmalen (z.B. „Mich wird nie jemand lieben", „Ich finde nie mehr Arbeit" usw.). Der Hauptunterschied zwischen den beiden Ansätzen besteht darin, dass Sie die Ereignisse oft nicht ändern können, dass Sie aber immer in der Lage sind, anders zu denken.

Im Kampf gegen negative Gedanken half mir diese Doppelmethode: Ich verband maßgeschneiderte Affirmationen mit dem Joy Touch. Die Affirmation, die ich benutzte, zielte direkt auf den negativen Gedanken ab, der mich deprimierte. Wenn ich als Reaktion auf eine Zurückweisung oder eine Niederlage trauerte, konzentrierte ich mich während des Joy Touch auf einen Erfolg. Wenn der negative Gedanke etwas mit einer Beziehung oder mit der Familie zu tun hatte, rief ich eine positive Erinnerung wach oder dachte an liebenswerte Eigenschaften der Menschen, die mir nahe standen. Wichtig war, dass ich den negativen Gedanken so laut wie möglich niederschrie.

Einen solchen Tiefpunkt erreichte ich, als Verlage meine Manuskripte ablehnten. Meine Depression war so tief, dass ich vorhatte, meine gesamte Arbeit aufzugeben. Ich hatte keine Lust mehr weiterzumachen. Dann fiel mir ein, was mein Schwiegervater mit einmal gesagt hatte.

Al ist Ingenieur und ein brillanter Erfinder. In den vierziger Jahren stahl ihm die Regierung eines seiner bahnbrechenden Patente. Wegen der Geheimhaltung nach dem Krieg konnte er erst in den siebziger Jahren dagegen Klage einreichen. Obwohl er beweisen konnte, dass die Regierung dank seines Patents Millionen Dollar gespart hatte und daher verpflichtet war, ihn zu entschädigen, dauerte der Prozess mehr als zehn Jahre. Die emotionale und finanzielle Belastung war enorm. Als wieder einmal Berufung eingelegt wurde, fragte ich ihn, woher er die Kraft nehme weiterzumachen. Er antwortete: „Ich frage mich, ob es sich lohnt. Wenn ja, gebe ich nicht auf!"

Dieser Satz war meine lebensrettende Affirmation an jenem Abend, als ich zum dritten Mal hintereinander deprimiert ins Bett fiel. Meine Schlafstörungen wurden jeden Tag schlimmer. Anstatt mich auszuruhen, warf ich mich nur hin und her. Mit der Traurigkeit und der Erschöpfung wurde auch der Wunsch stärker, dieser Welt den Rücken zu kehren. In jener Nacht schlief ich beim Joy Touch und mit den Gedanken ein: „Was ich tue, lohnt sich. Was ich tue, lohnt sich." Zum ersten Mal seit Tagen schlief ich gut. Am nächsten Morgen war ich zwar immer noch enttäuscht über die Ablehnungen, aber ich war wieder entschlossen, dieses Buch zu veröffentlichen.

Die Lösung besteht darin, einen positiven Gedanken zu finden, der die dominierenden negativen Gedanken ersetzt. Formulieren Sie Ihre Affirmationen so, dass sie den negativen Gedanken oder Ihre Katastrophenvisionen direkt widerlegen (z. B. „Einige Menschen lieben und schätzen mich" oder „Ich bin kein Versager. In diesem Bereich gibt es Probleme, aber in anderen habe ich Erfolg" usw.).

Manchmal spiegeln die Affirmationen Ihren Wahrnehmungstyp wider (wie in meinem *Handbuch übersinnlicher Wahrnehmung* beschrieben). Wenn Sie ein visueller Typ sind, kann das Fehlen eines klaren Bildes oder einer klaren Richtung die Ursache für Ihre chronische Depression sein. Kontern Sie mit Gedanken daran, was Sie bisher sehen, oder suchen Sie nach neuen Möglichkeiten (Ihre derzeitige „Richtung" besteht eben darin, Möglichkeiten zu erforschen).

Wenn Sie ein Gefühlsmensch sind, können Feindseligkeit in Ihrem Umfeld oder Liebeskummer extreme Traurigkeit auslösen. Reagieren

Sie mit Erinnerungen an Menschen, die fürsorglich oder liebevoll zu Ihnen waren. Falls Sie mehr auf Worte und praktische Erfolge reagieren, kann das Fehlen von Erfolgserlebnissen besonders deprimierend sein. Kontern Sie mit Erinnerungen an vergangene Erfolge und mit der Einsicht, dass die meisten Erfolge Beharrlichkeit voraussetzen. Bei intuitiven Menschen ist das Gefühl, in der Falle zu sitzen oder eingeengt zu sein, am schlimmsten. Vertreiben Sie es mit Gedanken, die Freiheit und Spontaneität betonen.

Ebenso wichtig ist es, mit Gedanken zu kontern, die das Selbstbewusstsein stärken. Hier sind einige Beispiele. Visueller Typ: „Ich respektiere mich, weil ich das größere Bild sehen will und einen Plan habe." Fühltyp: Ich liebe mich, weil die Gefühle anderer mir wichtig sind." Hörtyp: „Ich schätze den Baumeister in mir und meine Wunsch, Erfolg zu haben. Weil ich mich anstrenge, erreiche ich etwas." Intuitiver Typ: „Ich liebe meine Kreativität und meine Fähigkeit, flexibel zu sein."

Diese Beispiele sollen auch unterstreichen, wie wichtig die Tröstende Verbindung ist, wenn es gilt, die Ursachen aufzudecken, die eine Depression auslösen und verlängern können. Vergessen Sie nicht, immer wieder zu fragen: „Was würde mich in dieser Situation trösten, und wie kann ich es beschaffen?" Die tröstende Antwort ist eine hervorragende Affirmation.

Das sind nur Beispiele. Weitere Informationen über andere Aspekte der Kognitiven Therapie finden Sie in dem Buch *In zehn Tagen das Selbstwertgefühl stärken* von David D. Burns. Um positive Gedanken mit dem Joy Touch zu verbinden, müssen Sie diese Gedanken während des Joy Touch, aber auch davor und danach festhalten, laut sprechen, wann immer es möglich ist, und Ihren Bedürfnissen und Umständen anpassen.

Versuchen Sie nun, positive Affirmationen mit dem Joy Touch zu verbinden.

- **Wählen Sie zuerst einen negativen Gedanken aus, der Sie deprimiert.** (Am besten einen Gedanken, der Sie häufig plagt.)
- **Finden Sie nun einen positiven Gedanken, der den negativen vertreiben kann.** (Versuchen Sie nicht, die perfekte Affirmation zu finden. Was sich gut anfühlt, ist geeignet.)
- **Sprechen Sie den Gedanken laut, oder schreien Sie ihn zumindest im Kopf.** (Wenn lautes Sprechen nicht möglich ist, können Sie vielleicht die Lippen bewegen.)

- **Sprechen oder denken Sie nun die Affirmation beim Joy Touch.** (Wenn die Affirmation Sie beim Joy Touch ablenkt, benutzen Sie die Variante mit der Hand.)
- **Versuchen Sie, den Joy Touch anzuwenden, während Sie die Affirmation laut sprechen.** (Probieren Sie das auch, während Sie gehen oder sich bewegen.)
- Zum Schluss sprechen oder denken Sie die Affirmation ein letztes Mal. (Loben Sie sich dabei selbst für diese Affirmation.)

Das größte Hindernis besteht oft darin, dass Sie vergessen, den Joy Touch anzuwenden. Wenn Sie sich ein besseres Leben wünschen, müssen Sie dafür sorgen, dass Sie an den Joy Touch denken. Negative Gedanken können dabei sogar nützlich sein – sie können die Erinnerung an den Joy Touch auslösen. Sie dürfen nicht einfach herumstehen und die negativen Gedanken hinnehmen. Kontern Sie mit Affirmationen und dem Joy Touch.

Wenn Sie üben, das automatisch zu tun, haben Sie einen enormen Schritt auf dem Weg zu einer besseren inneren Lebensqualität zurückgelegt. Aber Sie können noch einen Schritt weiter gehen und sogar das chemische Gleichgewicht des Gehirns verändern.

Die Gehirnchemie neu mixen

Wir sind noch weit davon entfernt zu verstehen, wie Biofeedback funktioniert oder wie das Gehirn arbeitet. Welche Gehirnregionen oder welche Neuronenverbindungen es möglich machen, dass wir durch mentale Befehle den Blutdruck senken, ist teilweise noch ein Rätsel. Ebenso unklar ist, wie das Gehirn Serotonin, Endorphine und andere Neurotransmitter ausbalanciert und exakt dosiert. Diese Hormone beeinflussen unser Wohlbefinden. Eines wissen wir jedoch: Biofeedback wirkt. Deshalb ist es eine logische Schlussfolgerung, dass der Geist auch in der Lage sein sollte, das Gehirn neu aufzuladen.

Der Meditierende muss nicht wissen, auf welchen Nervenbahnen der Blutdruck gesenkt wird oder welche Muskeln in den Blutgefäßen er entspannen muss. Alltägliche beruhigende Gedanken und geistige Bilder genügen. Dr. William Fezler weist in seinem Buch *Creative Imagery* darauf hin, dass unspezifische geistige Bilder sogar wirksamer sind als genauere oder medizinisch geprägte. Er glaubt, dass abstrakte und allgemeine Bilder leichter ins Unbewusste gelangen. Andere sind der Meinung, dass geistige Bilder, die den Körper veranlassen, so zu sein, wie er sein sollte, natürliche Heilkräfte oder eine höhere Macht aktivieren.

Wie dem auch sei, die Folge ist, dass Sie Ihren Körper positiv beeinflussen können, selbst wenn Sie kein Experte in Anatomie oder Neurophysiologie sind. Und weil das nachweislich beim Blutdruck möglich ist, müsste es auch gelingen, die Chemie des Gehirns zu beeinflussen. Ich habe die Erfahrung gemacht, dass ich mit konzentrierten Gedanken die Gehirnchemie harmonisieren kann. Diese Methode linderte meine schwere Depression, vor allem wenn ich sie kurz vor dem Einschlafen anwandte.

Auch der genaue Zweck des Schlafes ist für die Wissenschaft teilweise noch ein Rätsel. Wir wissen jedoch, dass der Schlaf notwendig ist. Ohne Schlaf sind schwere geistige Störungen unvermeidlich. Deshalb wird allgemein angenommen, dass der Schlaf wichtig für die Regeneration und die Funktion des Gehirns ist. Nutzen Sie die Macht des Geistes, um diese Erneuerung zu unterstützen und zu fördern.

Ich visualisiere und fühle, wie das Gehirn neu geladen wird. Ich stelle mir vor, dass es vital und ausgeruht ist, ohne Rauschen und ohne Verspannung. Ich versuche nicht herauszufinden, welche Neurotransmitter aufgeladen werden müssen oder wo Serotonin benötigt wird. Ich halte einfach den Gedanken fest, dass das ganze Gehirn erquickt wird, und konzentriere mich auf das Gefühl, dass alles so ist, wie es bei optimalem Wohlbefinden sein soll.

Es ist wichtig, dabei zwanglos zu denken. Sie werden nicht ruhiger und frischer, wenn Sie sich fragen, ob Sie es „richtig“ oder „gut genug“ machen. Hier hilft der Joy Touch. Wenn ich zuerst den Joy Touch anwende, denke ich nicht mehr daran, dass ich etwas „erreichen muss“. Er lindert den Leistungsdruck und die Angst, Fehler zu machen. In Verbindung mit den Affirmationen bekräftigt der Joy Touch das positive Ziel mit einem Wohlgefühl. Nach den Affirmationen hält der Joy Touch die gewünschte Stimmung oder die positive Einstellung fest.

Wenn ich weiß, dass ich wegen einer bestimmten Sorge oder eines bestimmten Problems unbedingt ruhig werden muss, wende ich zusätzlich eine mentale Technik an, bevor ich anfange. Ich visualisiere, wie ich diese Sorge oder dieses Problem in einen Sessel am anderen Ende des Schlafzimmers werfe. Das ist keine Verleugnung. Mir ist klar, dass ich die Sorge nicht vergessen werde. Diese Sesselmethode wirkt, weil sie mich entspannt, wenn ich Schlaf brauche. Oft spreche ich das Problem sogar direkt an: „Geh jetzt da rüber. Ich kümmere mich morgen früh um dich, wenn ich ausgeruht bin. Jetzt will ich mich auf das konzentrieren, was der Schlaf mir gibt: Ruhe.

Probieren Sie diese einfache Methode aus. Geben Sie Ihrem Gehirn einen Stups in Richtung Regeneration und Erneuerung.

- **Wählen Sie ein Problem aus, das Sie belastet oder Ihr Denken beherrscht, und legen Sie es einfach beiseite.** (Visualisieren Sie, wie Sie es in einen Sessel legen, oder ziehen Sie symbolisch Ihre Arbeitskleidung aus.)
- **Wenden Sie den Joy Touch an, um entspannt zu beginnen und sich nicht krampfhaft anzustrengen.** (Machen Sie sich keine Sorgen darüber, ob der Joy Touch „gut genug" ist. Wenden Sie ihn einfach an, bis Sie sich wohlfühlen.)
- **Nehmen Sie sich nun so viel Zeit, wie Sie wollen, und ruhen Sie sich vollständig aus.** (Fangen Sie mit dem Energietanken erst an, wenn Sie das Gefühl haben, dass Sie jedes „Ich muss ..." losgelassen haben. Entspannen Sie sich einfach.)
- **Wenn Sie bereit sind, visualisieren Sie, dass das Gehirn sich erneuert und mit frischer Energie auflädt.** (Wie eine Pflanze, die Wasser oder Sonnenlicht absorbiert.)
- **Visualisieren oder fühlen Sie, dass alle Schlacken und Abfallprodukte beseitigt werden und neue Energie zufließt.** (Nutzen Sie an diesem Punkt alle Bilder und Gefühle, die für Sie am deutlichsten Erneuerung und frische Energie symbolisieren.)
- **Liebkosen Sie mit regenerativen Gedanken Ihren Geist und Ihr ganzes Wesen.** (Zusätzlich können Sie visualisieren, wie spirituelle Energie Ihre Seele erneuert.)
- **Wenden Sie zum Schluss den Joy Touch an, um das Gefühl und die Wirkung der erneuernden Gedanken festzuhalten.** (Dieser letzte Joy Touch sollte eine Liebkosung Ihres ganzen Wesens sein und seine Revitalisierung unterstützen.)

Sie können diesen Prozess für jeden Körperteil nutzen, aber er ist besonders wertvoll, wenn Sie die Erschöpfung beseitigen wollen, die von einer Depression immer verstärkt wird. Wenn Sie an Schlafmangel leiden oder erschöpft sind, ist keine Übung wichtiger als die „Schlafübung"! Ruhen Sie sich zuerst aus. Entscheiden Sie dann, welche Methode am besten geeignet ist, Ihr Wohlbefinden wiederherzustellen.

Eine Mahnung zum Schluss: Verurteilen Sie sich nicht, wenn Sie deprimiert sind. Schuldgefühle machen eine Depression schlimmer. Sie bekommen Ihre Depression in den Griff, wenn Sie von ihr lernen. Ein altes Sprichwort sagt: „Solange so viel davon rumliegt, kannst du es getrost als Dünger verwenden." Sie sind nicht hilflos. Sie haben die Macht, sich selbst glücklich zu machen.

Vorbeugung und Selbstpflege

Wenn Sie den Joy Touch regelmäßig anwenden, können Sie verhindern, dass Sie im Treibsand einer leichten oder schweren Depression versinken. Er ist eine physiologische Rettungsleine, die Sie aus den Ereignissen, Emotionen und chemischen Störungen herauszieht, die eine Depression auslösen. Mit diesem ersten Schritt können Sie über die mentale Gesundheit hinausgehen und mentales Wohlbefinden erreichen.

Der Schlüssel ist Selbstpflege. Das ist mehr als Selbsttröstung: Sie müssen die Entwicklung eines neuen, stärkeren Selbst fördern. Betrachten Sie Ihre Probleme als Wachstumschancen. Jeder hat im Leben Höhen und Tiefen. Lernen Sie, nicht in den Tiefen zu bleiben. Benennen Sie die Tiefen in „Vorhöhen" um, denn genau das sind sie. Denken Sie daran, dass diese Tiefen die Schmelzöfen sind, die Ihnen das Material für Ihren nächsten Durchbruch liefern. Woher kommen die alten Sprichwörter „Vor der Dämmerung ist es am dunkelsten" und „Jede Wolke hat einen Silberstreifen"? Die Tiefen sind im Grunde Katalysatoren des neuen Wachstums. Sobald Sie sich fragen: „Wie kann ich diese Situation nutzen?", wird aus der Tiefe eine Vorhöhe, und Ihr Wachstumsprozess beginnt.

Manchmal besteht der erste Schritt dieses Prozesses darin herauszufinden, was Sie in einer bestimmten Situation trösten kann oder wie Sie eine Wunde Ihres inneren Kindes heilen. In anderen Fällen brauchen Sie den Joy Touch, um Ihre Wut zu überwinden und sich selbst zu trösten – um Ihre emotionale Intelligenz zu steigern. Dadurch fördern Sie die Heilung und entwickeln ein neues, besseres Selbst. In beiden Fällen bekommen Sie Ihr Leben wieder in den Griff. Sie besiegen das deprimierende Gefühl der Hilflosigkeit, indem Sie innerlich handeln. Das Handeln und die Lösungen in der äußeren Welt werden folgen. Sobald Sie die Wolke entfernen, werden Ihr Leben und Ihre Arbeit heller.

Einige Stichwörter helfen Ihnen, diesen Prozess zu verstehen: Stimmung aufhellen, trösten, pflegen, wachsen und weitermachen. Aktivieren Sie das Septum pellucidum, und nutzen Sie an den Tiefpunkten die Tröstende Verbindung, um sich aus dem deprimierenden Griff des limbischen Stress zu befreien. Gehen Sie dann vom bloßen Trösten zum Pflegen über, und finden Sie heraus, was Sie nicht nur tröstet, sondern auch Ihr Wachstum fördert. Denken Sie daran: Sie haben das Recht zu lernen. Das ist Ihr Geburtsrecht. Nirgendwo steht geschrieben, dass Sie in einem bestimmten Alter vollkommen sein müssen. Sie brauchen nicht vollkommen zu sein, aber Sie müssen sich *vervollkommnen.* Konzentrieren Sie sich darauf, wie eine Situation Sie klüger und stärker machen kann.

Genießen Sie den Joy Touch und die Tröstende Verbindung, um Ihre Tiefen auf natürliche Weise in Vorhöhen zu verwandeln. Befreien Sie sich dann aus den Tiefen, indem Sie nach Wissen und Glück streben. Dann können Sie mit einem neuen, stärkeren Selbst weiterleben. Nutzen Sie diese Energie, um alte Verhaltens- und Denkmuster zu überwinden und sich mehr Zeit für die Liebe zu nehmen – Liebe für andere, für sich selbst und für das Leben.

Dank der Übungen in diesem Kapitel haben Sie sich den dunkelsten Seiten des Lebens bereits gestellt. Sie haben nicht nur überlebt, sondern Sie sind jetzt emotional stärker als zuvor. Zweifellos wird das Leben Sie weiter herausfordern. Darum ist es wichtig, die neue emotionale Intelligenz zu bekräftigen, die Sie erworben haben. Erst dann sollten Sie weitermachen.

Nehmen Sie sich einen Augenblick Zeit, um Ihr neues Wissen dauerhaft zu speichern.

- **Wenden Sie den Joy Touch an, um entspannt zu beginnen und Ihr Selbstwertgefühl zu steigern.**
- **Schließen Sie die Augen, und denken Sie an die neuen Fähigkeiten, die Sie erworben haben.**
- **Freuen Sie sich darüber, dass Sie Ihre Stimmung jetzt innerhalb von Sekunden verbessern können.** (Dieses Wissen kann Ihnen niemand nehmen. Mit der Zeit wird es sogar noch umfangreicher.)

- **Denken Sie auch daran, dass Sie jetzt über eine einfache und wirksame Methode verfügen, jeden limbischen Stress zu beseitigen.** (Sie können jetzt bei jedem Stress Tröstende Verbindungen herstellen. Die Fragen „Was würde mich in dieser Situation trösten?" und „Wie kann ich es beschaffen?" werden Sie nie mehr vergessen.)
- **Diese beiden Schlüssel zu mehr Freiheit und Glück gehören jetzt Ihnen.** (Sie gehören Ihnen ein Leben lang. Sie kennen jetzt den Weg aus mentalem Leid und Depression.)
- **Wenden Sie den Joy Touch an, um dieses Wissen in neue Weisheit umzuwandeln und zu behalten.**
- **Freuen Sie sich über Ihr neues, stärkeres, weiseres Selbst.**

Ich gratuliere Ihnen! Jetzt sind auch Sie ein Pionier der Inneren Technik. Sie haben viel gelernt. Nun geht es darum, den Joy Touch, die Tröstende Verbindung und andere neue Techniken zu nutzen, um noch mehr Liebe in Ihr Leben zu bringen.

3

Bringen Sie mehr Liebe in Ihr Leben

Das Gefühl, geliebt zu werden, ist eines der fundamentalsten und wichtigsten Bedürfnisse im Leben. Es ist unabdingbar für unser Wohlbefinden und unsere Gesundheit, und zwar nicht nur für die seelische Gesundheit. Im Fachbereich Psychologie der University of Washington gibt es eine Abteilung, die meist „Liebeslabor" genannt wird. Wissenschaftler dieses Labors stellten im Laufe einer dreißig Jahre dauernden Studie fest, dass Frauen, deren Partner überkritisch und lieblos sind, häufiger an schweren Krankheiten leiden (Krebs, Herzkrankheiten usw.).

Vielleicht glauben Sie nicht, dass Liebe ebenso wichtig für unser Überleben ist wie Wasser und Nahrung. Aber Ihr limbisches System glaubt es. Denken Sie einmal an unsere frühesten Kindheitseindrücke. Als Kleinkind bedeutete Liebe für uns Sicherheit und Befriedigung unserer leiblichen Bedürfnisse. Oft war die Liebe mit dem wichtigsten aller Bedürfnisse verbunden: Essen. Darum ist es kein Wunder, dass Esssucht so oft bei Menschen auftritt, die sich ungeliebt fühlen. Auch wenn jemand Sie liebevoll umarmt, fühlen Sie sich beschützt und weniger verwundbar.

Wir verbinden Liebesmangel unbewusst mit Hunger und Bedrohung. Diese Kombination allein kann alle negativen Emotionen des limbischen Systems auslösen. Wenn Sie sich ungeliebt fühlen, neigen Sie eher zu Sorgen, Groll, Wut und Angst, selbst wenn die Umwelt Ihnen keinen Anlass dazu gibt. Aber die Situationen, in denen Sie sich ungeliebt fühlen – Zurückweisung, Verlassenheit, Betrug, Trennung –, lösen obendrein Angst aus, was den Stresspegel in den Himmel steigen lässt. Das alles hat enorme Auswirkungen auf Ihr Selbstwertgefühl, Ihr Bedürfnis nach Geborgenheit, Ihre Lebensplanung und oft auch auf Ihre finanzielle Sicherheit.

Das Gefühl, nicht geliebt zu werden, wird oft als Gefahr interpretiert und kann das Wohlbefinden vollständig untergraben. Deshalb ist es wichtig, mehr Liebe in Ihr Leben zu bringen, damit Ihre Lebensfreude zurückkehrt. Der erste Schritt besteht darin, sich selbst zu lieben. Dies ist die einzige Liebe, über die Sie immer verfügen können.

Es gibt vier Hauptarten von Liebesenergie. Die drei, die am meisten mit Glück assoziiert werden, sind: Liebe, die andere uns schenken, Liebe, die wir für andere empfinden, und die Liebe Gottes oder des Universums. Jede dieser drei setzt die Vierte voraus, um vollkommen zu sein: Selbstliebe.

Keine Liebe, die Sie von anderen empfangen, kann die Liebe des Menschen ersetzen, der für Sie am wichtigsten ist. Dieser Mensch sind Sie selbst. Wenn Sie sich selbst nicht leiden können, blockieren Sie die Zuneigung anderer und schrecken andere sogar ab. Dann fällt es Ihnen auch schwerer, andere zu lieben und die Liebe Gottes oder des Universums in Ihr Herz zu lassen; denn alle drei genannten Wege der Liebe kreuzen sich in Ihrem Herzen. Sie dürfen also auf dieser Kreuzung kein Hindernis errichten.

Das ist kein leeres Psychogeplapper. Es ist der Kern Ihrer Gesundheit und Ihres Wohlbefindens. Wenn das Leben mit einem überkritischen Ehepartner zu Stress und Gesundheitsstörungen führen kann, welche Folgen hat es dann, wenn Sie in jeder Sekunde jedes Tages das Gefühl haben, von einem bestimmten Menschen nicht geliebt zu werden? Sie sind in jedem Augenblick Ihres Lebens bei sich. Und wenn Ihr ständiger Begleiter feindselig und kritisch ist, können Sie nicht glücklich sein. Darum befasst sich der erste Teil dieses Kapitels damit, wie Sie sich selbst mehr lieben können. Wenn Sie die limbischen Fallen aufspüren, die Ihre Selbstliebe untergraben, können Sie etwas dagegen tun. Dann dürfen Sie die Lebensfreude genießen, zu der Sie ein Recht haben.

Neutralisieren Sie die Säure der Herabsetzung

Beginnen wir mit der kritischen inneren Stimme, die wir alle hören. Wir alle erleben mentale Herabsetzungen. Es sind quälende Gedanken, die im Kopf widerhallen, zum Beispiel: „Das war nicht gut genug“, „Ich bin zu dick“, „Warum habe ich das gesagt?“ oder „Was ist nur mit mir los?“ Sie wissen bestimmt, wovon ich rede, und könnten diese Liste mühelos fortsetzen. Aber solche Gedanken, so negativ sie auch sein mögen, sind normal und in gewissem Umfang unvermeidlich. Sie sollten mit ihnen rechnen, anstatt sich dafür zu schelten.

Mentale Herabsetzungen sind ein Produkt des limbischen Systems, das auf diese Weise versucht, uns vor einer gefährlichen Selbstgefälligkeit zu schützen. Darum leiden Sie von Zeit zu Zeit unter solchen mentalen Kränkungen, einerlei, wie erleuchtet, religiös oder bewusst Sie sind. Es handelt sich um ein physiologisches Phänomen, nicht um ein spirituelles. Gebete werden sei Äonen gesprochen. Dennoch setzen sich auch betende Menschen selbst herab. Menschen, die Affirmationen und positives Denken praktizieren, fallen ebenfalls ins negative Denken zurück. Selbst die Erfolgreichsten sind nicht immun. Wie oft haben Sie Leute, die Sie respektieren und bewundern, sagen hören, dass sie von Selbstzweifeln und Selbstkritik geplagt werden? Die erfolgreichsten Menschen sind oft am strengsten mit sich selbst. Erfolg allein kann die innere Stimme nicht zum Schweigen bringen. Er kann sie sogar lauter machen.

Das Wichtigste ist, dass wir uns nicht weniger lieben, nur weil wir solche überkritischen Gedanken hegen. Sie können Ihre Selbstliebe nicht mit Enttäuschung und Kritik stärken. Rechnen Sie damit, dass das limbische System dieses mentale Gift verspritzt; aber lassen Sie es nicht gewinnen. Es gibt eine wirksame und einfache Methode, die Säure nicht nur zu neutralisieren, sondern sogar Ihr Selbstwertgefühl damit zu stärken. Diese hochwirksame Methode verdanke ich meinen beiden Kindern.

Alle Geschwister streiten sich gelegentlich und bringen ihre Eltern damit auf die Palme. Ich habe zwei sehr kräftige und streitlustige Söhne. Als sie in das Alter kamen, in dem Kinder sich durchsetzen wollen, begannen sie, einander immer wieder zu kränken. Der Älteste wollte die Oberhand behalten und mochte es gar nicht, wenn sein jüngerer Bruder etwas besonders gut machte (oder gar besser als er). Dann schoss er verbale Giftpfeile auf den Bruder ab. Der Jüngste wollte nicht zu kurz kommen und wusste genau, wie er die Schwächen seines Bruders ausnutzen und ihn provozieren konnte. Obwohl es nur selten zu Handgreiflichkeiten kam, wurden die verbalen Auseinandersetzungen unerträglich.

Meine Frau und ich versuchten alles, um dieses Verhalten zu dämpfen oder zu ändern. Wir probierten es mit Aussprachen, Geldbußen, dem Entzug von Vergünstigungen und so weiter. Nichts half. Schließlich gaben wir verzweifelt auf. Wir schickten die Jungen mit einer klaren Anweisung in ihr Zimmer: Sie durften den Raum erst verlassen, wenn sie eine Strafe festgelegt hatten, die denjenigen treffen sollte, der den Bruder schlecht machten.

Bald langweilten sie sich in ihrem Verließ. Also dachten sie nach und fanden eine Lösung, die wir heute noch anwenden. „Mama und Papa", sagten sie, „wir haben beschlossen, dass wir einander sofort *gut machen* müssen, wenn wir einander *schlecht machen.*"

Das ist eine einfache, aber hochwirksame Methode. Das „Gutmachen" zeigt, dass das „Schlechtmachen" nicht die einzige Wirklichkeit ist, sondern dass der andere auch positive Seiten hat. Dadurch können wir sogar mehr tun, als den Stachel der Kritik herauszuziehen – wir können das Positive hinter der Kritik betonen. *Schlecht:* „Du bist ein Angsthase." *Gut:* „Es freut mich, dass du dir Sorgen um mich machst." Dann könnte die Bitte folgen, Bedenken künftig anders auszudrücken: „Könntest du mir deine Sorgen mitteilen, ohne gleich mit dem Schlimmsten zu rechnen?"

Diese Methode ist sehr nützlich in unseren Beziehungen (mehr dazu gleich), aber sie ist noch wichtiger, um Selbstachtung und Selbstliebe zu entwickeln. Das limbische System ist dafür geschaffen, uns ständig zu piesacken. Rechnen Sie damit, aber geben Sie ihm nicht das letzte Wort, sondern neutralisieren Sie die Säure sofort mit einer aufbauenden Affirmation.

Sie müssen lernen, Affirmationen zu finden, die nicht von Äußerlichkeiten (Erfolg, bestimmten Menschen usw.) abhängen. Wir messen unseren Wert viel zu oft mit solchen Maßstäben. Die meisten Herabsetzungen, die wir uns selbst zufügen, basieren wahrscheinlich auf Äußerlichkeiten wie „Das war nicht gut genug" oder „Sie mögen mich nicht". Eine Aufmunterung, die sich nur auf äußere Leistungen oder den Beifall anderer stützt, hilft Ihnen nicht, wenn Sie eine erfolglose Phase durchmachen oder zur Zeit weniger beliebt sind. Wenn Sie lernen, Ihr Lob mit Ihren inneren Fähigkeiten zu verbinden, können Sie es immer anwenden.

Eine der besten Beschreibungen dieser Methode gibt Dorothy Rich in *Megaskills.* Sie konzentriert sich auf zehn Fähigkeiten, die ihrer Meinung nach entscheidend für den Erfolg von Kindern sind, zum Beispiel Einsatzbereitschaft, Initiative und Ausdauer. Wie Sie sehen, handelt es sich um positive Eigenschaften, nicht um Erfolge oder spezifische Beziehungen.

Die Idee, innere Qualitäten zu stärken, ist so einleuchtend, dass viele Schulen sie in erweiterter Form im Unterricht anwenden. Sie beschränken sich nicht auf zehn Eigenschaften, sondern nutzen jede innere Qualität. Wenn Sie Ihre inneren Qualitäten schätzen, loben Sie sich selbst für Ihre guten Absichten, nicht nur für Ihre Ergebnisse. Selbst wenn Sie sich wegen einer schlechten Leistung kritisieren, können Sie sich dafür loben, dass Sie den Mut hatten, es zu versuchen, oder dass Sie ehrlich zugeben, Ihr Ziel nicht erreicht zu haben.

Das Leben ist ein Klassenzimmer voller Gelegenheiten, mehr über Glück und Liebe zu lernen. Mit regelmäßigem Lob belohnen Sie sich bei jedem Schritt. Sie können Ihr inneres Selbst unabhängig von äußeren Erfolgen schätzen und lieben. **Versuchen Sie es einen Augenblick.**

- **Wenden Sie den Joy Touch an, um ruhig und ohne Selbstkritik zu beginnen.**
- **Denken Sie nun an zwei oder drei herabsetzende Bemerkungen, mit denen Sie sich häufig selbst traktieren.**
- **Wenden Sie erneut den Joy Touch an, um den Stachel dieser Kritik zu entfernen.**
- **Überlegen Sie, welche innere Qualität Ihre Stärke ist.** (Sind Sie bekannt für Einsatzbereitschaft, Initiative, Ausdauer, Entschlossenheit, Ehrlichkeit, Fürsorge, Geduld usw.?)
- **Wählen Sie eine dieser Qualitäten** (oder eine andere) **aus, um eines der herabsetzenden Urteile aus der Welt zu schaffen.**
- **Widerlegen Sie auch die anderen Kritikpunkte mit geeigneten inneren Qualitäten.**
- **Wenden Sie zum Schluss den Joy Touch an, um diese Liebe und dieser Selbstachtung Dauer zu verleihen.**

Über das Thema „Selbstliebe“ wurden ganze Bücher geschrieben. Dieses Kapitel will sie nicht ersetzen und kann nicht alles ansprechen, was sie enthalten. Ich will mit diesem Abschnitt nur hervorheben, wie wichtig es ist, sich zuerst selbst zu lieben. Jedes Mal, wenn ich mich ungeliebt fühlte, vergaß ich auch, mich selbst zu lieben. Ich war so sehr mit Selbstkritik und abfälligen Urteilen beschäftigt, dass selbst kleine Zurückweisungen oder Kränkungen mich bis ins Mark trafen. Dieses schwache Selbstwertgefühl machte mich, was mein Wohlbefinden und mein emotionales Überleben anbelangte, völlig von der Liebe anderer abhängig.

Diese Art Abhängigkeit ist eine ungerechte Belastung für jeden Menschen. Außerdem verhindert sie Erfolge im Leben. Wer sich hilflos an andere Menschen klammert, vertreibt sie und fühlt sich danach noch schlechter. Selbst wenn ein anderer sich von Ihrer Sucht nach Liebe nicht abschrecken lässt, können Sie verlieren, denn Sie können die Liebe des anderen wahrscheinlich nicht voll genießen. Wenn Sie innerlich leer sind, weil Sie sich nicht selbst lieben, kann die Liebe anderer diesen Abgrund nicht ganz füllen. Dieser Hunger nach innerer Zuneigung kann zudem bewirken, dass Sie die Liebe anderer verschlingen, ohne sie zu genießen. Schlimmer noch, Sie halten die Liebe anderer für selbstverständlich, anstatt sie als Geschenk zu würdigen. Niemand ist darüber erfreut, dass seine Liebe für selbstverständlich gilt oder nur dem emotionalen Überleben dient. So bewirken Sie, dass Sie noch weniger Liebe empfangen.

Der Schlüssel ist ein solides Fundament aus Selbstachtung und nicht-egoistischer Selbstliebe. Sogar die Bibel rät: „Liebe deinen Nächsten wie dich selbst." Wie können Sie Ihren Nächsten lieben, wenn Sie sich selbst verachten? Nur wenn Sie sich Ihrer eigenen Wertschätzung sicher sind, können Sie die Liebe anderer wirklich genießen und bedingungslose Liebe zurückgeben. Diese Bedingungslosigkeit ist Voraussetzung dafür, dass die Liebe in Ihrem Leben zunimmt. Wenn wir lieben, ohne eine Gegenleistung zu erwarten und ohne abhängig zu sein, erfahren wir die wahre Liebe. Vorher müssen wir aber untersuchen, warum so viele Menschen über mangelnde Liebe klagen.

Das Gefühl, nicht genug Liebe zu bekommen

Auf meinen Weltreisen habe ich Tausende von Menschen beraten, und ich bin immer wieder überrascht darüber, wie viele von ihnen den Eindruck haben, nicht wirklich geliebt zu werden. Anfangs ergab das keinen Sinn, denn ich habe es hauptsächlich mit positiven, spirituellen Menschen zu tun. Die Seminarteilnehmer, die ich treffe, sind in der Regel ganze, liebende, fürsorgliche Menschen, die offenkundig ihr Bestes tun, um ihre Beziehungen und die Welt zu verbessern. Solche Menschen haben es am meisten verdient, geliebt zu werden. Warum ist das nicht der Fall? Ich begann, nach einer logischen Antwort zu suchen, die zugleich erklärt, warum wir so verzweifelt sind, wenn wir uns ungeliebt fühlen.

Zuerst möchte ich Sie fragen: Glauben Sie, dass Seelen sich entwickeln? Glauben Sie, ein Wesen mit Bewusstsein, dass Sie wachsen und lernen? Wenn ja, dann denken Sie einen Moment nach: Was kommt als Nächstes, wenn eine Seele, die von Liebe umgeben war, lieben gelernt hat? Natürlich muss sie nun lieben lernen, auch wenn sie nicht von Liebe umgeben ist. Es ist leicht, liebevoll zu sein, wenn alle Sie lieben. Die wahre Herausforderung besteht darin, auch dann zu lieben, wenn Sie nicht genug Liebe bekommen. Wenn wir unsere Fähigkeit, bedingungslos zu lieben, entwickeln müssen, dann liegt es nahe, dass unsere Reise auch durch Täler führen muss, in denen wir nicht genug Liebe bekommen.

Betrachten wir diese Evolution einmal genauer. Können Sie sich vorstellen, dass fortgeschrittenere Seelen (Geistführer, Schutzengel oder Gott) zu Ihnen sagen: „Wir lieben dich nur, wenn du nicht vergisst, uns zu lieben!" Wären Sie damit zufrieden? Meiner Meinung nach lieben uns diese höheren Geistwesen bedingungslos und immer.

Warum ist das so wichtig? Weil es Sie vom Selbstmitleid und von der Verzweiflung befreien kann, die oft mit dem Gefühl, nicht geliebt zu werden, einhergehen. Jeder Mensch, dessen Liebe Sie vermissen, ist buchstäblich eine Lehre für Sie. Mit seiner Hilfe lernen Sie lieben, ohne von Liebe umgeben zu sein. Sie können stolz auf den Mut Ihrer Seele sein – sie sehnt sich so sehr danach, lieben zu lernen, dass sie bereit ist, diesen Mangel an Liebe zu erdulden.

Es ist Zeit, dass wir uns nicht mehr als hilfloses Opfer fühlen, wenn wir nicht genug Liebe bekommen. Wir müssen dieses Problem, einerlei, wie ernst es ist, hinter uns lassen, damit wir das Leben und uns selbst lieben können. Leugnen oder verdrängen Sie das Problem nicht, sondern umarmen Sie es, und verarbeiten Sie es. Wie das geht, zeigen die Methoden, die das „innere Kind" behandeln.

Vielen Menschen ist nicht bewusst, dass es zwei verschiedene Wege gibt, mit dem inneren Kind zu arbeiten. Nach der Opfertheorie haben Sie einen Missbrauch überlebt. Es ist zwar ratsam, lange unterdrückte Erinnerungen an einen Missbrauch aufzudecken; aber dieser Ansatz ist im Grunde negativ. Sie gelten als Opfer. Obwohl Sie überlebt haben, sind Sie geschädigt. Nach der Theorie der Herausforderung gelten Sie nicht als Opfer der Umstände, sondern Sie sind eben, was Sie sind – nicht trotz des Leides, das Sie durchgemacht haben, sondern gerade wegen ihm. Sie dürfen stolz auf sich sein, weil Sie in diesem Schmelzofen stärker geworden sind.

Welche Methode ist Ihrer Meinung nach bei weitem die beliebteste? Leider ist es die Opfermethode. Warum? Das haben wir im Kapitel über den limbischen Stress besprochen. Wir neigen dazu, ein Opfer zu bleiben, weil wir dann unbewusst um Hilfe rufen können. Stattdessen sollten wir uns ein Loblied singen!

Überwinden Sie das Problem, indem Sie es verarbeiten. Freuen Sie sich über die Kraft und die Erfahrungen, die Sie ihm verdanken. Loben Sie sich für den Mut, den Sie aufgebracht haben, als Sie durch das Tal der Schatten gingen und nicht genug Liebe bekamen. **Nehmen Sie sich einen Augenblick Zeit, und probieren Sie diese Technik aus.**

- **Wenden Sie den Joy Touch, damit Sie ruhig und selbstsicher beginnen können.**
- **Denken Sie an eine Situation, in der Sie das Gefühl hatten, nicht genug geliebt zu werden.**
- **Wenden Sie wieder den Joy Touch an, damit Sie objektiv bleiben und nicht in schmerzlichen Erinnerungen versinken.**
- **Überlegen Sie nun, inwiefern diese Situation Sie stärker gemacht hat.** (Was haben Sie gelernt? Welche Charakterstärken haben Sie entwickelt?)
- **Loben Sie sich dafür, dass Sie trotz der widrigen Umstände nicht zerbrochen sind.** (Oder dafür, dass Sie geliebt haben, obwohl die Liebe unzureichend erwidert wurde.)
- **Wenden Sie den Joy Touch, damit Sie stolz auf Ihre Bereitschaft sein können, lieben zu lernen.**
- **Loben Sie sich für Ihren Mut und Ihre Ausdauer.**
- **Wenden Sie zum Schluss noch einmal den Joy Touch, damit Sie diese Einstellung beibehalten.**

Der Mangel an Liebe ist eine schwierige Herausforderung. Aber er ist auch eine Gelegenheit, mehr Liebe in Ihr Leben zu bringen. Er erinnert Sie daran, sich selbst zu lieben. Lassen Sie es nicht zu, dass Liebesprobleme Selbstmitleid auslösen; sonst öffnen Sie im limbischen System die Büchse der Pandora. Zuerst denken Sie „Ich werde nicht geliebt“, dann „Ich bin nicht liebenswert“ und „Was stimmt nicht mit mir?“

Nutzen Sie die Technik des Lobens und Aufmunterns, um die limbische Schlangengrube zu umgehen. Sie haben Lob verdient, weil Sie sich bemühen, fürsorglich zu sein und zu lieben. Denken Sie daran, dass der Mensch, der Ihnen am nächsten steht, Sie liebt: Sie selbst. Warten Sie nicht, bis Sie sich selbst kritisieren oder sich ungeliebt fühlen. Muntern Sie sich schon vorher auf.

Nutzen Sie Gelegenheiten, sich aufzumuntern

Halten Sie Ausschau nach Gelegenheiten, sich im täglichen Leben aufzumuntern. Wenn ein Lehrer sieht, dass ein Schüler die Augen weit öffnet und interessiert aussieht, nutzt er diesen Moment, um Wissen zu vermitteln. Gönnen Sie sich Wertschätzung und Selbstliebe, wann immer der Zeitpunkt günstig ist. Diese Großzügigkeit ist unerlässlich, wenn Sie mehr Liebe in Ihr Leben bringen wollen, und sie ist der Schlüssel zu erfolgreichen Beziehungen.

Aufrichtige Unterstützung und Wertschätzung hilft Ihnen, andere zu lieben und von ihnen geliebt zu werden. Sie können damit sogar eine Beziehung retten. Eine andere interessante Paarstudie des „Liebeslabors" der University of Washington belegt, dass das Risiko einer Trennung sich mit einer Wahrscheinlichkeit von 90 Prozent voraussagen lässt, wenn man weiß, wie oft die Partner positiv oder negativ miteinander kommunizieren. Mit anderen Worten: Wenn Sie Ihren Partner öfter niedermachen als aufrichten, ist eine Trennung oder Scheidung wahrscheinlich.

Natürlich können Sie auch andere Menschen regelmäßig loben und aufmuntern. Nutzen Sie günstige Momente, um Respekt und Zuneigung auszudrücken. Das kann das Fundament einer stärkeren Liebe sein. Ich habe noch nie gehört, dass sich jemand über zu viele Komplimente beschwert hätte.

Wenn Sie einen positiven Gedanken haben und der Partner nicht da ist, dann schreiben Sie diese Idee auf. Der Zettel erinnert Sie später daran, die Anerkennung auszusprechen; aber er kann auch ein einfacher und doch bedeutsamer Liebesbrief sein. Dank der Aufkleber, die heute überall erhältlich sind, können Aufmunterungen, die Ihnen einfallen, zu Bausteinen der Romantik und Liebe werden. Vergeuden Sie diese Juwelen der Wertschätzung nicht. Bringen Sie die Zettel dort an, wo der Partner sie bestimmt sieht.

Denken Sie auch daran, dass es nicht nur quantitative, sondern auch qualitative Aufmunterungen gibt. Aussagen wie „Du hast dir wirklich Mühe gegeben; ich bewundere dich dafür" sind ebenso herzerwärmend wie „Das hast du gut gemacht". Dann fühlt Ihr Partner sich immer geschätzt, nicht nur wenn ihm etwas gelungen ist. Außerdem kann es nicht passieren, dass Sie auf Lob verzichten, nur weil Sie eine andere Meinung davon haben, was „richtig" oder „gut" ist. Selbst wenn Sie etwas anders gemacht hätten, können Sie den Partner für seinen Einsatz, seine Initiative oder seine Beharrlichkeit loben.

Dadurch stärken Sie auch Ihre Liebe zum anderen. Denn jedes Mal, wenn Sie den anderen loben, denken Sie ja positiv von ihm. Und wenn beide Partner sich gegenseitig aufmuntern, profitieren sie doppelt von diesem liebevollen Geben und Nehmen. **Probieren Sie diese Technik jetzt aus.**

- **Wenden Sie den Joy Touch an, damit Sie mit klarem Kopf und einfühlsam beginnen.**
- **Denken Sie an drei Aufmunterungen, mit denen Sie einen Menschen erfreuen können, der Ihnen nahesteht.**
- **Genießen Sie das angenehme Gefühl, das diese Gedanken auslösen.**
- **Wenn der Partner bei Ihnen ist, dann sprechen Sie die Anerkennung aus.** (Wenn er nicht anwesend ist, rufen Sie ihn an; oder schreiben Sie das Lob auf einen Aufkleber, und befestigen Sie ihn an einem Ort, wo der Partner ihn bestimmt findet; oder machen Sie eine Notiz für sich, und sprechen Sie den Partner später darauf an.)
- **Loben Sie sich selbst dafür, dass Sie diese Vorzüge in Ihrem Partner sehen.** (Spüren Sie, wie Ihre Liebe während dieser Gedanken zunimmt.)
- **Beschließen Sie, die Menschen, die Ihnen teuer sind, öfter aufzumuntern.** (Überlegen Sie, wann und wo sich Ihnen günstige Gelegenheiten dafür bieten.)
- **Wenden Sie den Joy Touch an, und verstärken Sie dadurch Ihre Anerkennung und Ihren Wunsch, andere häufiger zu loben.**

Schon diese eine Technik kann Ihre Beziehung erheblich verbessern. Wir waren viel zu lange ungeübt auf diesem Gebiet. Anstatt nur gelegentlich freundlich zu sein, sollten wir uns endlich angewöhnen, andere regelmäßig zu loben, anstatt sie zu kritisieren. Wahrscheinlich ist Ihnen das klar – aber warum tun Sie es dann nicht? Der Grund liegt wieder im limbischen System verborgen.

Reibung schadet der Liebe

Bevor Sie ein schlechtes Gewissen bekommen, weil Sie Ihren Partner öfter herabsetzen als aufmuntern, möchte ich darauf hinweisen, dass dieses Verhalten ganz natürlich ist. Ja, es ist normal, dass Menschen Ihren Partner häufiger kritisieren als loben. Aber ein paar Aufmunterungen können eine ganze Menge „Säure" neutralisieren.

Kritik in einer Beziehung ist meist darauf zurückzuführen, dass Sie und Ihr Partner zwei sehr verschiedene Individuen sind. Das alte Sprichwort „Gegensätze ziehen sich an" ist oft unangenehm zutreffend. John Bradshaw wurde schon viele Male mit seiner Aussage zitiert, eine Frau auf einem Flohmarkt könne ihn innerhalb von dreißig Minuten fast magnetisch anziehen, wenn sie „die richtigen Knöpfe drückt". Zu den unterschiedlichen Persönlichkeiten kommen natürlich noch Geschlechterunterschiede hinzu.

Die Linguistin Deborah Tannen weist diese Unterschiede in ihrem Buch *Du kannst mich einfach nicht verstehen. Warum Männer und Frauen aneinander vorbeireden* ebenso nach wie John Gray in seinem Buch *Männer sind vom Mars. Frauen von der Venus.* Vor allem Deborah Tannen nennt das Kernproblem: Wenn wir einen Partner suchen, erwarten wir eine neue, verbesserte Version eines besten Freundes. Leider kommt dieser neue beste Freund, wie John Gray es ausdrückt, buchstäblich von einem anderen Planeten. Dieser Unterschied und die Enttäuschung, die er hervorruft, kann Reibungen auslösen.

Das ist aber nur die neueste Beschreibung der östlichen Idee, dass die Interaktion von Gegensätzen unser ganzes Leben bestimmt. Das Yin-Yang-Symbol stellt diese Idee bildlich dar.

Abb. 17: Das Yin-Yang-Symbol

Die Geschlechter sind Gegensätze, die einander anziehen können, weil sie so gut zusammenpassen. Das liegt nicht nur am Geschlechtstrieb. Das Band wird noch stärker, weil wir mindestens einige Züge des anderen Geschlechts in uns tragen. Im Symbol wird das durch den andersfarbigen Punkt in jeder Hälfte dargestellt. Die Wissenschaft lehrt, dass jedes Geschlecht auch die Hormone des anderen in kleinen Mengen besitzt. Psychologen weisen darauf hin, dass wir als Wesen mit einem Bewusstsein die Fähigkeit haben, von den Stärken weiblicher und männlicher Eigenschaften zu profitieren. Meiner Meinung nach können Sie das Beste beider Geschlechter nutzen, weil Ihre Seele die Macht hat, Geschlechterklischees zu transzendieren. Sie sind eine Seele, aber Sie leben durch den Filter Ihres geschlechtlichen Körpers.

Sie sind zwar mehr als ein geschlechtliches Wesen, aber es wäre töricht, den Einfluss dieser Filter auf Ihre Wahrnehmung und Ihre Werte zu ignorieren. Selbst sehr spirituelle Menschen werden von Hormonen beeinflusst. Frauen sind mit der Wirkung der prämenstruellen Hormone auf ihre Stimmung vertraut; aber auch Männer müssen, wenn sie ehrlich sind, zugeben, dass erotische Bilder ihre Aufmerksamkeit von der Seele auf tieferliegende Körperteile lenken können.

Das sind nur einige offensichtliche Wirkungen. Die Bücher von Tannen und Gray nennen zahlreiche weitere, die zwar subtiler, aber dennoch wichtig sind. Sie sind also aus verschiedenen Gründen ein ganz anderer Mensch als Ihr Partner. Wenn Sie beide sich wie das Yin-Yang-Symbol ergänzen, ist das Ergebnis positiv. Dann können Sie die Schwächen des anderen mit Ihren Stärken ausgleichen.

Leider können die Unterschiede sich auch aneinander reiben und uns veranlassen, den Partner zu kritisieren. Wir fühlen unsere Wünsche und Bedürfnisse bedroht, und das aktiviert die schlimmsten Regionen des limbischen Systems. Unbewusst glauben wir, unser Überleben (oder unsere Unabhängigkeit, unser Selbstwert, unser Prestige usw.) sei bedroht, und darum greifen wir an. Und da der Partner am häufigsten in unserer Nähe ist, bekommt er die meisten Giftpfeile ab. Bei ihm lassen wir uns gehen. Er sieht uns, wenn wir noch nicht ganz wach oder erschöpft, schlaflos oder gestresst sind. Das ist wohl der biologische und psychologische Hintergrund des alten Sprichworts „Denen, die wir lieben, tun wir am meisten weh." Oft reagieren wir noch aggressiver, weil wir fälschlicherweise annehmen, der Partner wolle uns reizen.

Es ist ein Segen der Forschung über Geschlechterunterschiede, dass sie uns davon abhalten kann, Öl ins Feuer zu gießen. Sie klärt uns darüber auf, dass der Partner uns nicht absichtlich ärgert, sondern sich ganz natürlich verhält, nämlich so, wie es seinen Bedürfnissen entspricht. Das gilt nicht nur für Geschlechterunterschiede, sondern auch für die Regeln der Geburtenfolge, Familientraditionen, Kommunikationsstile und den Druck der Umwelt.

Es hilft nie, den Partner zu beschuldigen. Der Joy Touch ist eine wirksame Methode, diese limbische Überreaktion zu verhindern. Er hemmt den unbewussten Reflex, vom anderen das Schlimmste zu denken. Wenn wir unsere Einstellungen nicht kritisch prüfen, werden sie zur mentalen Realität. Mit dem Joy Touch können Sie irrige Ansichten korrigieren, bevor sie unnötige Schmerzen auslösen. Sie können damit so viele negative Emotionen beseitigen, dass Sie nach Alternativen suchen können. Dieser Stressabbau steigert auch Ihre Liebesfähigkeit. **Probieren Sie diese Technik nun aus.**

- **Wenden Sie den Joy Touch an, damit Sie ruhig und mit klarem Kopf beginnen.**
- **Denken Sie an etwas, was Sie ärgert, wenn Ihr Partner es sagt, tut oder nicht tut.**
- **Wenden Sie den Joy Touch erneut an, um Ihren Ärger zu lindern.**
- **Überlegen Sie, ob Ihr Partner einen Grund für sein Verhalten haben könnte.** (Vielleicht will er Sie gar nicht ärgern, sondern nur seine Interessen vertreten.)
- **Spüren Sie, wie dieser neue Blickwinkel Ihren Ärger lindert und es Ihnen leichter macht, den Partner zu lieben.** (Sind Sie jetzt weniger wütend oder gekränkt? Fühlen Sie sich nicht mehr so sehr als Opfer? Haben Sie jetzt mehr Verständnis für den Partner?)
- **Wenden Sie den Joy Touch an, um diese tolerantere Einstellung zu bekräftigen.**

Anstatt auf zehn zu zählen, wenn Ihr Partner etwas tut, was Sie ärgert, können Sie den Joy Touch anwenden, damit Sie konstruktiv reagieren können. Sie bringen mehr Liebe in Ihr Leben, wenn Sie Unterschiede nicht zum Anlass für schmerzliche persönliche Angriffe werden lassen. Zumindest können Sie die Situation beruhigen und sich dann etwas objektiver mit den Problemen befassen.

Natürlich sollten wir auch versuchen, uns so zu verhalten, dass wir unseren Partner nicht verärgern. Wir dürfen auch ihn um Kompromisse bitten. Zivilisiertes Verhalten dient heute zu einem großen Teil nicht mehr dem bloßen Überleben: Der Gast wird beim Essen zuerst bedient, wir stellen uns ans Ende einer Warteschlange und so weiter. Zwar werden wir auch von unserer Physiologie beeinflusst, aber als bewusste Wesen sind wir mehr als ein Haufen Zellen und Chemikalien. Wenn wir beschließen, Rücksicht auf die Bedürfnisse geliebter Menschen zu nehmen, zeigen wir damit unsere Fürsorge und Zuneigung. Ebenso wichtig ist es, ihre Stärken zu loben, selbst wenn wir uns darüber ärgern.

Wenn Ihre Unterschiede sich nicht harmonisch ergänzen, sollten Sie Ihren Partner dennoch zu seinen Stärken beglückwünschen, anstatt die unangenehme Situation zum Dauerzustand zu machen. Sie können ihn sogar loben, wenn Sie nicht mit ihm übereinstimmen. Wenn Sie erst danach erklären, warum Sie anders denken, weiß der Partner wenigstens, dass Sie seine Auffassung verstehen und teilweise bejahen. Hier sind ein paar Beispiele:

„Es ist schön, dass unsere Beziehung dir so wichtig ist, dass du jetzt gleich über diese Sache reden willst. Aber ich bin gerade erschöpft und nicht in Bestform." Oder: „Aber ich muss erst diese Arbeit erledigen – mein Chef will sie morgen haben."

„Ist bewundere deine Pünktlichkeit und deinen Wunsch, rechtzeitig anzukommen. Aber ich bin gerade so nervös, dass ich keinen Zeitdruck ertrage."

„Es ist gut, dass du sparen willst, damit wir auf schwierige Zeiten vorbereitet sind. Aber ich brauche diesen Betrag, um unsere Wohnung schöner zu machen." Oder: „Ich brauche das Geld für mein/unser seelisches Wohlbefinden."

Wichtig ist, dass Sie das Positive am Standpunkt des Partners sehen. Wenn Sie seine gute Absicht loben, sieht er, dass er Ihnen etwas bedeutet, auch wenn Sie anderer Meinung sind oder andere Bedürfnisse haben. Wenn Sie einen Menschen oder eine Situation besser verstehen, werden Sie ruhiger und finden eher kreative Lösungen für Beziehungsprobleme.

Beziehungsprobleme mit dem Medizinrad lösen

Wenn ein Beziehungsproblem Ihnen Kummer bereitet, können Sie eine Variante des indianischen Medizinrades anwenden, um zu neuen Einsichten und Antworten zu gelangen. Zuerst müssen Sie herausfinden, was Ihrer Meinung nach die wichtigsten männlichen und weiblichen Eigenschaften und Stärken sind. Schreiben Sie diese Qualitäten auf.

Die folgende kleine Liste enthält ein paar Eigenschaften, die in meinen Workshops häufig genannt werden. Denken Sie aber daran, dass ein Mann und eine Frau alle oder einige dieser männlichen und weiblichen Stärken haben kann.

Männliche Stärken	Weibliche Stärken
Unabhängig	Um Harmonie bemüht
Zielorientiert	Stütze der Beziehung
Dickhäutig	Empfindsam
Analytisch	Nimmt Rücksicht auf Gefühle
Risikofreudig	Beschützt
Innovativ	Fördert innere Stärken

Sie dürfen eine Eigenschaft streichen, die Ihrer Ansicht nach nicht zutrifft, oder eine hinzuzufügen, die Sie vermissen. Es genügt aber, wenn Sie einen Eindruck davon haben, was für Sie männliche und weibliche Stärken sind (auch Sie besitzen Stärken aus beiden Gruppen).

Es gibt fast so viele Medizinräder wie Indianerstämme. Viele haben jedoch mehrere Elemente gemeinsam, vor allem den Gedanken, dass eine ausgewogenere Meinungsbildung zu schöpferischen Lösungen führen kann. Oft werden heilige Steine gesammelt und kreisförmig ausgelegt, und die Mitglieder des Rates oder die weisen Ältesten verteilen sich um das Rad herum. Dann betritt das Stammesmitglied, das ein Anliegen hat, das Rad, geht darin auf und ab und äußert seine Meinung. Danach erteilen die Weisen der Reihe nach ihren Rat. Auf diese Weise kommt eine bessere, umfassendere Lösung zustande. Ein weiteres häufiges Element ist ein Kreuz im Kreis, das heilige Aspekte der vier Himmelsrichtungen symbolisiert.

Sie können Aspekte dieser Elemente benutzen, um mit einem eigenen Medizinrad Beziehungsprobleme zu lösen. Stellen Sie vier Stühle, die jeweils einen Standpunkt symbolisieren, in einem Kreis auf. Setzen Sie sich auf den ersten Stuhl, und beschreiben Sie das Problem. Der zweite Stuhl (rechts von Ihnen) symbolisiert die Weisheit und den Blickwinkel der Stärken Ihres Geschlechts (wenn Sie eine Frau sind, steht er für die weiblichen Stärken, und wenn Sie darauf sitzen, sprechen Sie vom Standpunkt dieser Eigenschaften aus). Der nächste Stuhl symbolisiert die Stärken des anderen Geschlechts (wenn Sie eine Frau sind, steht er für die männlichen Stärken, und wenn Sie darauf sitzen, sehen und sprechen Sie vom Standpunkt dieser Eigenschaften aus). Der letzte Stuhl ist das Symbol der Seele oder der spirituellen Weisheit. Was würde ein höheres Bewusstsein zu dem Problem sagen? Es kann ein Schutzengel, ein Geistführer, das Universum oder Gott sein – je nachdem, woran Sie glauben.

Wenn Sie um dieses Rad herumwandern, sich setzen und von jedem Stuhl aus sprechen, erweitern Sie nicht nur Ihren Blickwinkel, sondern Sie entdecken auch schöpferische Lösungen, die Sie brauchen, um zu handeln und/oder mehr Verständnis aufzubringen. **Nehmen Sie sich ein wenig Zeit, und versuchen Sie es.**

- **Wenden Sie den Joy Touch an, damit Sie ruhig und einfühlsam beginnen.**
- **Setzen Sie sich nun auf den ersten Stuhl, denken Sie an ein Beziehungsproblem, und beschreiben Sie es laut.** (Um welche Meinungsverschiedenheit geht es Ihnen? Oder fühlen Sie sich unverstanden? Oder falsch behandelt?)
- **Setzen Sie sich dann auf den Stuhl zu Ihrer Rechten, der die Stärken Ihres Geschlechts symbolisiert. Wenn es Ihnen schwerfällt zu sprechen, wenden Sie den Joy Touch an und entspannen sich. Sprechen Sie dann so, wie ein Vertreter dieser Stärken es tun würde.** (Wenn Sie eine Frau sind, sprechen Sie auf der Basis der höchsten weiblichen Weisheit und Stärke. Wie kann Trost, Fürsorglichkeit, Kommunikation, Streben nach Einvernehmen oder Empfindsamkeit Ihnen oder dem Partner helfen?)
- **Setzen Sie sich jetzt auf den Stuhl, der die Stärken des anderen Geschlechts symbolisiert, und sprechen Sie von ihm aus.** (Wenn Sie eine Frau sind, sprechen Sie auf der Basis der höchsten männlichen Weisheit und Stärke. Wie sieht der analytische Standpunkt aus? Welches Handeln ist angezeigt? Welche Risiken oder Herausforderungen gibt es? Sollen Sie das Problem persönlich nehmen, oder ist ein dickes Fell ratsam?)

- **Setzten Sie sich nun auf den vierten Stuhl, und sprechen Sie vom höheren spirituellen Standpunkt aus.** (Wie würden Ihre Schutzengel oder Geistführer mit dem Problem umgehen? Wie könnte ein universeller Blickwinkel aussehen?)
- **Kehren Sie zum Schluss zum ersten Stuhl zurück, und denken Sie über Ihre Einsichten nach.** (Wenn Sie wollen, können Sie Ihre Erkenntnisse zusammenfassen und dann einen weiteren Rundgang machen. Kehren Sie zu jedem Stuhl zurück, sooft Sie wollen, um das Problem zu lösen.)
- **Wenden Sie abschließend noch einmal den Joy Touch an, um zu bekräftigen, dass Sie Probleme mit dieser Methode selbst lösen können.**

Die Einsichten, die Sie gewinnen, sind immer hilfreich, einerlei, ob Sie mit dem Partner über das Problem reden wollen oder nicht. Wenn der Partner bereit ist, mit Ihnen zusammenzuarbeiten, helfen Ihnen die Informationen, die Sie sammeln, bei der Kommunikation. Dann bringen Sie mehr Verständnis für den Standpunkt des anderen auf und können dennoch entschieden für Ihre Bedürfnisse eintreten. Wenn der Partner nicht bereit ist, auf Ihr Anliegen einzugehen, hilft Ihnen diese Methode herauszufinden, wie Sie am besten vorgehen und welches Lob oder welche Anerkennung den Partner zugänglicher machen könnte. Zumindest gewinnen Sie Einsichten, die es Ihnen ermöglichen, sich selbst mehr zu respektieren und das Problem nicht persönlich zu nehmen.

Wenn Sie sich Zeit nehmen, um den Partner zu loben und das größere Bild zu sehen, können auch Sie den Partner häufiger respektieren. Beides verschafft Ihnen mehr Einsicht und Verständnis. Vor allem aber wird das Umfeld für Ihre Interaktionen verbessert. Dann macht Ihnen die gemeinsame Zeit mehr Freude. Ihre körperliche und verbale Kommunikation wird positiver, die mentalen Assoziationen werden liebevoller. Alles, was Sie tun können, um Ihre Beziehung und Ihre Interaktionen zu verbessern, bringt mehr Liebe in Ihr Leben.

Meine Frau und ich verbinden seit Jahren das Prinzip der Anerkennung mit einem besonderen Essen. Wir notieren uns fünf Dinge, die wir derzeit am anderen bewundern. Während der Mahlzeit sprechen wir bei jedem Gang einen dieser Punkte an. Das ist eine gute Methode, um aufzuholen, wenn Sie einander schon seit einiger Zeit nicht mehr gelobt haben. So ist ein sehr romantischer und intimer Abend gewiss.

Mehr gemeinsame Freude

Mehr Liebe in Ihr Leben zu bringen heißt im Grunde, für mehr liebevolle Momente zu sorgen. Das ist sowohl ein innerer als auch ein äußerer Prozess. Mit dem Joy Touch und regelmäßiger Anerkennung können Sie die innere Liebe steigern, die Sie empfinden. Diese beiden Techniken erfüllen Ihr mentales Umfeld mit positiven Gedanken und Gefühlen. Aber Lob und Anerkennung tragen auch dazu bei, Ihre äußere Umwelt zu verbessern. Sie bauen eine verbale Nähe auf, die in jede Situation mehr liebevolle Energie leitet.

Stellen Sie sich Kritik als schlechten Geruch vor, der die Luft verpestet. Sie können ihn nicht sehen, aber er ist da. Und je öfter der Gestank ins Zimmer gelassen wird, desto mehr durchdringt er alles, was darinnen ist und führt zu ständigen negativen Assoziationen. Lob und Anerkennung wirken wie Luftreiniger. Sie beseitigen die unsichtbare Energie der Umwelt, die Sie mit Ihrem Partner teilen; sie machen das Heim angenehmer und können in vieler Hinsicht zu mehr Nähe führen.

Diese Nähe sorgt nicht nur für mehr Liebe und Unterstützung, sondern hilft auch, Unterschiede zu überbrücken, die Ärger auslösen können. Bei uns ist es wie bei vielen anderen Paaren: Ich will öfter als meine Frau fernsehen, um mich zu entspannen. Als ich vor vielen Jahren den Joy Touch anwandte, überlegte ich, wie wir beide von diesem Unterschied – der zu Reibereien führte – profitieren konnten. Mir kam die Idee, dass ich ihr beim Fernsehen die Füße massieren konnte, wenn sie die Beine auf meinen Schoß legte. Um es kurz zu machen: Seither kann ich viel öfter fernsehen, ohne dass meine Frau sich beklagt.

Jede schöpferische Idee, die Sie einander näher bringt, fördert auch die Liebe. Das muss natürlich keine Einbahnstraße sein. Während der Fußmassage auf dem Sofa verabreicht meine Frau mir oft eine Handmassage (vielleicht mit dem Hintergedanken, dass meine Hände kräftig bleiben müssen) oder eine Rückenmassage. Ich speichere Stress und Verspannungen hauptsächlich in den Schultern. Selbst eine kurze Massage hilft mir, lockerer, liebevoller und harmonischer zu werden. Natürlich genieße ich es auch, wenn sie mich berührt. Ohne unmittelbar sexuell zu sein, trägt der Körperkontakt dazu bei, einander wieder näherzukommen, wenn wir uns wieder einmal längere Zeit bemüht haben, den Beruf und die Erziehung unserer beiden Söhne unter einen Hut zu bringen.

Einerlei, ob es Ihnen nur um diese Nähe oder um Sex geht, gegenseitige Massage im Bett kann die Bindung zwischen Partnern enorm verstärken. Gemixt mit „Wie war dein Tag?“ kann sie in einer hektischen Welt, die viele Paare auseinanderreißt, Ihre Energien vereinigen. Kopf- und Halsmassage kann die gleiche Wirkung haben.

Wissenschaftler haben festgestellt, dass Kopfschmerzen oft von verspannten Halsmuskeln verursacht werden. Eine liebevolle Halsmassage kann verhindern, dass der Stress des Tages zum Kopfweh des Abends wird. Wenn Sie den Hals des Partners massieren, sollten Sie eine Hand auf seine Stirn legen. Diese einfache Maßnahme hat zwei Vorteile. Erstens stützt die Hand den Kopf und verhindert, dass andere Halsmuskeln sich spannen müssen, um den Kopf aufrecht zu halten. Wichtiger noch: Ihre Hand sendet in dieser Stellung Energie ins Septum pellucidum des Partners. Das hilft, die stimmungsaufhellende Wirkung des Glückszentrums auszulösen, während die Massage die körperliche Verspannung beseitigt.

Robert Heath entdeckte nicht nur das stimmungsaufhellende Potenzial des Septum pellucidum, sondern auch eine Verbindung zwischen dieser Region und dem Kleinhirn (gleich oberhalb des Nackens). Wenn Sie die Muskeln im Nacken massieren und gleichzeitig die Hand auf die Stirn legen, helfen Sie dem Partner, sich auf die Mitte zu konzentrieren und mit dem Joy Touch seine Stimmung zu heben. Dies ist eine weitere Möglichkeit, mit dem Joy Touch die Nähe, das Wohlbefinden und die Liebe in Ihrem Leben zu steigern. Aber auch die Sexualität profitiert vom Joy Touch.

Mehr Freude am Sex durch den Joy Touch

Da der Joy Touch bei den meisten Menschen die Stimmung hebt und die innere Glut anfacht, war es nur eine Frage der Zeit, bis jemand versuchte, ihn beim Sex anzuwenden. Ich empfahl dieses Experiment sogar mehreren Teilnehmern meiner Workshops, ohne dass es mir bewusst war. Bei einer Sitzung zitierte ich scherzhaft die Bemerkung einer Teilnehmerin: „Mein Gott, das ist ein mentaler G-Punkt!“ Mehrere fortgeschrittene Teilnehmer nahmen sich das zu Herzen und berichteten hinterher, es sei ihr schönstes Forschungsprojekt gewesen.

Cara schrieb: „Der Joy Touch hat mein Sexleben im mehrfacher Hinsicht bereichert. Manchmal bin ich sehr gestresst und brauche ein wenig Hilfe, um in Stimmung zu kommen. Anfangs hilft der Joy Touch einfach dadurch, dass er mich entspannt. Wenn ich ihn vor dem Höhepunkt anwende, während die sexuelle Lust sich aufbaut, komme ich leichter zum Orgasmus und genieße ihn mehr. Zweifellos hatte ich die stärksten und längsten Orgasmen meines Lebens, während ich den Joy Touch anwandte. Es ist unglaublich! Was für eine Verstärkung eines ohnehin lustvollen Erlebnisses! Ich bin jetzt sogar zu mehrfachen Orgasmen in der Lage, und jeder ist stärker als der vorige. All jenen, die glauben, sie bräuchten Drogen oder Alkohol, um besseren Sex zu haben, kann ich ehrlich versichern, dass sie nur den Joy Touch brauchen. Ich fühle mich befreit – und mein Partner beklagt sich nicht!" Frauen in jedem Alter (auch Seniorinnen) berichten von ähnlichen Ergebnissen wie Cara.

Bei Männern scheint die Stimulation des Septum pellucidum während der Intimität das Gefühl der Nähe zur Partnerin zu stärken. Außerdem wird der Orgasmus intensiver und pulsiert länger durch den ganzen Körper. Mann und Frau müssen natürlich den Joy Touch so gut beherrschen, dass sie ihn selbst dann nutzen können, wenn sie körperlich abgelenkt sind.

Das erinnert mich an einen Sketch in der Fernsehshow *Saturday Night Live*. Der „Nachrichtensprecher" machte sich über den damalige Präsidenten Ford und seine vermeintliche Unbeholfenheit lustig. Er sagte: „Die First Lady berichtet, sie habe ein neues Verhütungsmittel entdeckt. Sie gibt dem Präsidenten vor dem Zubettgehen einfach einen Streifen Kaugummi."

Sie müssen in der Lage sein, zu gehen und gleichzeitig Kaugummi zu kauen, damit Sie den Joy Touch während des Liebesspiels anwenden können. Nur dann können Sie seine stimmungsaufhellende Wirkung mühelos und mit einem einzigen kurzen Gedanken auslösen. Das mag sich künstlich anhören; aber heutzutage sind viele Techniken, die den Sex verbessern sollen, viel mechanischer. Der Joy Touch hat wenigstens mehrere liebevolle Komponenten. Wie Cara schilderte, kann man ihn am Anfang nutzen, um Spannungen abzubauen, die Intimität verhindern oder hemmen. Danach stellt sich der Wunsch nach Nähe zum Partner leichter ein. Einer der Hauptgründe dafür, dass wir den Sex intensiver genießen wollen, ist schließlich das Gefühl der totalen Einheit, das wir bei großartigem Sex empfinden. Wer auf dem Gipfel des Orgasmus das Septum pellucidum stimulieren kann, wird mit einem Gefühl der Einheit belohnt, das den normalen Höhepunkt bei weitem übertrifft.

Da dieses Buch kein Sexleitfaden ist, geht es hier nicht um die üblichen Techniken oder Stellungen. Experimentieren Sie selbst! Versuchen Sie wenigstens, den Joy Touch dann anzuwenden, wenn Sie wissen, dass kleinere Irritationen die Intimität stören könnten. Niemand sollte sich je gezwungen oder verpflichtet fühlen, an sexuellen Intimitäten teilzunehmen. Aber darum geht es mir nicht. Ich spreche von Momenten, in denen Sie zur Intimität bereit sind oder sie sogar anstreben, um die Beziehung zu stärken, wohl wissend, dass Sie in Ihrem derzeitigen Gemütszustand dazu nicht oder nur eingeschränkt in der Lage sind. In solchen Fällen hilft Ihnen der Joy Touch, „in Stimmung zu kommen".

Es kann auf jeden Fall nicht schaden, mit dem Joy Touch Verspannungen zu lösen. Zumindest vermittelt er Ihnen ein Gefühl des Wohlbefindens, so dass Sie eine Entscheidung treffen und Ihre Wünsche ausdrücken können (selbst wenn Sie momentan keine Lust auf Intimität haben). Die sexuelle Einheit wird noch tiefer und kann sogar zu einer spirituellen Erfahrung werden, wenn Sie vor, während und nach dem Sex den Joy Touch anwenden. Das führt uns zu einer weiteren Möglichkeit, mehr Liebe in unser Leben zu bringen: die Erkenntnis, dass wir Teil eines größeren Ganzen sind.

Die Seele als Teil des Universums

Ich bezeichne Ihren schöpferischen, denkenden Teil, der sich selbst als Individuum erkennt, als Seele. Die Seele ist Ihre Identität und ein Tor zu noch tieferer Liebe und Einheit.

Für mich ist das Wort „Seele" nicht unbedingt ein religiöser Begriff. Ich verwende es, um das vollständige, bewusste, kreative Ich zu bezeichnen. Einerlei, ob Sie tief religiös, Atheist oder Agnostiker sind, Sie haben ein einzigartiges Bewusstsein. Es ist die Essenz Ihres Menschseins. Ich glaube, es der Teil von Ihnen, der nicht vom physischen Gehirn abhängig ist. Trotz aller Fortschritte in der Hirnforschung ist ein Rätsel noch ungelöst: Wir wissen nicht genau, wie das Gehirn „Bewusstsein" hervorbringt.

Die Wissenschaft definiert Bewusstsein als Art und Weise, wie Sie Gedanken erzeugen und Ihre individuelle Identität erkennen. Es ist letztlich Ihre Seele. Dass wir nicht genau wissen, wie Bewusstsein entsteht, bedeutet nicht, dass es keine wissenschaftliche Erklärung dafür gibt.

Wissenschaft und Spiritualität haben vor Kurzem einen großen Sprung gemacht, der die Lücke zwischen beiden schließen könnte. Ich spreche von einer neuen Theorie des Universums und der subatomaren Teilchen, Superstring-Theorie genannt. Sie verspricht, die Suche nach einer einheitlichen Theorie zu beenden, welche die Struktur und die Wechselwirkungen aller Kräfte und Teilchen im Kosmos mathematisch erklären kann, vom kleinsten subatomaren Teilchen bis zur Gravitation und zur Kernkraft.

Was die Superstring-Theorie mit der Erforschung des Bewusstseins und der Seele verbindet, ist die Tatsache, dass ihre mathematische Grundlage mindestens zehn Dimensionen voraussetzt. Physiker akzeptieren zunehmend, dass alle Dinge – ein Stuhl, ein Löwe, ein Planet und sogar Sie – in zehn (oder mehr) Dimensionen existieren, nicht in den vieren, mit denen wir vertraut sind. Sie beschreiben diese zehn Dimensionen als drei Raumdimensionen (Länge, Breite, Höhe), eine Zeitdimension und „sechs weitere Dimensionen, die wir mit unseren heutigen technischen Mitteln noch nicht messen können“.

Die Idee, dass es andere Dimensionen gibt, ist nicht neu. Der Begriff „Hyperraum“ existierte lange vor George Lucas und *Star Wars*. Astronomen und Astrophysiker vermuten seit langem, dass Materie, die von einem Schwarzen Loch verschluckt wird, zusammengepresst und durch eine extradimensionale „Hintertür“ in ferne Bereiche unseres Universums – oder sogar in ein anderes Universum – geschleudert wird, wo sie aus einem „Weißen Loch“ wieder auftaucht. Neu ist, dass nach der Superstring-Theorie *alles* in zehn Dimensionen existiert, nicht nur Schwarze Löcher und gewisse Phänomene in der Science Fiction. Vielleicht existiert auch das einzigartige Bewusstsein, das Sie sind, also Ihre Seele, in einigen dieser zusätzlichen Dimensionen.

Die Suche nach dem Sitz der Seele

Zwar können wir diese anderen Dimensionen noch nicht messen, aber Sie existieren in Ihnen und können Sie daher erforschen. Ihre Seele und Ihr Bewusstsein sind in diesen tieferen Dimensionen zu Hause. Wenn Sie den Weg in diese Dimensionen kennen, sind Sie in der Lage, Ihr Bewusstsein dorthin zu verlagern.

In meinen frühen Jahren studierte und entwickelte ich Methoden, um das Aura-Sehen zu verbessern. Die Aura ist das Energiefeld, das jeden Menschen einhüllt. Ich habe in mehr als zwanzig Jahren Tausende von Auras gesehen und erforscht. Auf meinen Reisen untersuchte ich, wie die Aura von körperlich arbeitenden Menschen sich von der Aura der Menschen unterscheidet, die beten, meditieren oder sich ihrem spirituellen Selbst näher fühlen. Dank dieser Studien entwickelte ich eine Methode, den Sitz der Seele mit dreidimensionalen Begriffen zu beschreiben und mühelos zu erreichen.

Es ist fast unmöglich, ein zehndimensionales Energiefeld mit den physikalischen Begriffen zu beschreiben, die wir gewohnt sind. Wenn ich den Sitz der Seele jedoch dreidimensional festlegen müsste, würde ich einen Bereich über und etwas hinter dem Kopf nennen. Wenn Sie eine Linie vom Kinn durch den höchsten Punkt des Schädels ziehen, teilt sie das Energiefeld Ihrer Seele in zwei Hälften. Dies ist der stärkste Teil der Aura, der am leichtesten zu sehen ist. Darum sehen die meisten Leute die Aura über dem Kopf und um ihn herum. Sie nehmen das stärkere Energiefeld der Seele wahr, nicht nur das biomagnetische Feld des Körpers. Deshalb sehen wir auf Bildern von Heiligen und wichtigen religiösen Gestalten den Heiligenschein immer an dieser Stelle. Selbst Menschen, die keine Aura sehen, spüren hier ein Bewusstsein.

Stellen Sie sich einen umgekehrten Eisberg vor. Das ist eine gute Analogie für die Beziehung zwischen der Seelenenergie und dem Körper. Die Hauptmasse eines Eisbergs liegt unter Wasser; weniger als ein Drittel schwimmt über der Wasseroberfläche. Stellen Sie dieses Bild auf den Kopf, und Sie haben eine ungefähre Vorstellung von der Beziehung zwischen Seele und Körper. Der größte Teil der Seele residiert außerhalb des Körpers (über dem Kopf und ein wenig hinter ihm), so wie der größere Teil eines Eisbergs sich unter Wasser befindet. Der kleinere Teil des Eisbergs (der normalerweise aus dem Wasser ragt) entspricht dem Teil der Seele, der in den Kopf eindringt, sich mit dem

Gehirn und den physischen Sinnen verbindet und den Organismus koordiniert.

Während Ihres Lebens orientiert sich Ihr Bewusstsein nach unten (zum Körper hin) und durch die Sinnesorgane nach außen (zur Umwelt hin). Um die tieferen Dimensionen der Seele zu erfahren, müssen Sie lernen, diese Konstellation umzukehren und sich auf den größeren Teil der Seele über dem Kopf zu konzentrieren. In meiner Organisation Free Soul nennen wir das Seelenverlagerung. Zu dieser Orientierung nach oben kommt es auch beim Meditieren. Das ist an der Aura zu erkennen. Im Bereich des Brustkorbs und des Gesichts verblasst die Aura, während sie sich oberhalb des Kopfes ausweitet und vertieft. Gleichzeitig entfernt sie sich weiter vom Körper.

Dieser Wandel lässt sich wissenschaftlich nachweisen. Wenn Sie Ihr Bewusstsein nach oben zur Seele hin verlagern, werden die Alphawellen des Gehirns stärker. Das ist bedeutsam, weil diese Wellen mit höherem Bewusstsein, Trance, Selbsthypnose und erhöhter Kreativität zusammenhängen. Es gelang mir, diese Verbindung auf einer Gesundheitsmesse in Glenwood Springs nachzuweisen, und ich hatte großen Spaß dabei.

Jedes Jahr veranstaltet ein großer Fernsehsender Gesundheitsmessen in ganz Colorado. Auf dieser Messe gab es einen Stand zum Thema „Biofeedback“ – mit einem Spielzeug, das ich während meiner Jahre am MIT nicht benutzt hatte. Es war ein Zug, den man mit Alphawellen steuern konnte. Ich hatte ähnliche Vorrichtungen schon früher gesehen, aber nie ausprobieren können.

Da ich die willentliche Seelenverlagerung beherrschte, konnte ich meine Alphawellen rasch ein- und ausschalten. Mit Elektroden, die an meinem Kopf befestigt wurden, gelang es mir, einen elektrischen Zug zu steuern, was ich als Kind nie gekonnt hatte. Allein durch Gedankenkraft ließ ich ihn starten und mit verschiedenen Geschwindigkeiten fahren. Wenn ich mein Bewusstsein nach unten verlagerte, hielt er sofort an – am Wasserturm, am Bahnhof oder gar im Tunnel. Die Organisatoren der Ausstellung waren erstaunt darüber, dass ich meine Alphawellen schnell und mühelos ein- und ausschalten konnte. Sie hatten geglaubt, man könne Alphawellen nur in der Meditation erzeugen. An diesem Tag mussten sie umdenken, und ich wies nach, dass zwischen Alphawellen und der Seele eine Verbindung besteht.

Die Seelenverlagerung

Sie kennen jetzt den Sitz Ihrer Seele. Um ihre Energie zu nutzen, müssen Sie lernen, sie zu erreichen und sich auf sie einzustimmen. Der einfachste Weg ist ein mentaler Aufzug. Während Sie damit fahren, verlagern Sie Ihr Bewusstsein allmählich durch den Körper nach oben und machen dann einen letzten mentalen Schritt hinaus in Ihre unbegrenzte Seelenenergie.

Strengen Sie sich dabei nicht zu sehr an. Das gilt für alle Arten der mentalen und medialen Forschung, vor allem aber für das Anzapfen der Seelenenergie. Schnellverfahren verkürzen Ihre Reise nicht und sind meist eher schädlich als nützlich, weil sie die körperliche Anspannung steigern, das Bewusstsein im Körper verankern und dadurch verhindern, dass Sie andere Dimensionen erforschen können. Wissenschaftlich ausgedrückt: Wenn Sie versuchen, etwas zu erzwingen, nimmt die Aktivität der Alphawellen drastisch ab. Intensive Konzentration erzeugt ein Gehirnwellenmuster, das eher typisch für Routinetätigkeiten als für das höhere Bewusstsein ist.

Die Klischees, die Sie in Kino- oder Fernsehfilmen sehen, sind völlig falsch. Menschen schließen die Augen fest, greifen sich an den Kopf und strengen sich an, um übersinnliche Eindrücke zu empfangen oder das höhere Bewusstsein zu erreichen. Das ist genau die falsche Methode. Die richtige besteht darin, sich nur leicht zu konzentrieren und das Bewusstsein sanft, aber bestimmt zu lenken.

Das Schlüsselwort ist Konzentration: Sie bündeln Ihr Bewusstsein und lassen es nach oben fließen. Ich habe bereits darauf hingewiesen, dass der Unterschied zwischen Konzentration und Anstrengung der gleiche ist wie zwischen Sehen aus dem Augenwinkel und Starren. Starren ist intensiv und anstrengend. Es ist sanfter, etwas zu betrachten, was am Rande des Sehfeldes liegt. Das setzt voraus, dass Sie Ihr Bewusstsein seitwärts verlagern. Dann nehmen Sie wahr, anstatt zu schauen. Um Ihre Seele zu erfahren, müssen Sie lernen, sich sanft zu konzentrieren. Es ist eine Art inneres peripheres Sehen.

Die unten beschriebene Methode führt Sie bei dieser Verlagerung nach oben, damit Sie Ihre Seelenenergie vollständig erforschen können. Die Wirkung gleicht einer Schleuder: Sie werden nach oben und nach außen geschleudert, hinein in Ihre tieferen Dimensionen. Sie spüren, wie Grenzen sich auflösen, sobald Sie diesen größeren

Teil Ihres Seins betreten. Sie spüren den Frieden und das schärfere Bewusstsein, die dort auf Sie warten. Versuchen Sie nicht zu analysieren, was Sie dabei empfinden. Das würde die Spannung verstärken und das Erlebnis beenden oder begrenzen. Denken Sie später über Ihre Eindrücke nach.

- **Setzen oder legen Sie sich entspannt hin, und schließen Sie die Augen.**
- **Werden Sie sich allmählich Ihrer selbst bewusst, und lösen Sie sich behutsam von Ihrer Umwelt. Nehmen Sie wahr, was Sie innerlich fühlen.**
- **Achten Sie dann auf die Unterschenkel. Spüren Sie die Füße, die Knöchel, die Waden. Verlagern Sie Ihr Bewusstsein langsam nach oben durch die Beine, die Hüften, den Brustkorb, die Schultern und so weiter. Während Sie jeden Körperteil wahrnehmen und weiter nach oben wandern, lassen Sie die unteren Körperteile nach und nach hinter sich. Schalten Sie sie ab. Fahren Sie mit diesem mentalen Aufzug nach oben, bis Sie zum Kopf kommen.**
- **Werden Sie sich des Kopfes bewusst, und nehmen Sie die Gedanken und Erinnerungen wahr, die Ihr Ich bilden. Welche Bilder tauchen auf, wenn Sie sich sanft auf sich selbst als Person konzentrieren? Betrachten Sie dies Bilder kurz.**
- **Verlagern Sie Ihr Bewusstsein eine Stufe höher in den Bereich der Seele. Manche Menschen haben dabei das Gefühl, den Körper durch das Schädeldach zu verlassen. Die Grenzen scheinen sich aufzulösen, und Sie haben den Eindruck, sich in einer expandierenden Dimension zu befinden. Ihr Selbst-Bewusstsein wird tiefer, als wären Sie in eine selten erforschte Region Ihrer selbst getaumelt. Vielleicht haben Sie sogar das Gefühl, sich nach außen unbegrenzt in jede Richtung bewegen zu können. Dies ist Ihr wahres Selbst. Sie sind sich Ihrer Seelennatur bewusst geworden.**

Anmerkung: Wenn Sie Druck in der Stirn oder in der Augengegend spüren, versuchen Sie wahrscheinlich, die Augen nach hinten zu drehen, um aus dem Schädeldach hinaussehen zu können. Das klappt nicht. Lassen Sie die Augen, wo sie sind. Diese letzte Bewusstseinsverlagerung sollte Ihnen eher das Gefühl vermitteln, dass der Geist schwebt oder dass Sie den Raum über Ihnen deutlicher wahrnehmen.

- **Erforschen Sie diesen tieferen Teil Ihrer selbst. Wagen Sie sich so weit wie möglich hinaus. Spüren Sie Ihre Alterslosigkeit. Erleben Sie den Frieden, der Sie durchströmt, wenn Sie die Dimension Ihrer Seele erreicht haben.**
- **Wenn Sie fertig sind, verlagern Sie Ihr Bewusstsein sanft nach unten zum Kopf und nehmen einen bestimmten Körperteil wahr (Nase, Mund, Hände usw.). Bewegen Sie langsam einen Finger oder einen Fuß. Öffnen Sie die Augen, wenn Sie bereit sind. Bewegen Sie sich behutsam, um das normale Körpergefühl wieder herzustellen.**

Diese Technik ist nur der erste Schritt einer langen, faszinierenden Reise in die zusätzlichen Dimensionen der Seele. Je öfter Sie meditieren und üben, desto besser können Sie Ablenkungen ausblenden. Und je öfter Sie Ihre Seele besuchen, desto leichter fällt Ihnen diese letzte Verlagerung nach oben und außen. Die Erforschung Ihrer zusätzlichen Dimensionen ist auch ein natürliches Entspannungsmittel. Selbst wenn Sie die Seele nur kurz berühren, nimmt der Stress der physikalischen Welt ab. Meist lockert sich auch die Aura und dehnt sich fünf bis fünfzehn Zentimeter aus, wenn Sie die Übung beendet haben. Sobald Sie die Seelenverlagerung beherrschen, können Sie diese Methode willentlich im Alltag anwenden, um Frieden und Liebe zu empfinden.

Eine Seele sein – der Schlüssel zur universellen Liebe

Ich bin sicher, dass „Seele" ein Begriff ist, den die meisten Menschen kennen. Die Seele ist Bestandteil aller großen Religionen, einerlei, ob sie Seele, Geist, Atman oder intelligente Energie heißt. Wissenschaftlich ausgedrückt können wir uns die Seele als einzigartiges Energiemuster oder Energiefeld vorstellen, das sich jenseits der vergänglichen physikalischen Materie befindet – außerhalb der begrenzten heute messbaren Energieformen. Ein Superstring-Theoretiker könnte sagen: Die Seele besteht aus den sechs zusätzlichen Dimensionen.

Die meisten Menschen, die ich treffe, räumen bereitwillig ein, dass sie glauben, eine Seele zu haben. Aber das genügt nicht. Um Ihr Potenzial voll zu nutzen, müssen Sie weiter gehen. Sie haben keine Seele, sondern Sie sind eine Seele, die einen Körper hat. Das ist keine Wortklauberei. Es ist die Erkenntnis, dass die Seele Ihr wahres Selbst ist, die bewusste, intelligente Energie jenseits des Körpers.

Der Glaube, eine Seele zu haben, ist sogar einer der Hauptgründe dafür, dass Menschen sich nicht weiterentwickeln. Wenn Sie eine Seele *haben,* müssen Sie jemand anders *sein.* Und dieser Jemand, mit dem Sie sich identifizieren, ist Ihr physischer Körper. Infolgedessen unterwerfen Sie sich den physikalischen Grenzen, die Sie überwinden wollen. So wie Ihr Auto nur ein Werkzeug zum Fahren ist, benutzt der innere Fahrer – die Seele – den Körper nur als Instrument. Sie sind der Fahrer, nicht die Maschine. Sie sind das Wasser im Glas, nicht das Glas. Sie sind die Elektrizität, welche die Maschine antreibt, nicht der Motor. Sie *sind* eine Seele und *haben* einen Körper.

Finden Sie sich nicht mit Grenzen ab. Sehen und fühlen Sie sich als Seele. Begreifen Sie, dass Ihre wahre Natur unbegrenzt ist. Unterschätzen Sie nie die gesellschaftliche Konditionierung, die uns Grenzen aufzwingt. Selbst unsere Sprache leugnet, dass wir eine Seele sind. Wir sagen: „meine Seele“, obwohl wir sagen müssten: „Ich Seele“.

Jetzt können Sie die körperlichen Grenzen sprengen. Die Seelenverlagerung ist ein großer Schritt auf dem Weg zur Einheit. Sie sind nicht mehr den physikalischen Grenzen des Körpers unterworfen, denn Sie haben erfahren, dass es eine Welt außerhalb dieser Grenzen gibt.

Wenn Sie gelernt haben, Ihre Seele zu erreichen, können Sie das unbegrenzte Potenzial nutzen, das Ihr Geburtsrecht ist, und das Land der unendlich formbaren Energie betreten. Letztlich *sind* Sie Energie. Nach Einsteins Gleichung $e = mc^2$ ist Energie gleich Masse, multipliziert mit dem Quadrat der Lichtgeschwindigkeit. Das bedeutet, alle Dinge sind Energie, wenn auch in verschiedener Form. Der Stuhl ist Energie. Licht ist Energie. Sie sind Energie.

Das Gesetz von der Erhaltung der Energie besagt: „Energie kann weder geschaffen noch zerstört werden; sie kann nur ihre Form ändern.“ Da Sie Energie sind, haben Sie immer existiert und werden immer existieren. Die Frage ist nur, was Sie mit Ihrer Energie tun. Begrenzen und unterdrücken Sie Ihre Energie? Oder streben Sie nach Unbegrenztheit?

Um sich selbst zu beweisen, dass Ihre Seele unbegrenzt ist, brauchen Sie nur Ihr Bewusstsein über die körperlichen Grenzen hinaus auszudehnen. Wenn Sie erkannt haben, dass Sie eine Seele *sind,* die einen

Körper *hat*, brauchen Sie sich nicht mehr auf rein körperliche Fähigkeiten zu beschränken und können mit allem, was ist, verschmelzen.

Wir neigen dazu, uns als separate körperliche Wesen zu betrachten. Darum trennen wir uns von anderen Dingen und Wesen sowie von unserer Umwelt. Es stimmt zwar, dass es Inseln aus Materie gibt; aber als Seele können Sie dennoch mit allem in Ihrer Umgebung eins sein. Sie können mit jedem Objekt verschmelzen und es als Erweiterung Ihrer selbst erfahren. Nach und nach können Sie auf diese Weise Teil Ihrer gesamten Umwelt werden.

Wie bei der Seelenverlagerung dürfen Sie auch hier nichts erzwingen. Entspannen Sie sich, fühlen Sie. Überschreiten Sie dann behutsam eine körperliche Grenze nach der anderen. Dadurch werden Sie sich Ihrer Unbegrenztheit besser bewusst und können sogar übersinnlich wahrnehmen. **Und so nutzen Sie diese Fähigkeit der Seele:**

- **Setzen Sie sich bequem hin, schließen Sie die Augen, und verlagern Sie Ihr Bewusstsein nach oben zur Seele.**
- **Schweben Sie dort oben, fühlen und genießen Sie Ihre Seelennatur. Nach einer Weile erweitern Sie dieses Bewusstsein, bis es nach und nach Ihr ganzes Sein umfasst. Spüren Sie, wie Ihr wahres Selbst mit dem Körper eins wird. Spüren Sie, wie der Körper schmilzt und mit Ihrem Seelenbewusstsein verschmilzt. Vielleicht erfahren Sie jetzt zum ersten Mal die Ganzheit Ihrer selbst: Körper, Seele und Geist. Sie sollten das Gefühl haben, ein großer Ball aus Bewusstsein zu sein, der sich über den Körper hinaus erstreckt und dennoch tiefer in ihn eindringt als sonst.**
- **Dehnen Sie Ihr Bewusstsein weiter aus, bis es nach und nach den Stuhl einschließt, auf dem Sie sitzen. Spüren Sie, wie Ihre Arme mit den Armen des Stuhls verschmelzen und Ihr Rücken sanft im Energiefeld des Stuhls versinkt. Fühlen Sie, wie Sie und der Stuhl eins werden, so dass Ihr Bewusstsein Sie, Ihren Körper und den Stuhl einschließt.**
- **Sobald Sie sich eins mit dem Stuhl fühlen, erforschen Sie ihn. Wie fühlt er sich innen an? Spüren Sie alle seine Teile – Beine, Lehne, Unterseite der Sitzfläche? Spüren Sie, wo der Stuhl den Boden oder den Teppich berührt?**
- **Lassen Sie Ihr Bewusstsein weiter expandieren. Diesmal verschmelzen Sie mit dem Teppich oder Boden bis in alle Ecken**

des Zimmers. Spüren Sie die anderen Dinge, die Kontakt mit dem Boden haben, und verschmelzen Sie auch mit ihnen. Erforschen Sie diese Objekte.

- **Wenn Sie damit fertig sind, verlagern Sie Ihr Bewusstsein allmählich zurück zum Körper. Konzentrieren Sie sich auf einen bestimmten Körperteil (Nase, Mund, Hände usw.). Wenn Sie bereit sind, öffnen Sie die Augen. Bewegen Sie sich behutsam, um das normale Körpergefühl wieder herzustellen.**

Viele Menschen erleben diese Verschmelzung zufällig, wenn sie müde oder tief entspannt sind oder wenn sie meditieren. Diese Fähigkeit kann aber jeder erlernen und jederzeit und überall nutzen. Die spirituelle Energie, aus der die Seele besteht, ist erstaunlich flexibel. Die Verschmelzung mit der Materie ist jedoch nur der erste Schritt. Sie können auch mit reiner Energie verschmelzen und Ihr Bewusstsein in größere Tiefen eindringen lassen. Lernen Sie, mit alltäglichen Energieformen eins zu werden (Licht, Wärme usw.). Dies ist die Voraussetzung für größere Abenteuer.

Wenn Sie mit physikalischen Objekten (mit Ihrem Körper, dem Stuhl usw.) verschmelzen, lernen Sie allmählich auch, die Seele gezielt zu erweitern. Die Energieverschmelzung hilft Ihnen, die Expansion in alle Richtungen gleichzeitig zu erfahren. Sie ist das Tor zur völligen Einheit mit dem Universum.

Ihre Seelenenergie ist meist ziemlich gebündelt. Diese natürliche Konzentration ist notwendig, damit Sie einen physischen Körper benutzen können. Um die Erweiterung der Seele steuern und sich unbegrenzt ausdehnen zu können, müssen Sie diese Bündelung aufheben. Dann spüren Sie, wie die Seele ganz natürlich eine Grenze nach der anderen überschreitet. Je mehr Sie sich entspannen, desto weiter dehnen Sie sich aus. Sie spüren einen inneren Frieden und eine Sicherheit, die tiefer sind als je zuvor.

„Du fühlst dich buchstäblich eins mit allem“, sagte William, der „Aussteiger“, den ich traf, kurz nachdem er sein Examen in Betriebswirtschaft und Informatik abgelegt hatte. Die Tretmühle der Geschäftswelt hatte ihn verspannt und unglücklich gemacht.

Zuerst suchte William nach Frieden in den Weltreligionen. Er wollte sich als Teil des Universums fühlen, eins mit seiner Vorstellung von Gott. Er flirtete sogar mit mehreren östlichen Religionen; aber Sprechgesang an einer Straßenecke brachte ihm keinen inneren Frieden.

Schließlich trennte er sich von der Gesellschaft. Er verkaufte seinen ganzen Besitz und fuhr mit dem Fahrrad ein Jahr lang durch die USA, um herauszufinden, wie er eins mit den Sternen am Nachthimmel werden konnte.

William war fast am Ende seiner Reise, als er einen meiner Vorträge hörte. Es faszinierte ihn, dass ein anderer Techniker genau wie er nach Unbegrenztheit suchte. Seine Neugier führte ihn immer wieder zu mir zurück, bis er die Verschmelzung mit dem Universum durch Meditation erlernt hatte. Danach musste William nie mehr suchen oder reisen. Jetzt wusste er, wie er „nach Hause" gehen konnte. In wenigen Minuten lernte er, die Grenzen seiner Seelenenergie zu erweitern, zu den Sternen zu reisen und mit ihnen eins zu werden. Als er zurückkehrte, fühlte er sich friedvoller denn je. Am meisten erstaunte ihn, dass er weder eine Stunde lang meditieren oder singen noch einen vollkommenen Ort in den Bergen aufsuchen musste.

Der Durchbruch kam, als William die Free-Soul-Technik der Verschmelzung mit dem Licht erlernte. Nun konnte er das Licht als wahrhaft unbegrenzte Energie begreifen. Er ritt auf Lichtstrahlen und befreite dabei zum ersten Mal die Fesseln seines Bewusstseins. „Ich finde überall Licht. Ich muss nicht nach einem Weg zu den Sternen suchen. Ich kann sie überall zu mir rufen", berichtete er. Er kehrte in die Gesellschaft zurück und gründete eine erfolgreiche Softwarefirma. Wann immer er will, baut er Stress ab, indem er mit dem Universum verschmilzt.

Verschmelzung mit dem Universum

Jenseits der materiellen Grenzen ist die Verschmelzung mit dem Licht der nächste Schritt. Sie können Licht sehen und seine Wärme spüren. Da es real ist und Sie mit ihm vertraut sind, ist es die Energieform, mit der Sie am leichtesten verschmelzen können. Mehr noch: Weil das Licht überall hinkommt, können Sie auf seinen Wellen in jede Ecke des Universums reisen. Sie können buchstäblich eins mit allen Dingen werden. Die nächste Technik erweitert die Fähigkeit der Seelenverschmelzung, die Sie bereits erlernt haben, bis in universelle Dimensionen. Lesen Sie die folgende Anleitung, lehnen Sie sich zurück, und genießen Sie die Reise zu den Sternen.

- Setzen Sie sich bequem hin, schließen Sie die Augen, und atmen Sie ruhig, um Verspannungen abzubauen. Verlagern Sie dann Ihr Bewusstsein nach oben, und stimmen Sie sich auf Ihre Seelenenergie ein.
- Wenn Sie in Harmonie mit sich selbst sind, beginnen Sie, das Licht im Zimmer zu spüren. Fühlen Sie seine Wärme und seine Leuchtkraft.
- Werden Sie allmählich eins mit dem Licht. Spüren Sie, wie es um Sie herum und durch Sie hindurch fließt. Verschmelzen Sie mit ihm. Werden Sie Teil seiner Wärme, Strahlung und Weite.
- Sobald Sie eins mit dem Licht sind, reisen Sie mit ihm. Dehnen Sie sich in jede Ecke des Zimmers aus, und fallen Sie auf jeden Gegenstand. Gehen Sie mit dem Licht, und verschmelzen Sie mit allem, was es erreicht. Fühlen Sie sich eins mit jedem Teil des Zimmers und jedem Gegenstand darin.
- Spüren Sie nun, wie Ihr Bewusstsein sich über den Raum hinaus ausdehnt und das ganze Haus einschließt. Spüren Sie die einzelnen Zimmer und Stockwerke.
- Steigen Sie dann höher und weiter, bis Sie die ganze Nachbarschaft und schließlich die ganze Stadt spüren. Spüren Sie die Teile der Stadt, die Sie kennen: das Zentrum, den Stadtrand, die Straßen, die Parks. Fühlen Sie, als ob Sie tausend Sinnesorgane hätten und sich in alle Teile der Stadt gleichzeitig ausdehnen könnten. Seien Sie eins mit der Stadt und ihren Menschen.
- Fühlen Sie erneut, wie Ihr Bewusstsein expandiert. Weiten Sie sich aus, bis Sie Ihr Bundesland, Ihr Land und schließlich die ganze Welt einschließen. Fühlen Sie sich eins mit der ganzen Welt, im Frieden und im Einklang mit ihren vielen Ländern und Meeren. Genießen Sie dieses Gefühl der Einheit mit unserem Planeten. Spüren Sie, dass Sie alle Menschen der Welt jetzt besser verstehen und dass Sie mit allen eins sind.
- Lösen Sie die Grenzen weiter auf. Weiten Sie Ihr Sein immer mehr aus, bis Sie mit dem Sonnensystem verschmelzen. Spüren Sie die anderen Planeten und die Sonne. Expandieren Sie dann über das Sonnensystem hinaus bis zur Milchstraße.
- Lassen Sie Ihr Bewusstsein ganz los, und verschmelzen Sie mit dem weiten Universum. Dehnen Sie sich in jeden Teil des Kos-

mos aus, und werden Sie eins mit jedem Stern und jeder Galaxis. Lassen Sie sich treiben, und genießen Sie den vollkommenen Frieden dieser Einheit mit dem All.

- **Fühlen Sie, wie dieser innere Frieden zu tiefer Verbundenheit und Liebe mit allem wird. Spüren Sie Ihre Liebe für das ganze Universum und seine Liebe für Sie.**
- **Nachdem Sie diese Einheit und Liebe vollständig erfahren haben, bringen Sie Ihr Bewusstsein allmählich zurück zur Galaxis, zum Sonnensystem, zum Planeten, zu Ihrem Bundesland, zu Ihrer Stadt, zu Ihrem Haus und zu sich selbst auf dem Stuhl.**
- **Konzentrieren Sie sich auf einen bestimmten Körperteil (Nase, Mund, Hände usw.). Wenn Sie bereit sind, öffnen Sie die Augen. Bewegen Sie sich behutsam, um das normale Körpergefühl wieder herzustellen.**

Hört sich das nicht wunderbar an? Ist es nicht aufregend zu wissen, dass Sie so schnell so weit reisen können? Manche Menschen meditieren jahrelang, bis sie dieses Makrobewusstsein erreichen. Jetzt wissen Sie, wie Sie jederzeit und innerhalb von Minuten mit dem Universum eins werden können. Je öfter Sie diese Verschmelzung üben, desto leichter wird sie und desto tiefer empfinden Sie bedingungslose Liebe.

Sobald Sie die Kunst der Seelenexpansion beherrschen, können Sie den Frieden und die Liebe des Unendlichen genießen, wann immer Sie wollen. Sie können einen Bewusstseins-Quantensprung machen, wann immer Sie das Gefühl brauchen, mit dem All eins zu sein. Dann sind Sie nicht mehr in der Tretmühle des Alltags gefangen. Alles, was Sie dafür brauchen, sind fünf Minuten Pause. Probieren Sie es in den nächsten paar Tagen während der Mittags- oder Kaffeepause. Sie werden herrlich erfrischt sein!

Das ist nur eine kurze Einführung in die wundervollen Erfahrungen, die Seelenreisen Ihnen vermitteln können. Wenn Sie Ihre Verbindung mit Ihren spirituellen Dimensionen stärken, erfüllen Sie Ihr Leben mit Liebe. Hier sind einige zusätzliche Methoden.

Die Liebe im Leben spirituell vertiefen

Liebe bedeutet mehr, als jemanden zu lieben oder von jemandem geliebt zu werden. Sie kann Ihr ganzes Wesen erfüllen. Das Leben zu lieben kann sogar noch wichtiger sein, als einen Menschen zu lieben oder von ihm geliebt zu werden. Einerlei, wie nahe geliebte Menschen Ihnen stehen, sie können nicht immer für Sie da sein. Und wenn sie einen schlechten Tag haben, scheint ihre Liebe nachzulassen. Das alles haben Sie nicht im Griff, einerlei, wie sehr Sie andere lieben. Dennoch können Sie immer von Liebe umgeben sein, wenn Sie das unbegrenzte Reservoir der Liebesenergie im Universum nutzen.

Mit der Dimension der Liebe verschmelzen

Wenn alle Dinge mindestens in zehn Dimensionen existieren, wie die Wissenschaft uns lehrt, könnte dann nicht die Liebe eine dieser Dimensionen sein, die mit unseren heutigen Mitteln noch nicht messbar sind? Liebe ist mehr als eine Emotion. Sie ist eine Energie, die Sie spüren können. Sie fühlen es, wenn Sie geliebt werden. Dann ist die Wärme und Fürsorge beinahe greifbar. Diese Empfindungen haben Menschen aller Rassen, Religionen und Kulturen. Doch obwohl die Liebe universell ist, gibt es kein Gerät, das sie messen könnte. Es ist durchaus denkbar, dass die Liebe ein Aspekt des Universums ist, der über die physikalischen Dimensionen und das Gehirn hinausgeht.

Denken Sie daran, wenn Sie sich mehr Zeit nehmen, um Liebesenergie zu erfahren. Sie können Ihre Seele so einstellen, dass sie mit der Dimension (oder Frequenz) der Liebesenergie verschmilzt. Das ist vergleichbar mit dem Einstellen des Radios auf die Frequenz eines bestimmten Senders. Denken Sie einfach daran, welche Assoziationen der Begriff „Liebe“ in Ihnen auslöst. Werden Sie eins mit dieser strahlenden, wundervollen Energie. **Die folgende Schritt-für-Schritt-Methode hilft Ihnen dabei.**

- **Wenden Sie den Joy Touch an, damit Sie ruhig und einfühlsam beginnen.**
- **Denken Sie an alles, was Sie mit dem Begriff „Liebe“ verbinden.** (Spüren Sie die Wärme der Liebe, sehen Sie das Lächeln, das sie auf die Gesichter der Menschen zaubert, oder hören Sie liebevolle Worte. Rufen Sie das Gefühl wach, akzeptiert zu wer-

den, und genießen Sie die Sicherheit, die es mit sich bringt. Oder visualisieren Sie eine Farbe, die Sie mit Liebe verbinden.)

- **Spüren Sie, wie Ihr ganzes Sein mit Liebesenergie eins wird.**
- **Stimmen Sie sich auf die Frequenz der Liebesenergie ein.** (Spüren Sie, wie Sie tiefer mit ihr verschmelzen und/oder wie diese Energie Ihnen zufließt.)
- **Schwelgen Sie in der Einheit mit dieser Frequenz oder Dimension.** (Bleiben Sie vollständig auf die Energie und Schwingung der Liebe eingestimmt.)
- **Machen Sie sich klar, dass Sie diese Verbindung jederzeit und überall herstellen können.**
- **Wenden Sie zum Schluss den Joy Touch an, und bekräftigen Sie, dass Sie diese Verbindung willentlich herstellen können.**

Wir sind immer von Liebe umgeben. Das alte Lied *Love is in the air* (Liebe liegt in der Luft) hat nicht nur im übertragenen Sinne recht. Sie brauchen sich nur häufiger auf die Liebe einzustimmen, zum Beispiel durch die Technik der Seelenverschmelzung mit der Dimension der Liebe. Die Seelenverlagerung und der Joy Touch vertiefen die Wirkung.

Der Joy Touch von oben

Sobald Sie das Gefühl kennen, mit der Liebesenergie verschmolzen zu sein, und die Seelenverlagerung beherrschen, können Sie beides verbinden und das Septum pellucidum von oben her stimulieren. Wie ich im Abschnitt über Depressionen in Kapitel 2 bereits erwähnt habe, ist nichts in Stein gemeißelt – niemand schreibt Ihnen vor, das Septum pellucidum von vorne zu stimulieren. Das ist lediglich die einfachste Methode für Anfänger. Wenn Sie den Sitz des Septum pellucidum kennen und in der Lage sind, das Glückszentrum mit dem Joy Touch zu stimulieren, können Sie es aus jeder Richtung erreichen. Der Joy Touch von oben hat den Vorteil, dass er Sie mit Ihrer tieferen Energie als Seele und mit dem Universum verbindet.

Sie können mehrere Varianten ausprobieren. Bei der Ersten denken Sie einfach an die Seele und konzentrieren sich darauf, das Septum pellucidum so zu stimulieren, wie Sie es normalerweise tun (liebevolle Gedanken, Energie, Harfenspiel usw.). Diesmal gehen Sie aber von oben nach unten, anstatt von vorne durch die Stirn. Wenn Sie mit der

Seelenverlagerung vertraut sind, können Sie die zweite Möglichkeit probieren: Verlagern Sie Ihr Bewusstsein zur Seele und leiten Sie Energie (Liebesenergie oder eine andere) nach unten in den Kopf und durch das Septum pellucidum. Bei der dritten Variante verschmelzen Sie zuerst mit dem Universum. Wenn Sie von diesem Gefühl der Einheit mit dem Unendlichen zurückkehren – zur Galaxis, zum Sonnensystem, zur Erde, in Ihren Körper –, bringen Sie etwas davon mit. Nehmen Sie diese Energie der Einheit in sich auf, und lassen Sie sie durch das Septum pellucidum und in jede Faser Ihres Wesens fließen.

Die letzten beiden Techniken eignen sich eher für die längere, tiefere Meditation. Sie stellen das Wohlbefinden nach längeren Stressperioden wieder her oder bereiten Sie auf besonders schwierige Situationen vor. Man könnte sie als spirituelle Entsprechung einer Dusche bezeichnen, während der Joy Touch eher mit einer kurzen Gesichtswäsche vergleichbar ist. **Nehmen Sie sich einen Augenblick Zeit, und versuchen Sie mindestens eine dieser Techniken.**

- **Wenden Sie den Joy Touch an, damit Sie entspannt und einfühlsam beginnen.**
- **Verlagern Sie Ihr Bewusstsein kurz zur Seele, oder konzentrieren Sie sich auf die Seele.**
- **Gehen Sie von der Stelle oberhalb des Kopfes nach unten durch das Septum pellucidum.** (Visualisieren oder fühlen Sie Ihr Glückszentrum von oben her.)
- **Rufen Sie das entspannte Gefühl wach, dass Sie beim Joy Touch empfinden.**
- **Lassen Sie die Energie nun vom Universum und von der Seele ins Glückszentrum fließen.** (Visualisieren, wissen, fühlen oder verstehen Sie, dass die Seele ein Kanal für die universelle Energie ist.)
- **Spüren Sie, wie Energie in jede Faser Ihres Seins strömt.** (Lassen Sie die universelle Energie aus dem Septum pellucidum in jede Zelle und in jedes Atom Ihres Körpers fließen.)
- **Wenden Sie erneut den Joy Touch an, um diese frische Energie zu speichern.**

Ich stelle mir den Joy Touch und die Seelenverlagerung als die zwei Hälften der vollständigen spirituellen Freiheit vor. Der Joy Touch befreit Sie von der Herrschaft des animalischen limbischen Systems und verhindert, dass es Ihnen den Modus des Überlebenskampfes aufzwingt. Die Seelenverlagerung ist Ihr Tor zu den „jenseitigen“ Dimensionen, in denen Sie leben. Beide zusammen verleihen Ihnen die Fähigkeit (nicht nur den Wunsch), in der Welt zu leben, ohne ihr zu gehören, so wie die Bibel es uns rät. Sie können mehr denn je als Seele leben.

Andere als Seele sehen

Eine bewährte Formulierungshilfe der Kinderpsychologen lautet: „Ich liebe dich. Aber was du getan hast, gefällt mir nicht.“ Wenn Sie diesen Rat befolgen, während Sie sich auf Ihre Seele einstimmen, bringen Sie mehr Liebe in Ihr Leben. Sehen Sie andere Menschen als Seelen, und es wird leichter, sie immer zu lieben. Es ist einfach, Menschen zu lieben, wenn das Leben uns verwöhnt. Aber wir müssen sie auch lieben, wenn sie (oder wir) schlechte Laune haben.

Vieles, was uns an anderen nicht gefällt, hat etwas mit ihrer körperlichen Erscheinung zu tun. Das Aussehen, das Verhalten, bestimmte Worte oder die Körpersprache können Gefühle auslösen, die unsere Liebe überlagern. Das ist kein Wunder. Das Gehirn erkennt und speichert nämlich unangenehme visuelle Eindrücke, um uns zu schützen. Schlimmer noch: Alte negative Erinnerungen werden oft schon dann ausgelöst, wenn wir nur das Gesicht eines Menschen sehen, selbst wenn er in diesem Moment nicht unfreundlich ist. Aber Sie müssen sich nicht damit abfinden, dass alte Bilder Sie ständig Ihrer Liebesfähigkeit berauben. Die Lösung besteht darin, andere als Seelen zu betrachten.

Da Sie jetzt den Ort der Seelenenergie kennen, sind Sie in der Lage, sich auf diese Stelle einzustimmen. Anstatt nur den Körper der Menschen zu sehen, können Sie Ihre Aufmerksamkeit auf den Teil von ihnen verlagern, der eine lernende, strebende Seele ist. Sie brauchen den Blick nur auf einen Punkt zu richten, der ein wenig über dem Kopf liegt. Dann werden Sie merken, dass Ihr Urteil milder wird. Selbst wenn Sie nur den Raum oberhalb des Kopfes, aber keine Aura sehen, werden Sie weniger kritisch sein und sich vor Urteilen hüten.

Wenn ich diesen Punkt über dem Kopf der Menschen betrachte, löse ich damit tiefere Gefühle für sie aus. Ich denke an das Potenzial, das sie besitzen, und nehme sie als schöne, einzigartige Seelen wahr. Das hilft mir, sie sogar dann zu lieben, wenn mich etwas an ihrem Benehmen stört oder eines meiner Vorurteile auslöst. Wenn ich Teenager in einer Einkaufsstraße beobachte, ändert sich mein Blickwinkel sofort. Anstatt sie als ärgerliche, potenziell kriminelle Jugendliche zu sehen, spüre ich, dass sie nach ihrer Identität suchen. Wenn Menschen mir auf die Nerven gehen, sehe ich, dass sie Sehnsucht haben und nicht gegen mich sind. Das hilft mir, objektiver und liebevoller zu reagieren.

Wenden Sie diese Methode auch bei Menschen an, die Ihnen nahe stehen, damit Sie ruhig bleiben, wenn sie sich danebenbenehmen. Dann spüren Sie die eigentliche Ursache ihres Verhaltens und fühlen sich nicht mehr nicht persönlich angegriffen. Zusammen mit dem Joy Touch angewandt, war diese Technik ein Segen für mich, denn sie half mir, unnötigen Streit in meiner Ehe zu verhindern. Zudem gelingt es mir dank dieser Techniken leichter, meine Kinder als verantwortungsbewusster Vater zu bestrafen und nicht aus Ärger oder Wut.

Dank dieser Fähigkeit sehen Sie einen anderen Menschen auch nicht mehr als bloßes Sexobjekt. Das ist für Männer und Frauen wichtig, wenn sie einen attraktiven Kollegen oder eine attraktive Kollegin haben. Für Männer dürfte das besonders hilfreich sein. Wir wissen zwar nicht alles über das Gehirn, aber Männer reagieren auf visuelle Reize nachweislich heftiger. Es fällt ihnen aus neurologischen Gründen schwerer, die Persönlichkeit einer Frau höher zu bewerten als ihren Körper. Wenn Sie bewusst den Sitz der Seele betrachten, können Sie diese Neigung überwinden. Dann sind Frauen für Sie eher Menschen als potenzielle Sexpartnerinnen.

Diese Methode wirkt, weil sie Ihnen klarmacht, dass Menschen mehr sind als ihr Körper und ihre Persönlichkeit. Jedes Mal, wenn Sie andere Menschen aus einem breiteren Blickwinkel betrachten, entwickeln Sie sich weiter. Versuchen Sie es einen Moment, wenn Sie in Gesellschaft sind. Wenn Sie gerade allein sind, empfehle ich Ihnen, einen Ort aufzusuchen, an dem Sie unter Leuten sind, und die folgende Übung zu machen. Falls beides derzeit nicht möglich ist, lesen Sie die Anleitung durch und denken daran, sie anzuwenden, sobald Sie Angehörige und/oder andere Menschen sehen.

- **Wenden Sie den Joy Touch an, damit Sie entspannt und aufgeschlossen beginnen.**
- **Denken Sie an mehrere Menschen und an Ihre Meinung über sie. (Was empfinden Sie, wenn Sie diese Menschen sehen?)**
- **Nehmen Sie sich vor, andere künftig mehr als Seelen denn als Körper zu sehen.**

- **Schauen Sie nun auf den Punkt über ihrem Kopf, nicht auf ihren Körper.** (Lassen Sie den Blick behutsam zu dieser Stelle wandern, anstatt ihr Gesicht oder ihre Kleider anzustarren.)
- **Fühlen Sie, wie Ihre Einstellung gegenüber diesen Menschen sanfter und toleranter wird.** (Sie sehen sie jetzt in einem liebevolleren Licht.)
- **Üben Sie auch, Menschen, die nicht anwesend sind, so zu sehen.** (Denken Sie an einen geliebten Menschen in Ihrem Haus; aber sehen Sie ihn als Seele, spüren Sie ihn als Energie.)
- **Wenn Sie wünschen: Versuchen Sie, sich selbst auf diese Weise in einem Spiegel zu betrachten, und achten Sie auf den Unterschied.** (Spüren Sie, wie Ihr Selbst expandiert, wenn Sie nicht nur Ihr Aussehen überprüfen.)
- **Wenden Sie erneut den Joy Touch an, damit Sie auch künftig imstande sind, die Seele anderer Menschen zu sehen.**

Was macht Sie toleranter – die Stelle, die Sie betrachten, oder der Umstand, dass Sie den anderen als Seele sehen? Beides. Jenseits des Gehirns existiert eine Energie. Sie können lernen, diese Aura und ihre Farben zu sehen. Mein *Handbuch übersinnlicher Wahrnehmung* enthält ein Kapitel über das Aurasehen und -spüren. Noch wirksamer ist aber der polarisierende Filter Ihrer Absicht. Wenn Sie mehr sehen wollen, dann sehen Sie es. Und wenn Sie andere als Seelen sehen, öffnet sich Ihr Herz. Ebenso wichtig ist es, sich selbst mehr Toleranz und Liebe zu schenken.

Denken Sie also daran, dass auch Sie eine Seele sind. Seien Sie auch nachsichtiger mit sich selbst. Die Technik der Seelenverlagerung, die Sie bereits erlernt haben, stärkt Ihr Gefühl, eine Seele zu sein. Sie können lernen, Ihre Seele innerhalb von Sekunden zu erreichen. Dann steht Ihnen ihr breiterer Blickwinkel jederzeit zur Verfügung, nicht nur beim Meditieren – zum Beispiel bei der Arbeit, während eines Gesprächs und sogar beim Sport.

Der Hauptzweck dieses Buches und von Free Soul als Organisation ist Freiheit. Wir wollen Sie von Abhängigkeit befreien. Liebe ist für den Geist des Menschen ein wesentlicher Nährstoff. Wahre Freiheit bedeutet, nicht mehr von der Liebe anderer abhängig zu sein. Alles, was die Liebe stärkt, die Sie innerlich spüren, fördert das Wohlbefinden Ihrer Seele. Es gibt Tausende von Büchern über Beziehungen und romantische Liebe. Dieses Kapitel will sie nicht ersetzen. Es will Ihnen Techniken und Perspektiven vermitteln, die über diese Bücher hinausgehen. Je mehr Sie andere Menschen anerkennen und loben und sich und andere als Seelen sehen, desto leichter ist es, das Leben zu lieben. Liebe ist eine Entscheidung, die Sie immer treffen können. Beschließen Sie, nach mehr Liebe zu streben.

Wie sehr Sie das Leben und sich selbst lieben, hängt oft von Ihrem Selbstbild und Ihren Erfolgserlebnissen ab. Auch auf diesem Gebiet ist ein breiterer Blickwinkel unerlässlich. Darum folgt nun ein Kapitel über das Geheimnis des Erfolges ohne Erfolgssucht.

4

Erfolg ohne Erfolgssucht

Das Gefühl, im Leben erfolgreich zu sein, ist fast so wichtig wie das Gefühl, geliebt zu werden. Denken Sie an eine Zeit, in der Sie wirklich erfolgreich waren. Erleben Sie noch einmal, wie wohl Sie sich damals fühlten – Sie schwebten wie auf Wolken und glaubten, alles erreichen zu können. Stellen Sie sich vor, wie schön es wäre, dieses Gefühl öfter genießen zu können, wenn Sie es sogar willentlich hervorrufen könnten. Darum geht es in diesem Kapitel.

Wenn Sie mehr Erfolgserlebnisse haben, werden Sie glücklicher. Ohne Erfolg wird das Leben schnell zu einer unangenehmen Folge von Sorgen und Kämpfen. Anstatt auf Wolken zu schweben, haben Sie häufiger den Eindruck, Bruchlandungen zu erleben. Untersuchen wir einmal, warum.

Es gibt viele Definitionen für den Begriff „Erfolg“, aber die meisten verbinden Erfolg mit besonderen Leistungen oder Errungenschaften. Mit diesem traditionellen Maßstab ist die Menschheit gut zurechtgekommen. Das Streben nach Erfolg ist wahrscheinlich die treibende Kraft, der wir es verdanken, dass wir nicht mehr in Höhlen, sondern in Apartments leben. Wir wollen etwas erreichen und wünschen uns ein besseres Leben. Angesichts des technischen Fortschritts ist es allerdings zweifelhaft, ob Höchstleistungen immer unserem Wohlbefinden dienen.

Abhängigkeit ist eine schwer überwindbare Angewohnheit, die nicht unbedingt mit Drogen zu tun hat und auch nicht immer schädlich ist. Manche Gewohnheiten sind sogar nützlich. Man könnte sagen, wir alle seien esssüchtig, weil nur wenige dem Hunger lange widerstehen können. Trotzdem bezeichnen wir Essen nicht als Abhängigkeit, weil es für unser Überleben notwendig ist. Chemische Abhängigkeiten haben zwar ebenfalls biologische Ursachen, gelten aber nicht als wichtig für unser Überleben. Außerdem haben sie neben der körperlichen Sucht auch starke psychische Aspekte.

Das Bedürfnis, etwas zu leisten, kann die Grenze zwischen körperlicher Notwendigkeit und psychischer Abhängigkeit überschreiten. Meist hat es einen Fuß in beiden Bereichen.

Die Biologie der Erfolgssucht

Zu Beginn der menschlichen Evolution waren Höchstleistungen wichtig für unser Überleben. Die grundlegendste Leistung bestand darin, Nahrung zu finden. Wer versagte, starb. Je länger es dauerte, bis der Erfolg sich einstellte, desto höher war das Risiko zu sterben. Diese Realität erzeugte einen mächtigen physiologischen Drang nach Erfolg, entweder auf der Jagd (einer aggressiven Tätigkeit, bei der jemand Befehle erteilte) oder beim Sammeln (das sich nicht sehr vom heutigen „Shopping“ und Datensammeln unterschied). Mangel an Erfolg löste Todesangst aus.

Im Laufe der Äonen wurde dieser zwanghafte Drang und seine Verbindung mit Angst möglicherweise Teil unserer DNS, damit die Spezies überlebte. Diese biologische Konditionierung hatte zur Folge, dass wir den Erfolg brauchten, um uns sicher und behaglich zu fühlen. Erfolglosigkeit löste Angst und Unbehagen aus.

Das könnte erklären, warum wir so leicht in Katastrophenstimmung geraten, wenn wir glauben, nicht erfolgreich genug zu sein. Wenn ein Projekt oder eine Beziehung scheitert, fürchten wir schon, im Leben zu scheitern. Die Dinosaurierteile des limbischen Systems schreien: „Wir sind in Lebensgefahr!“ Warum setzt sich unser Verstand nicht gegen diese unlogischen Übertreibungen durch? Die Antwort liegt in unserer Erfolgssucht.

Wir werden ein Leben lang für Erfolge belohnt – mit positiven Verstärkungen wie Geld oder besseren Lebensbedingungen, aber auch mit limbischen Leckerbissen wie Lob, Bewunderung, höherem Ansehen und Zuneigung.

Die Folge ist, dass wir ein biologisches und psychisches Bedürfnis nach einer gewissen Zahl von (vermeintlichen) Erfolgen haben. Ohne sie löst das Gehirn Selbsterhaltungsreflexe aus. Wenn wir nicht ständig Erfolgserlebnisse haben, bombardiert uns das limbische System mit Sorgen und Ängsten, die mit der Realität nichts zu tun haben. Aus einem einzigen Missaerfolg wird bisweilen „Ich werde nie Erfolg haben“, und aus einer Zurückweisung „Mich wird nie jemand lieben“.

Diesen Dinosaurierreflex können Sie überwinden. Achten Sie einfach darauf, dass Sie genügend Erfolgserlebnisse haben. Das heißt nicht, dass Sie ein Workaholic werden und sich ständig zu Höchstleistungen antreiben sollen. Sie können vergangene Leistungen oder Meilensteine für Ihre derzeitigen Projekte nutzen. Es geht darum, sich erfolgreich zu *fühlen*. Das limbische System reagiert auf die Daten, mit denen Sie es füttern. Seine Realität sind die Gedanken, die Sie ihm senden.

Es ist leicht, sich erfolgreich zu fühlen, wenn Sie viele greifbare Leistungen vorweisen können. Schwieriger ist es, das Gefühl des Wohlbefindens auch in schlechten Zeiten beizubehalten. Dieses Kapitel hilft Ihnen, jederzeit Erfolgsgefühle wachzurufen, ohne sich totzuarbeiten oder erfolgssüchtig zu werden. Ebenso wichtig ist es, dass Sie sich in den Phasen zwischen Ihren Erfolgen wohlfühlen, vor allem dann, wenn diese Trockenzeiten länger sind als üblich.

Eine der Schwierigkeiten mit unserer modernen Umwelt besteht darin, dass viele unserer Tätigkeiten nicht sofort positive Gedanken auslösen. Wer jagt oder Nahrung sammelt, bekommt häufig positives Feedback und sehr greifbare Ergebnisse. Unsere heutigen Projekte sind zu oft so langfristig, dass wir erst nach Woche oder gar Monaten für ihre Vollendung belohnt werden. Infolgedessen kann sogar ein erfolgreiches Projekt wochenlang Angst auslösen.

Wie viele Erfolgserlebnisse brauchen Sie?

Um diesem sinnlosen Unbehagen vorzubeugen, müssen Sie wissen, wie oft Sie ein Erfolgserlebnis brauchen, um sich im Leben wohlzufühlen. Dieses Bedürfnis kann unterschiedlich stark sein, je nachdem, wie viel sonstigen Stress Sie gerade haben. Zeitdruck oder finanzielle Probleme können ebenfalls Selbsterhaltungsreflexe auslösen. Je größer die Herausforderungen sind, vor denen Sie in diesen Lebensbereichen stehen, desto häufiger brauchen Sie ein Erfolgserlebnis, um dem Gefühl des nahen Untergangs zu begegnen. Schlafmangel macht Sie noch verwundbarer.

Wenn Sie prüfen, wie oft Sie das Gefühl brauchen, erfolgreich zu sein, gibt es keine richtige oder falsche Antwort. Im Zweifel sollten Sie sich jedoch lieber nach oben verschätzen als nach unten. Es schadet nicht, sich länger wohlzufühlen. Wenn das zu selten vorkommt, könnten Sie jedoch einer Zeitbombe zum Opfer fallen: der Angst ums Überleben. Sie müssen herausfinden, an welchem Punkt das Gefühl der Erfolglosigkeit Ihr limbisches Unbehagen auslöst. Dann können Sie dem limbischen Reflex Paroli bieten, indem Sie selbst Erfolgserlebnisse auslösen, bevor die unvernünftigen Sorgen oder Depressionen sich einstellen. Nehmen Sie sich einen Augenblick Zeit, und probieren Sie diese Technik der Stimmungsaufhellung durch Erfolgserlebnisse aus:

- **Überlegen Sie, wie oft Sie ein Erfolgserlebnis brauchen, um sich glücklich und sicher zu fühlen.** (Einmal in der Woche, einmal am Tag, zweimal am Tag, stündlich usw.)
- Überlegen Sie dann, wann Sie diese Erfolgserlebnisse brauchen. (Beim Essen als eine Art Tischgebet, vor dem Arbeitstag, am Ende des Tages usw.)
- Wenden Sie den Joy Touch an, um entspannter, empfindsamer und geistig klarer zu werden.
- Denken Sie nun an etwas, was Sie als Erfolg betrachten oder worauf Sie stolz sein können. (Es kann neueren Datums oder ein vergangenes Ereignis sein.)
- **Genießen Sie das Gefühl, erfolgreich und mit sich selbst zufrieden zu sein.** (Lächeln Sie, und denken Sie an eine Zeit, als Sie glücklich und stolz auf sich waren.)
- **Loben und beglückwünschen Sie sich laut.** (Wenn Sie nicht laut sprechen können, dann sprechen Sie stumm oder schreiben Sie die Worte auf.)
- Wenden Sie zum Schluss erneut den Joy Touch an, um das Gefühl des Erfolges festzuhalten.

Diese kurze Einführungsübung zeigt Ihnen, wie Sie Ihr Erfolgsgefühl selbst steuern können. Wichtig ist, dass Sie sich oft genug erfolgreich fühlen. Es geht nicht um bestimmte Leistungen, denn es dürfte Ihnen nicht immer gelingen, den Zeitpunkt einer Leistung zu bestimmen. Aber das Gefühl, etwas geleistet zu haben, können Sie jederzeit hervorrufen.

Denken Sie auch daran, was Sie im letzten Kapitel gelernt haben: Sie können sich immer für Ihre Bemühungen, Ihre Ausdauer oder Ihre Initiative loben, nicht nur für Ihre Ergebnisse.

Denken Sie auch während Ihrer Projekte positiv, nicht nur dann, wenn Sie am Ziel sind. Ziele, Ergebnisse und gute Leistungen sind wichtig, aber sie sind nur ein kleiner Teil des Prozesses. Wenn Sie sich nur darauf konzentrieren, werden Sie wirklich erfolgssüchtig.

Wahrer Erfolg besteht darin, Ihr Denken im Griff zu haben und Ihr Glück selbst zu schmieden. Sie sollten Ziele im Leben haben, aber die

Ziele dürfen nicht Sie haben. Sie finden immer etwas, worauf Sie stolz sein können. Schon die Tatsache, dass Sie leben und nicht aufgeben, ist ein Grund zum Feiern. Das Streben nach Wissen, Freude und echter Selbstachtung kann sehr erfüllend sein. Wenn Sie nur nach Erfolgen gieren, sind Sie letztlich ein Sklave. Ihr Wert und Ihr Glück hängen nicht von Dingen ab. Befreien Sie Ihre Seele, anstatt sie auf der Tretmühle der Arbeit zu zermürben. Dann sind Sie frei und können Ihren Einsatz und Ihr Streben genießen.

Verstehen Sie mich nicht falsch. Ich bin immer ein Leistungstyp gewesen. Ich habe Ziele und freue mich über Erfolge. Aber ich versuche, aus meinem Leben eher eine Suche als eine Prüfung zu machen. Ich habe gelernt, wie ich mich erfolgreich *fühlen* kann, und diese Techniken machen mich unabhängig von äußeren Ereignissen. Auch Sie können diese Freiheit erlangen.

Zuerst müssen Sie wissen, welche Erfolge eine gewisse Mühe rechtfertigen und an welchen Ihnen wirklich etwas liegt. Sie fühlen sich nicht erfolgreich, wenn Sie einem Ziel nachjagen, das Ihnen nichts bedeutet. Mit der folgenden einfachen Übung können Sie herausfinden, was bei Ihnen echte Erfolgserlebnisse auslöst.

Werteanalyse

Sie haben hundert Energiepunkte, die Sie an der Wertebörse investieren können. Sie können diese Punkte nach Belieben verteilen, dürfen aber nicht mehr als hundert Punkte ausgeben. Außerdem dürfen Sie nur die folgenden Teilbeträge anlegen:

50 = Mit diesem Betrag bekommen Sie alles, was Sie sich je von dieser Qualität oder Leistung wünschen könnten.

20 = Wenn Sie zwanzig Punkte investieren, erhalten Sie garantiert eine Menge von dieser Qualität oder Leistung.

10 = Sie haben eine Chance, diese Qualität oder Leistung mühelos zu erlangen.

5 = Sie haben eine Chance, diese Qualität oder Leistung mit einiger Anstrengung zu erlangen.

0 = Mit null Punkten haben Sie natürlich keine Chance, diese Qualität oder Leistung zu erlangen.

Sie können Qualitäten oder Leistungen hinzufügen, wenn etwas fehlt, woran Ihnen viel liegt. In diesem Fall streichen Sie einen anderen Vorschlag. Geben Sie nicht mehr als 100 Punkte aus, und investieren Sie jeweils nur 5, 10, 20 oder 50 Punkte. Sagen Sie nicht: „Dafür brauche ich keine Punkte auszugeben, weil ich es schon habe". Wenn Sie beispielsweise keine Punkte für Ausbildung investieren, bedeutet das, dass Ihre derzeitige Ausbildung Ihnen nicht gefällt. Das Gleiche gilt für Gesundheit, Familie und so weiter.

Reichtum	spirituelle Entwicklung
Gesundheit	der Menschheit helfen
langes Leben	Kreativität
Liebe	Freiheit
Familie	Ruhe
Freunde	Herausforderungen
Aussehen/Schönheit	Ausbildung
Ruhm	Zufriedenheit mit der Arbeit
Reisen	Ansehen im Beruf
körperliche Fähigkeiten	Autorität

Das ist eine interessante Übung, weil sie Ihnen zeigt, woran Ihnen wirklich etwas liegt. Das sind die Lebensbereiche, an denen Sie Ihren Erfolg messen sollten. Warum setzen Sie sich unter Druck und lösen Angstreflexe aus, um etwas zu erreichen, was Sie gar nicht interessiert? Wir fallen oft der gesellschaftlichen Konditionierung zum Opfer und machen uns unnötigerweise selbst unglücklich.

Nur sehr wenige Menschen investieren beispielsweise 50 Punkte in Reichtum. Andererseits haben die meisten unserer Selbstwert- und Erfolgsgefühle mit den Finanzen zu tun. Selbst wenn Sie dem Reichtum 20 Energiepunkte zugestanden haben, ist das nur ein Fünftel der Gesamtsumme. Darum sollte das Geld ebenfalls nur ein Fünftel Ihrer Erfolgsgefühle ausmachen. Betrachten Sie nun die anderen Bereiche, auf die Sie gesetzt haben, zum Beispiel Familie, Freunde, spirituelle Entwicklung, Kreativität und so weiter. Diese Bereiche sollten Sie nutzen, um Ihr Selbstwertgefühl zu steigern.

Das Gefühl, erfolgreich zu sein, ist zu 90 Prozent ein psychischer Zustand. Sie können die Techniken im vorigen Kapitel und die Ergebnisse der obigen Werteanalyse verwenden, um sich jederzeit erfolgreich zu fühlen. Freuen Sie sich über Ihre Kreativität. Freuen Sie sich darüber, dass Sie ein guter Freund sind. Seien Sie stolz auf Ihre spirituellen Fortschritte und auf Ihr Wissen. Denken Sie auch daran, sich für Ihre Mühe, Ihre Initiative, Ihren Mut und Ihre Ausdauer in diesen Bereichen zu loben. Versuchen Sie es einmal:

- **Wenden Sie den Joy Touch an, um Angst oder Ungewissheit zu überwinden.**
- **Wählen Sie einen Bereich aus, dem Sie 10 oder mehr Punkte gegeben haben, der aber in der Regel nicht mit Erfolg assoziiert wird.** (Also etwas anderes als Reichtum, Autorität oder beruflichen Erfolg usw.)
- **Loben Sie sich für Ihre Erfolge in diesem Bereich.** (Sprechen Sie die Anerkennung laut aus, schreiben Sie die Worte auf, oder spüren Sie sie wenigstens tief innen.)
- **Wählen Sie auch eine Fähigkeit aus, die Sie an sich selbst schätzen.** (Zum Beispiel Mut, Initiative, Entschlossenheit, Teamwork, Mitgefühl, Gelehrsamkeit, Ausdauer usw.)
- **Freuen Sie sich über den inneren Erfolg, den Sie in diesem Bereich hatten.** (Wichtig sind nicht nur die Ergebnisse, sondern auch Ihre Bemühungen.)
- **Wenden Sie zum Schluss den Joy Touch an, um dieses Gefühl des Selbstwertes und des Erfolges festzuhalten.**

Die Falle des Verlangens

In der westlichen Welt stehen wir oft vor einem Dilemma. Nach den üblichen beruflichen und privaten Maßstäben müssen wir alles haben. „Verlange mehr, bekomme mehr, kämpfe mehr!" lautet der Schlachtruf. Andererseits scheint unsere Religion materiellen Überfluss und das Streben danach zu verdammen.

Die Bibel der Christen sagt: „Der Mammon ist die Wurzel allen Übels" und „Es ist leichter für ein Kamel, durch ein Nadelöhr zu gehen, als für einen Reichen, ins Himmelreich zu kommen." Auch die östlichen Religionen bieten keinen Ausweg aus dem Konflikt. Eine der Vier edlen Wahrheiten des Buddhismus lautet: „Verlangen ist die Ursache allen Leidens." Verlangen heißt, etwas haben wollen – Dinge, Erfolge und so weiter. Beide Religionen betonen, dass wir mit negativen Folgen rechnen müssen, wenn wir nur nach dem Materiellen streben.

Aber es gibt eine Lösung dieses Dilemmas. Sie ist ein weiterer Schlüssel für den Erfolg ohne Erfolgssucht. Das Geheimnis besteht darin, sich auf den richtigen Bestandteil Ihres Wunsches zu konzentrieren. Alle Wünsche haben zwei Komponenten. Die Erste finden Sie, wenn Sie fragen: „Was will ich haben?" Die Antwort enthüllt, was Sie süchtig macht.

Denken Sie einen Augenblick darüber nach, was Sie über Sucht wissen. Nehmen Süchtige im Laufe der Zeit immer die gleiche Dosis der Droge? Natürlich nicht. Sie brauchen immer mehr davon. Das Gleiche gilt für den „Drogenteil" Ihrer Wünsche. Sie brauchen immer mehr Geld, Kleider, Immobilien, Status oder Macht, um das gleiche Erfolgserlebnis zu haben. Manchmal bedeutet „mehr", dass Sie immer mehr Zeit für Ihre Arbeit aufwenden, manchmal bedeutet es, dass Sie immer mehr leisten wollen. In beiden Fällen leiden Sie, bis Sie dieses „mehr" bekommen. Andernfalls fühlen Sie sich als Versager, und das löst Angst ums Überleben aus.

Die Lösung besteht darin, sich auf den *Grund* Ihrer Wünsche zu konzentrieren. Sie können nicht alles bekommen, was Sie haben wollen, aber Sie können immer am Warum arbeiten. Hier sind einige Beispiele.

Als mein erstes Buch herauskam, wollte ich die Medien darauf aufmerksam machen und hatte großen Erfolg dabei. Ich arbeitete mit der PR-Abteilung des Verlages zusammen (man gab mir dort sogar ein Büro mit Telefon) und vereinbarte über fünfzig Interviews für den Rundfunk, das Fernsehen und die Presse. Da ich täglich im Büro war, fiel mir ein Schriftstück in die Hände, das nicht für meine Augen bestimmt war. Es stammte von einer New Yorker Fernsehshow, in der ich gerne aufgetreten wäre. Der Verlag hatte den Verantwortlichen angeboten, in der Show über mein Buch und ein anderes, gleichzeitig erschienenes Werk zu diskutieren. Die Journalisten hatten verlangt, nur über ein Buch zu sprechen, und die Wahl dem Verlag überlassen.

Der Verlag entschied sich für das andere Buch, weil ich für mein Buch schon so viel Publicity erhalten hatte. Ich war schwer enttäuscht. Ich hatte mir immer gewünscht, Gast in dieser Show zu sein. Ich wünschte es mir mit jeder Faser meines Herzens. Nun war ich derart entmutigt, dass ich am liebsten alle meine Bemühungen aufgegeben hätte. Ich musste etwas tun, um meine Enttäuschung zu überwinden;

andernfalls würde ich meine eigene Werbung für das Buch untergraben. Also fragte ich nach meinem „Warum“.

Die Show war meine Droge. Ich war süchtig danach, in ihr aufzutreten. Als ich herausfand, *warum* ich dieses Verlangen hatte, war ich erleichtert und konnte weiterarbeiten. Ich wollte die Menschen auf das Anliegen des Buches aufmerksam machen. Sofort wurde mir klar, dass ich die Menschen immer erreichen konnte, unabhängig davon, ob diese Show mich einlud oder nicht. Ich beschloss, mich auf die Freude zu konzentrieren, die ich empfand, wenn ich Menschen auf den vielen Wegen ansprechen konnte, die mir zur Verfügung standen.

Genau das tat ich, als ich im Zug von New York zum Haus meiner Schwiegereltern auf Long Island fuhr. Ich holte ein Exemplar meines Buches aus der Tasche und legte es auf den Sitz neben mir. Die Folge waren mehrere gute Gespräche mit anderen Pendlern und sogar ein weiteres Interview. Einer der Fahrgäste war nämlich der Produzent eines Satellitennetzwerks von Rundfunkprogrammen. Meine Stimmung besserte sich, als ich erkannte, dass ich Menschen unter fast allen Umständen ansprechen konnte. Meine kreativen Methoden verschafften mir noch mehr Publicity. Mein größter Wunsch hatte sich zwar nicht erfüllt, aber ich konnte auf jeden Fall das Verlangen stillen, das ihn ausgelöst hatte.

Ein anderes häufiges Beispiel ist der Wunsch nach Geld. Wenn Sie herausfinden, warum Sie sich Geld wünschen, sind Sie erleichtert, selbst wenn Sie es nicht bekommen. Manchmal wollen Sie mehr Geld haben, um mehr tun zu können, weniger eingeschränkt zu sein oder sich freier zu fühlen. Seien Sie in solchen Fällen kreativ. Wie können Sie sparen und dennoch freier sein oder das tun, was Sie tun wollen?

Angenommen, Sie wünschen sich mehr Geld, um Urlaub auf den Bahamas zu machen. Vielleicht träumen Sie von einem exotischen, warmen Land und vom Meer. Konzentrieren Sie sich darauf, sich der Erfüllung dieser Wünsche zu nähern. Nehmen Sie sich frei, und sei es nur am Wochenende. Gehen Sie hinaus in die Sonne oder ans Wasser (an einen See, wenn das Meer zu weit entfernt ist). Suchen Sie nach kreativen Wegen, sich eine Pause zu gönnen und etwas Besonderes zu unternehmen. Je genauer Sie die Gründe für Ihre Wünsche kennen, desto leichter können Sie sich von den Fesseln des Verlangens befreien. Dann schränken Sie Ihr Glück weniger ein.

Diese Methode gleicht in mancher Hinsicht dem einfühlsamen Nachdenken, das Ihnen die Tröstende Verbindung aufzeigt (siehe Kapitel 2). Sie stoßen zum Kern des Problems vor und befassen sich dann mit ihm. Mit diesem Wissen verhindern Sie, dass übersteigerte limbische Reflexe Sie unglücklich machen. Nehmen Sie sich ein wenig Zeit, und üben Sie diese Technik.

- **Wenden Sie den Joy Touch an, um ruhig und entspannt zu beginnen.**
- **Denken Sie an einen Wunsch, den Sie derzeit nicht erfüllen können.**
- **Trennen Sie das „Was?" vom „Warum?".** (Finden Sie den Grund für Ihr Verlangen heraus.)
- **Überlegen Sie, wie Sie erreichen können, was Sie wirklich wollen.** (Arbeiten Sie zumindest auf dieses Ziel hin.)
- **Freuen Sie sich über das, was Sie tun können.** (Loben Sie sich für Ihre guten Ideen.)
- **Wenden Sie zum Schluss den Joy Touch an, um Ihre Einsichten und Ihr Wohlgefühl zu speichern.**

Die vorangegangenen Abschnitte wollen Ihnen helfen, sich unabhängig von äußeren Dingen oder Erfolgen wohlzufühlen. Vielleicht haben Sie nicht die Chance, unabhängig und reich zu werden; aber Sie können lernen, *unabhängig und würdevoll zu leben.* Denken Sie daran, wie viel Freiheit Sie genießen, wenn Ihr Gefühl, erfolgreich zu sein, nicht mehr von bestimmten äußeren Erfolgen abhängt. Sie werden sich wohler fühlen und zufriedener sein.

Die Menschen leiden schon viel zu lange unnötig. Es gibt genügend echte Herausforderungen im Leben, die unsere volle Aufmerksamkeit verlangen. Deshalb sollten wir nebensächliche Unvollkommenheiten nicht zu Krisen aufbauschen. Das limbische System kennt den Unterschied nicht. Aber Sie kennen ihn. Sie spüren die zunehmende Unruhe und können herausfinden, ob das Problem wirklich Ihr Leben bedroht oder ob Sie nur enttäuscht sind. Lassen Sie nicht zu, dass Enttäuschungen zu Schlaglöchern auf Ihrem Weg zum Glück werden. Nutzen Sie die Techniken, die Sie gelernt haben, um Ihren Gemütszustand selbst zu bestimmen.

Diese Techniken helfen Ihnen immer, sich wohler zu fühlen; denn sie bauen Stress und Angst ab. Damit ist die Schlacht schon halb gewonnen. Wenn Sie wirklich einmal ums Überleben kämpfen müssen, brauchen Sie zusätzliche Strategien. Einige davon wollen wir uns näher ansehen.

Finanzieller Druck

Angst ums Überleben und das Gefühl, keinen Erfolg zu haben, sind oft auf echten finanziellen Druck zurückzuführen. Unter diesen Umständen genügen die bisher besprochenen Techniken nicht immer. Sie müssen die greifbaren finanziellen Probleme anpacken. Aber auch dann ist es wichtig zu verhindern, dass der Überlebensreflex Ihr Denken vollständig beherrscht. Alles, was den Kreislauf der Panik durchbricht, ist hilfreich.

Selbständige können den Druck lindern, indem sie ein wenig rechnen. Das tat auch einer meiner Seminarteilnehmer. Tom ist selbständiger Klavierstimmer. Als sein zweites Kind geboren wurde, machte er sich Sorgen. Reichte sein Einkommen aus, um die größere Familie zu ernähren? Seine Angst nahm auch deshalb zu, weil die Zahl seiner Aufträge schrumpfte, und weil ihn das nervös machte, fiel es ihm schwer, neue Kunden zu gewinnen.

Ich befand mich in einer ähnlichen Lage, nachdem mein zweites Kind geboren worden war. (Männer besitzen wohl ein Gen, das aktiv wird, wenn ein zweites Kind auf die Welt kommt. Dann fühlen wir uns anscheinend für die ganze Welt finanziell verantwortlich.) Deshalb konnte ich Tom berichten, was mir geholfen hatte.

Ich riet ihm, seine Ersparnisse zu überprüfen und zu überlegen: Wie lange komme ich ohne Einkommen aus? Wie lange komme ich mit der Hälfte meines bisherigen Einkommens zurecht? Tom stellte fest, dass er dank seiner Rücklagen drei Monate ganz ohne Einkommen durchhalten würde. Es war aber noch nie vorgekommen, dass sich einen Monat lang kein einziger neuer Kunde bei ihm gemeldet hatte, geschweige denn drei Monate. Und er wäre selbst mit der Hälfte seines normalen Einkommens ein halbes Jahr über die Runden gekommen. Erst dann wäre es kritisch geworden. Innerhalb dieses Zeitraumes konnte er jedoch mit Sicherheit eine andere Arbeit finden oder sein Einkommen auf andere Weise erhöhen. Diese Erkenntnis befreite ihn von dem Druck.

Tom stand vor einer finanziellen Herausforderung, aber jetzt konnte er sich dem Problem mit klarem Kopf stellen. Prompt leistete er wieder mehr und entdeckte neue Möglichkeiten der Kundenwerbung. Außerdem konnte er die gemeinsame Zeit mit der Familie während der vorübergehenden Flaute jetzt besser genießen. Anstatt sich ständig

Sorgen zu machen, spielte er fröhlich mit den Kindern und war öfter zu Hause.

Die gleiche Technik können Sie auch anwenden, wenn Ihnen eine Kündigung droht. Wenn Sie keine Ersparnisse haben, überlegen Sie, wie lange Sie mit dem Arbeitslosengeld auskommen würden und ob Sie ein Darlehen aufnehmen könnten. Wichtig ist, dass Sie den Druck zumindest verringern, selbst wenn Sie diese Möglichkeiten nicht nutzen (vielleicht werden Sie gar nicht entlassen, oder Sie möchten keine Schulden machen). Finden Sie einen Weg, das Gefühl einer bevorstehenden Katastrophe zu lindern. Angst führt meist zu hastigen und unklugen Entscheidungen. Nutzen Sie Ihren Verstand, um zu verhindern, dass das limbische Tier Ihr Leben bestimmt. Und vergessen Sie nicht, sich über das zu freuen, was Sie haben.

Wünsche und Bedürfnisse

Wenn Sie mehr Erfolgserlebnisse haben wollen, müssen Sie den Unterschied zwischen Wünschen und Bedürfnissen kennen. Wir verwechseln unsere Wünsche oft mit Bedürfnisse, die dem Überleben dienen, vor allem dann, wenn wir knapp bei Kasse sind. Dann haben wir vielleicht den Eindruck, nur mit Mühe überleben zu können, obwohl wir ganz gut zurechtkommen. Wir haben uns nur zu viele Wünsche erfüllt und infolgedessen unsere Rücklagen verbraucht.

Nehmen wir Ihre Wohnung als Beispiel. Wahrscheinlich zahlen Sie dafür mehr als nötig. Sie könnten auch in einer kleineren oder anderen Wohnung leben und dafür weniger Miete zahlen. Dann stünde Ihnen mehr Geld zur Verfügung. Ihr Grundbedürfnis ist eine schützende Unterkunft. Alles, was darüber hinausgeht, ist eine Investition in Ihre Wünsche. Anstatt über die hohe Miete oder den hohen Darlehenszins zu klagen, sollten Sie Ihre Wohnung als Wunscherfüllung betrachten. Seien Sie froh darüber, dass Sie sich dieses Geschenk machen können.

Das Gleiche gilt für Fernsehgeräte, Autos, Telefone, Filme und Restaurantbesuche. Sie dienen nur der Befriedigung von Wünschen, nicht von Bedürfnissen. Wenn Ihnen das nicht klar ist, fürchten Sie womöglich um Ihr Überleben. Sie werden nervös, wenn Sie ständig daran denken, was Sie alles nicht haben, anstatt froh über das zu sein, was Sie haben.

Denken Sie daran, dass Sie Ihre Gefühle mit Gedanken steuern. Wenn Sie an Mangel denken, lösen Sie immer wieder die limbischen Überlebensreflexe aus und fühlen sich unwohl. Sie können viel glücklicher sein, wenn Sie sich auf das Gute in Ihrem Leben konzentrieren. Anstatt zu bedauern, dass Sie nicht zweimal in der Woche im Restaurant essen können, sollten Sie sich verwöhnen, wann immer es möglich ist. Anstatt sich zu ärgern, weil Sie sich einen Wunsch nicht oder nicht sofort erfüllen können, sollten Sie dankbar für alles sein, was Sie schon haben.

Meine Weltreisen als Marineoffizier erinnerten mich daran, wie gut es uns geht. Wann immer ich einen Supermarkt betrete, fühle ich mich unglaublich reich. Von den vielen Nahrungsmitteln, die uns zur Verfügung stehen, können viele Menschen auf der Welt nur träumen. Zwei meiner Lehrer (beide sind Ingenieure), die aus der Sowjetunion ausgewandert sind, erzählten mir, dass sie in ihrer Heimat im Winter einen Tag lang für eine Orange und eine Woche lang für ein Pfund Kaffee arbeiten mussten. Und einige ihrer Freunde wurden verhaftet, nur weil sie Yoga unterrichtet hatten.

Wir im Westen genießen zudem eine fast vollständige Informationsfreiheit. Wir können in eine Buchhandlung gehen und beinahe jedes Thema erforschen, das uns interessiert. Die Benachteiligung der Frau ist ungerecht, aber in vielen anderen Ländern geht es den Frauen sehr viel schlechter.

Ich behaupte nicht, keine Wünsche zu haben. Es ist nichts falsch daran, sich ein besseres Leben zu wünschen und dafür zu arbeiten. Denken Sie aber bei jedem Wunsch auch an das, was Sie schon besitzen. Sonst haben Sie das Gefühl, eine endlose Treppe hinaufzusteigen. Werfen Sie einen Blick nach unten, damit Sie sehen, wie weit Sie bereits gekommen sind. Es gibt immer einen Grund dankbar zu sein – und nur dann fühlen wir uns erfolgreich und glücklich. Nehmen Sie sich einen Moment Zeit, um über das Positive in Ihrem Leben nachzudenken.

- **Wenden Sie den Joy Touch an, um entspannt und einfühlsam zu beginnen.**
- **Denken Sie an die Dinge, mit denen Sie gesegnet sind.** (Wofür können Sie dankbar sein?)
- **Freuen Sie sich über Ihre Freiheit und Ihr Glück.** (Seien Sie dankbar für das, was Sie haben.)

- **Wenden Sie den Joy Touch an, um dieses Gefühl der Dankbarkeit und des Glücks festzuhalten.**

Wir sind in mancher Hinsicht gesegnet. Nehmen wir nun dieses Gefühl mit an den Ort, wo viele Erfolgserlebnisse zustande kommen: an den Arbeitsplatz. Wir arbeiten etwa acht Stunden am Tag, und wenn dieses Drittel unseres Tages angenehm verläuft, fühlen wir uns erfolgreich. Alles, was Sie tun, um Ihren Arbeitsplatz angenehmer zu machen, hilft Ihnen auch, glücklicher zu sein.

Bei der Arbeit glücklich sein

Einerlei, ob Sie in einem Büro, zu Hause oder anderswo arbeiten, nehmen Sie sich ein wenig Zeit für die folgende einfache Übung. Wenn Sie sich einen neuen Chef aussuchen könnten, welche Eigenschaften müsste er haben? Schreiben Sie seine Vorzüge auf. Soll er geduldig sein und gut zuhören können? Was macht einen Menschen zu einem „guten Chef“? Schreiben Sie nun die Eigenschaften auf, die Ihr Chef nicht haben sollte. Was würde ihn zu einem unsympathischen Chef machen?

Die meisten Menschen nennen Vorzüge, die man in zwei Gruppen einteilen kann: Fähigkeiten (gut im Organisieren, effizient, kommunikativ usw.) und Charaktereigenschaften (einfühlsam, geduldig, guter Zuhörer usw.). Auf der Negativliste stehen meist Eigenschaften, die uns Unbehagen einflößen (zu kritisch, vorschnell im Urteil, ungeduldig usw.). Hier ist eine beispielhafte Liste, die von den Teilnehmern eines meiner Workshops (zum Thema „Leben und Beruf meistern“) zusammengestellt wurde:

Vorzüge eines „guten Chefs“

Positive Eigenschaften	Positive Fähigkeiten
Geduldig	Dynamisch
Hilfsbereit	Entschlossen
Mitfühlend	Effizient
Guter Zuhörer	Guter Organisator
Mentor	Erreicht Ziele
Gerecht	Kommunikativ

Vorzüge eines „schlechten Chefs“

Überkritisch
Ungeduldig
Diktatorisch
Verschlossen
Hackt auf Fehlern herum
Greift an, untergräbt

Es war bestimmt einfach, Ihre Liste zu erstellen. Aber jetzt wird es schwieriger. Beurteilen Sie ehrlich, welche Art Chef Sie für sich selbst sind. Behandeln Sie sich meist wie ein schlechter oder wie ein guter Chef? Neigen Sie zu übertriebener Kritik, und sind Sie ungeduldig mit sich selbst? Hacken Sie auf Ihren Schwächen herum, anstatt hilfsbereit zu sein und sich selbst gut zuzuhören?

Einerlei, ob Sie Hausfrau oder Freiberufler sind und ob Sie ein Gehalt bekommen oder sich selbst bezahlen, Sie sind der Chef Ihres Lebens und der Herr Ihres Wachstums. Sie managen Ihr eigenes Leben. Darum sollten Sie in jeder Minute Ihres Tages zuerst und vor allem für sich selbst arbeiten. Was für ein Chef Sie für sich selbst sind, wirkt sich auf jede Minute Ihres Alltags aus.

Mit der Inneren Technik können Sie lernen, Ihre Leistung und Ihre Lebensqualität mental zu verbessern. Was für ein Chef Sie für sich selbst sind, entscheidet über die Grundbedingungen, unter denen Sie jede Minute arbeiten. Wie können Sie Ihr Bestes geben, wenn Sie ständig Ärger mit einem aggressiven und überkritischen inneren Chef haben? Selbst wenn Sie in einer negativen inneren Umwelt leistungsfähig bleiben, sollten Sie diese Art Missbrauch nicht hinnehmen. Sie können nicht immer bestimmen, wie andere Sie behandeln, aber Sie können immer entscheiden, wie Sie mit sich selbst umgehen!

Sogar fürsorgliche und erfolgreiche Manager sind oft böse Chefs gegenüber sich selbst. Wenn Sie nicht so ordentlich, entschlossen und effizient sind, wie Sie es gerne wären, sind Sie dann überkritisch und hacken auf Ihren Fehlern herum? Setzen Sie sich herab, wenn Sie Ihre Ziele nicht erreichen, anstatt positiv zu denken? Neigen Sie dazu, verschlossen oder diktatorisch zu sich selbst zu sein („Ich kann es einfach nicht“ oder „So und nicht anders muss es sein“)?

Sie können dieses Verhaltensmuster ändern. Es genügt, wenn Sie herausfinden, welche Tugenden ein Chef Ihrer Meinung nach haben soll, und sich diese Qualitäten dann zulegen. Wenn Sie zu kritisch sind, beschließen Sie, ein besserer Chef zu sein und sich selbst zu ermutigen. Seien Sie Ihr eigener Mentor, wenn Sie ein Problem haben. Denken Sie: „Was würde mir in dieser Situation helfen?“ Besorgen Sie sich dann, was Sie brauchen.

Finden Sie sich nicht länger mit einem Tyrannen in Ihrem inneren Büro ab. Mit dieser einfachen Methode können Sie sowohl Ihre Leistung als auch Ihre Lebensqualität erheblich verbessern. Wir alle arbeiten und fühlen uns besser, wenn wir unterstützt, ermutigt und getröstet werden. Was diese lebenswichtigen Nährstoffe anbelangt, sind Sie nicht auf andere angewiesen! Sie brauchen sich nicht auf Ihren Ehepartner oder auf Vorgesetzte zu verlassen – wer weiß, ob sie in der Lage sind oder Lust haben, Sie aufzubauen.

Beschließen Sie, jeden Tag ein guter Chef zu sein. Das ist der erste Schritt zur völligen Freiheit. Dann arbeiten Sie wirklich und jederzeit für sich selbst. Diese Innere Technik öffnet das Tor zum Erfolg und zum Glück – zu Ihrem vollen Potenzial.

Drei Jobs, ein Lohn

Es ist kein Wunder, dass wir uns oft wie ein schlechter Chef behandeln, denn in der heutigen Zeit sind wir alle überarbeitet. Die meisten Menschen haben mindestens zwei Jobs: den Beruf und die Beziehung. Und wer Kinder hat, übt im Grunde drei oder mehr Jobs aus.

Wenn Ihnen nicht klar ist, dass Sie mehrere Jobs haben, fühlen Sie sich bald überarbeitet. Da Sie mit Ihrem Partner und mit den Kindern zu Hause oder in einem vermeintlich „privaten“ Umfeld zu tun haben, glauben Sie vielleicht nicht, dass Sie dort unter einem ähnlichem Druck stehen wie am Arbeitsplatz. Aber Beziehungen können einen Stress auslösen, der den beruflichen Stress vergleichsweise harmlos erscheinen lässt. Das zeigt das folgende Beispiel.

Angenommen, Sie müssen jeden Tag sofort nach dem Aufstehen mit Ihrer Arbeit beginnen. Sie tragen eine hohe Verantwortung, haben zu wenig Pause und keinen Urlaub. Ihr Schlaf wird häufig unterbrochen, und Sie haben ständig mit Problemen und Notfällen zu kämpfen. Sie werden unablässig herausgefordert und kritisiert, und Ihre Arbeit wird kaum anerkannt. Man verlangt von Ihnen, Vorgesetzter, Lehrer, Richter, Polizist, Arzt, Therapeut und Mentor zu sein und jeweils in Sekundenschnelle in die richtige Rolle zu schlüpfen. Außerdem müssen Sie Ihren Beruf, wenn Sie ihn einmal begonnen haben, mindestens achtzehn Jahre lang ausüben (oft noch länger). Und obendrein bekommen Sie keinen Lohn dafür. Selbst Charles Dickens konnte sich solche anstrengenden, ungerechten Bedingungen nicht vorstellen. Aber wenn Sie Kinder haben, sind diese Bedingungen für Sie alltäglich.

Ich habe mich oft gefragt, ob Gott den Sex so aufregend gemacht hat, um uns einen Job schmackhaft zu machen, für den wir uns sonst niemals bewerben würden. Spaß beiseite, Kinder bedeuten Arbeit. Sie machen uns viel Freude und geben uns die optimale Gelegenheit, zu lieben und geliebt zu werden. Aber sie bedeuten mit Sicherheit Arbeit.

Stress wird oft als Druck definiert, dem wir nicht ausweichen können. Viele Menschen müssen sich jeden Morgen mit einem Stress herumschlagen, der dem eines Verkehrspolizisten oder Warenterminhändlers gleicht. Denn sie müssen ja dafür sorgen, dass ihre Kinder rechtzeitig das Haus verlassen.

Beziehungen sind ebenso anstrengend. Einerlei, ob Sie ledig oder verheiratet sind, Sie wollen gut mit jemandem auskommen, der Ihnen sehr viel näher steht als ein Kollege oder Kunde. Zurückweisungen oder Trennungen beruflicher Art sind entmutigend. Aber in einer zwischenmenschlichen Beziehung können sie niederschmetternd sein. Unzufriedenheit mit Ihrer Leistung ist eine Sache, aber wenn *Sie* sich abgelehnt fühlen, ist der Stress erheblich größer.

Da wir Beziehungen und Kinder nicht als Arbeit betrachten, übernehmen wir die gesamte Verantwortung, die sie mit sich bringen, ohne die Freizeit, den Lohn und die Vergünstigungen zu verlangen, die wir am Arbeitsplatz für selbstverständlich halten. Wir verzichten zudem auf Stress reduzierende Maßnahmen, die Voraussetzung dafür sind, dass wir im Beruf Höchstleistungen erbringen.

Der Stress des Lebens hat sich verschlimmert, weil die Geschlechterrollen in den letzten zwanzig Jahren unklar geworden sind. Immer mehr Frauen sind berufstätig, und immer mehr Männer machen die Hausarbeit und kümmern sich um die Kinder. Es ist ein positiver Schritt, Chancen und Verantwortung zu teilen; aber er verdoppelt die Belastung, anstatt sie zu teilen. Wir muten jedem Geschlecht zusätzlichen Druck zu, ohne den ursprünglichen zu lindern.

Selbst wenn der Ehemann zu Hause hilft, fühlen sich viele Frauen für das Haus und die Kinder verantwortlich. Wenn die Kinder einer berufstätigen Mutter Probleme haben, wirft man ihr vor, sie zu vernachlässigen, und oft macht sie sich auch noch selbst Vorwürfe. Sie muss also den Stress ihres Berufs ertragen, ohne dass ihr jemand die Last der Verantwortung als Mutter abnimmt.

Männer stehen vor einem ähnlichen Dilemma. Selbst wenn ihre Frau arbeitet, fühlen sie sich für die Familie finanziell verantwortlich. Wenn das Geld nicht reicht, fühlt der Mann sich oft als Versager. Zu diesem finanziellen Druck kommen nun Pflichten im Haushalt und bei der Erziehung der Kinder hinzu.

Wären die Geschlechterrollen eindeutiger, hätten es beide Geschlechter einfacher. Das moderne System ist war gerechter, aber es hat den Nachteil, dass unser Leben dadurch viel komplexer wird. Die alten Wege zum Erfolg und zum Glück sind versperrt. Wir brauchen neue Methoden, um dem Druck der modernen Gesellschaft und ihrer Erwartungen standzuhalten. Für das Leben im 21. Jahrhundert brauchen wir ganz neue Fähigkeiten.

Hier können der Joy Touch und die Werteanalyse helfen. Jetzt können Sie während Ihres Arbeitstages regelmäßig Ihr Glückszentrum stimulieren. Sie können Ihr Selbstbewusstsein steigern, wenn Sie einen Erfolg brauchen, um der existenziellen Angst vorzubeugen. Selbst während der Arbeit können Sie in Kontakt mit den Werten bleiben, die Ihnen wirklich etwas bedeuten.

Nehmen Sie sich eine Weile Zeit, und versuchen Sie, alle diese Aspekte in der folgenden kurzen Übung zusammenzufassen:

- **Wenden Sie den Joy Touch an, um ruhig und mit klarem Kopf zu beginnen.**
- **Denken Sie an Ihre Arbeit und an einen bestimmten Stress oder ein bestimmtes Problem.** (Kommen Sie mit einem Projekt nicht voran? Haben Sie Ärger mit Kollegen? Wird Ihre Leistung nicht anerkannt?)
- **Fragen Sie: Bin ich für mich ein schlechter Chef?** (Sind Sie überkritisch, ein Antreiber, zu ungeduldig usw.?)
- **Welche Züge eines guten Chefs würden Ihnen helfen?** (Wäre es hilfreich, wenn Sie Ihr eigener Mentor wären oder mehr Geduld mit sich selbst hätten?)
- **Wenden Sie den Joy Touch an, und visualisieren Sie sich selbst mit diesen Tugenden.** (Sprechen Sie von diesem Standpunkt aus

mit sich selbst, oder spüren Sie, dass die betreffende Tugend Sie umgibt.)

- **Überlegen Sie, wie Sie die Züge eines guten Chefs mit einem bedeutsamen Wert oder mit dem eigentlichen Grund eines großen Wunsches verbinden können.** (Beispiel: Tugend = Mentor sein, Wert = Bildung, „Warum" = um meinen Kunden/Freunden das Beste zu bieten. Was können Sie lernen, um nächstes Mal jedem Beteiligten helfen zu können, so dass alle erfolgreicher sind?
- Wenden Sie den Joy Touch an, um das Gelernte dauerhaft in sich aufzunehmen und zu automatisieren.

Die Fertigkeiten, die Sie in diesem Kapitel bisher gelernt haben, sind Werkzeuge, die Sie von der Leistungssucht befreien. Jede Einzelne gibt Ihnen verschiedene Techniken in die Hand, mit denen Sie alte Verhaltensmuster überwinden können, die einen unnötigen Kampf ums Überleben auslösen. Miteinander verbunden ergeben sie eine dynamische Methode, die Ihnen die Freiheit schenkt, Ihre Arbeit zu genießen, anstatt sich von ihr beherrschen zu lassen.

Spielen, nicht arbeiten!

Wie können Sie erfolgreich sein, wenn Sie bei der Arbeit unglücklich sind? Wenn die Arbeit eine Last ist, dann sind selbst die größten Leistungen Sklaverei. Ihre Einstellung zur Arbeit ist ebenso wichtig wie Ihre Leistung. Hier kann der Joy Touch sofort helfen. Stimulieren Sie während Ihres Arbeitstages regelmäßig die natürlichen Stimmungsaufheller des Gehirns, damit Sie nie aufhören, positiv zu denken. Dadurch verhindern Sie, dass die Kampfreflexe, die durch Zeitdruck entstehen, Ihren Gemütszustand bestimmen. Aber Sie können noch mehr tun.

Arbeit und Freude müssen einander keineswegs ausschließen – sie können Hand in Hand gehen. Die Schlüssel sind Kreativität und Wissen. Lernen Sie, am Arbeitsplatz kreativ zu sein. Betrachten Sie Ihre Arbeit als Abenteuer, das Ihnen Chancen eröffnet, die über den Job hinausgehen. Sie wissen, dass Sie Ihre Arbeit erledigen können. Gönnen Sie sich ein wenig Freude dabei.

Es gibt viele Möglichkeiten, selbst die eintönigsten Tätigkeiten zu würzen. Versuchen Sie, neue Aspekte des Projekts kennenzulernen.

Stellen Sie sich die Leute vor, auf die es sich auswirkt, und freuen Sie sich darüber, dass sie davon profitieren werden. Wenn Sie während des Projekts mit anderen Menschen Kontakt haben, erfahren Sie etwas Neues über sie, oder Sie haben kurze, aber positive Begegnungen. Arbeiten Sie für sich selbst, indem Sie bestimmen, wie Sie Ihre Aufgabe lösen, anstatt sich von ihr vereinnahmen zu lassen.

Wenn Sie kreativ und lernbereit sind, anstatt nur zu arbeiten, leisten Sie genau so viel, wenn nicht mehr. Zudem arbeiten Sie mit Begeisterung und werden nicht so schnell müde. Dafür gibt es keine besseren Beispiele als Kinder. Sie sind Meister darin, Aufgaben spielerisch zu lösen. Ihre Spiele machen immer Spaß und sind von Natur aus kreativ. Außerdem sind sie zu erstaunlichen Leistungen fähig. Diese Energie und diesen Geist müssen wir wiederbeleben.

Sie sind ein Kind des Universums. Kein kosmisches Gesetz verbietet es Ihnen, Spaß zu haben, nur weil Sie im Büro oder zu Hause arbeiten oder Kinder erziehen. Die Menschen sehnen sich danach, in ihre Kindheit zurückzukehren (oder in den Ruhestand – die „zweite Kindheit" – zu gehen), weil sie nach mehr Freude im Leben hungern. Diese Freude können Sie jetzt haben. Wahrscheinlich haben Sie heute mehr Verantwortung als in Ihrer Kindheit; aber Sie haben noch das gleiche Recht auf Freude am Leben. Anstatt Ihre Verantwortung als Last zu empfinden, können Sie jetzt anders reagieren und Spaß an Ihren Pflichten haben. Der Schlüssel ist Ihr freier Wille.

Die Menschen neigen dazu, zwischen Spiel und Arbeit zu unterscheiden. Arbeiten müssen wir. Ein Spiel ist unsere freie Entscheidung. Das Geheimnis besteht darin, während der Arbeit zu spielen. Beschließen Sie, Freude zu haben, anstatt sich miserabel zu fühlen. Suchen Sie während des Tages nach schöpferischen Möglichkeiten, und klammeren Sie sich nicht an die Tretmühle. Sie brauchen ein wenig mehr Überlegung und Energie, um kreativ zu sein; aber es lohnt sich. Wenn Sie etwas tun, was Sie begeistert, schöpfen Sie neue Kraft. Sie leisten mehr und werden einfühlsamer. Eine einzige Investition, der Entschluss, während der Arbeit zu spielen, wirft doppelten Gewinn ab.

Beschließen Sie außerdem, sich jeden Tag ein wenig zu erholen, und gönnen Sie sich zwei regelmäßige Freizeitbeschäftigungen. Anstatt zu sagen: „Woran soll ich arbeiten?", sagen Sie künftig: „Was soll ich jetzt spielen?" Spielen Sie, anstatt zu arbeiten.

Bringen Sie pure Freude in irgendeiner Form in jedem Tag unter, und zwar nicht nur nach Feierabend. Robert Fulgram schreibt in seinem Buch *All I Needed to Know in Life I learned in Kindergarten* (Alles, was ich im Leben wissen muss, lernte ich im Kindergarten): „Arbeiten Sie ein wenig, spielen Sie ein wenig, und ruhen Sie sich jeden Tag ein wenig aus." Hören Sie während der Arbeit Musik. Lesen Sie in der Mittagspause ein Kapitel eines Buches, oder surfen Sie im Internet. Gehen Sie woanders essen, oder lernen Sie neue Leute kennen. Suchen Sie nach kürzeren Freizeitbeschäftigungen, die Sie auf den ganzen Tag verteilen können, um Ihre Stimmung zu heben.

Auch Ruhe brauchen Sie jeden Tag. Lange Stunden werden ohne ausreichende Pausen noch länger. Körper und Geist brauchen Pausen, um sich zu regenerieren. Ihre Motivation müssen Sie ebenfalls auffrischen, damit Sie sich wohlfühlen. Selbst wenn Sie im Rückstand sind, verzögert sich Ihr Projekt kaum, nur weil Sie fünf Minuten Dehnübungen machen. Bewegen Sie sich, oder holen Sie sich ein Glas Wasser. Das hilft nicht nur dem Körper, sondern erquickt auch den Geist. Gehen Sie ab und zu ans Fenster, und erweitern Sie Ihren Blickwinkel, damit Sie sich nicht wie ein Gefangener fühlen. Natürlich können Sie auch einen kurzen Mittagsschlaf machen.

Wissenschaftler haben nachgewiesen, dass ein Nickerchen uns körperlich und geistig aufmuntert. Sie arbeiten langsamer, wenn Sie schläfrig und erschöpft sind. Stellen Sie einen Wecker, und schlafen Sie nach dem Mittagessen oder während des Tages fünfzehn Minuten. Das ist überaus erholsam. Sie fühlen sich wohler und leisten wahrscheinlich doppelt so viel, als wenn Sie müde und lustlos weitergemacht hätten. **Nehmen Sie sich ein wenig Zeit, und probieren Sie diese „Spieltechnik" aus.**

- **Wenden Sie den Joy Touch an, um entspannt und aufgeschlossen zu beginnen.**
- **Denken Sie an eine Arbeit, die Sie normalerweise als Plackerei empfinden.**
- **Überlegen Sie, wie Sie diese Arbeit auf kreative Weise auflockern können.** (Finden Sie eine neue Methode. Denken Sie an die Leute, die von dem Projekt profitieren werden. Lernen Sie etwas Neues über das Projekt oder die daran beteiligten Menschen. Und so weiter.)
- **Überlegen Sie, wie Sie aus dieser Arbeit ein Spiel oder eine Freizeitbeschäftigung machen können.** (Betrachten Sie die Ar-

beit als Herausforderung, hören Sie Musik, arbeiten Sie in einer anderen Umgebung usw.)

- **Planen Sie heute etwas ein, was Sie nur der Freude wegen tun.** (Sowohl während der Arbeit als auch danach.)
- **Fühlen, sehen, hören Sie, wie Sie diese Arbeit mit größerer Freude erledigen.** (Visualisieren und spüren Sie, dass Sie dabei glücklicher sind.)

Anmerkung: Sehr intuitive Menschen fühlen sich vielleicht unter Druck gesetzt, wenn sie im Voraus überlegen sollen, wie sie kreativ sein können. Seien Sie einfach spontan. Es genügt, wenn Sie wissen, dass Sie kreativere Lösungen suchen, sobald Sie sich am Arbeitsplatz befinden.

- **Danken Sie sich selbst für das Geschenk, das Sie sich gemacht haben: mehr Freude bei der Arbeit.**
- **Wenden Sie den Joy Touch an, um diese spielerische Art des Arbeitens zu verstärken und beizubehalten.**

Je mehr Sie spielen, statt zu arbeiten, desto mehr genießen Sie das Leben. Das ist wahrer Erfolg, und dank der Techniken, die Sie in diesem Buch gelernt haben, ist er erreichbar. Der Joy Touch hebt Ihre Stimmung auf natürliche Weise, wann immer Sie es wünschen. Wenn Sie mehr spielen als arbeiten, können Sie Ihren Job erledigen und dabei noch Spaß haben.

Niemand kann Ihnen diese Fähigkeiten nehmen. Sie gehören ein Leben lang Ihnen. Nur Sie können vergessen, sie anzuwenden, und nur Sie können Ihrem limbischen System erlauben, Ihnen das Glück vorzuenthalten, das Sie verdienen. Am häufigsten siegt das limbische System, wenn wir unter Zeitdruck stehen.

Zeitdruck

Nichts hemmt die Freude und den Spieltrieb mehr als Zeitdruck. Unter Zeitdruck schaltet das Gehirn sofort auf „Überleben" um. Wahrscheinlich ist das ein Rückfall in unser uraltes genetisches Gedächtnis. In vorgeschichtlicher Zeit verband der Mensch Zeitdruck zweifellos mit einem Raubtier, das ihn angriff, oder mit einem Rückstand beim Sammeln der Wintervorräte. Einfach ausgedrückt, Zeitdruck bedeutete, gefressen zu werden oder zu verhungern. Diese Wahrnehmung und diese Assoziationen lösen jede limbische Angst aus, an der Sie leiden. Freude wird zugunsten des Überlebens verdrängt.

Aber es gibt einen Ausweg aus diesem emotionalen Zwang.

Überlegen Sie einfach, ob der Zeitdruck, den Sie spüren, wirklich so gefährlich ist, wie Sie glauben. Wenn ja, dann lassen Sie sich von diesem Druck anspornen. Wenn nein, dann dürfen Sie Ihrem Dinosauriergehirn nicht erlauben, Ihnen die Freude am Leben zu verderben.

Wir haben nie genug Zeit. Die Fernsehshow *Saturday Night Live* illustrierte diese Tatsache mit einem Sketch, in dem eine Zeitbank mit Autoschalter zu sehen war. Die Menschen verlangten mehr Zeit für ein Projekt oder baten: „Könnte ich heute bitte ein paar Stunden mehr haben?“ Mit Recht heißt es im *Circle of Life,* dem Titelsong des Films *König der Löwen:* „Von dem Tag unserer Ankunft auf diesem Planeten an ... müssen wir hier viel zu viel aufnehmen ... Es gibt mehr zu tun, als je getan werden kann.“ Lassen Sie sich von der Fülle der Möglichkeiten nicht überwältigen. Opfern Sie ihr nicht das Gefühl, erfolgreich zu sein.

Falls Ihnen das nicht gelingt, fühlen Sie sich schon dann als Versager, wenn Sie ein klein wenig hinter Ihrem Zeitplan herhinken. Jeder Gedanke „Ich bin im Rückstand“ kann ein Gefühl der Erfolglosigkeit auslösen. Die Folge ist ein enormer Verlust an Selbstachtung im sehr kurzer Zeit. Schlimmer noch, Sie befinden sich nicht wirklich im Rückstand, Sie fühlen sich nur so, bis das Projekt beendet ist. Mit dieser Einstellung fühlen Sie sich die ganze Zeit ohne echten Grund schlecht. Wenn Sie sich *adäquate Zeit* verschaffen, können Sie dieser limbischen Falle entgehen und haben zumindest ein kleines Erfolgserlebnis.

Adäquat nenne ich die Zeit, die Ihnen wenigstens ein Gefühl des Forschritts vermittelt, das Gefühl, ein Stück weitergekommen zu sein. Wenn Sie beispielweise mit Ihrer Korrespondenz im Rückstand sind, fühlen Sie sich ständig unwohl. Es gibt immer einen Brief, der beantwortet werden muss. (Vielleicht werden wir sogar aus dem Himmel verbannt, wenn wir vergessen, Gott schriftlich dafür zu danken, dass er uns aufgenommen hat.) Mit der richtigen Einstellung können Sie die Briefe oder E-Mails schreiben, für die Sie jetzt Zeit haben, und sich über das, was Sie erledigt haben, freuen. Sie haben nie genug Zeit. Das Geheimnis ist die *adäquate Zeit.*

Arbeiten Sie jeden Tag ein bisschen an jedem Projekt. Machen Sie aber auch kurze Pausen, um an den Rosen zu schnuppern oder die Aussicht zu genießen. Als meine Kinder in die Vorschule gingen, kam mein Jüngster zu mir und umarmte mich. Ich war mit meinem Arbeitspensum im Rückstand und hatte mehr zu tun, als ich in dieser Woche bewältigen konnte. Zuerst ärgerte ich mich über die Unterbrechung und begann ihm zu erklären, dass ich ihn umarmen und mit ihm spielen würde, sobald ich das Kapitel beendet hätte. Dann erkannte ich: „Wie viel Zeit verliere ich wirklich, wenn ich ihn jetzt gleich an mich drücke und ein wenig kitzle?" Ich hatte keine Zeit für eine richtige Rauferei, aber ich konnte ihm zeigen, dass ich ihn liebe. Das ist adäquate Zeit.

Auch wir Erwachsene haben Zuneigung verdient. Gönnen Sie sich Pausen, gehen Sie ein wenig hin und her, genießen Sie, was Sie tun. Wenn Sie keine Zeit haben, sich wohlzufühlen, sperren Sie sich selbst in ein Gefängnis, und die Zeit ist Ihr Wärter. Nutzen Sie Termine und Pläne, um Ihre Energie in die richtigen Bahnen zu lenken. Aber verzichten Sie nicht auf den Himmel, Ihre Mitmenschen oder günstige Gelegenheiten, die sich bieten.

Ihr limbisches System reagiert so, als sei ein kleiner zeitlicher Rückstand eine Katastrophe. Lassen Sie sich von ihm nicht mehr täuschen. Anstatt zum Gefangenen der Zeit zu werden, können Sie lernen, sich adäquate Zeit zu nehmen und Ihren Terminkalender in den Griff zu bekommen. **Opfern Sie ein paar Minuten, um diese Technik zu üben.**

- **Wenden Sie den Joy Touch an, um ruhig und entspannt zu beginnen.**
- **Denken Sie an eine Arbeit, mit der Sie im Rückstand sind.** (Ein Projekt, Korrespondenz, Hausarbeiten usw.).
- **Überlegen Sie, welchen Teil der Arbeit Sie *jetzt* erledigen können.** (Fangen Sie einfach an, erstellen Sie einen Plan, erledigen Sie einen Posten auf der Liste, einen Anruf, einen Brief usw.)
- **Überlegen Sie, wie Sie etwas mehr Zeit organisieren können, um Fortschritte zu machen.** (Widmen Sie sich dem Projekt jeden Tag zu einer bestimmten Zeit, befassen Sie sich an einem bestimmten Tag hauptsächlich mit diesem Projekt, delegieren Sie, arbeiten Sie mit anderen zusammen usw.)
- **Freuen Sie sich darüber, dass Sie immerhin einen Teil Ihrer Arbeit geschafft haben.**

- **Spüren Sie, wie der Druck sich löst. Fühlen Sie sich erfolgreich.**
- **Wenden Sie den Joy Touch an, um diese realistischere Einstellung zu bekräftigen.** (Verstärken Sie das Gefühl, Ihre Zeit im Griff zu haben.

Wenn Sie merken, dass Sie das Projekt bewältigen können und dennoch Wahlmöglichkeiten haben, lässt der Druck nach. Dann können Ihre höheren Gehirnregionen die Vorherrschaft des limbischen Systems brechen. Sie werden Herr Ihrer Zeit, anstatt sich von ihr beherrschen zu lassen.

Wenn wir glauben, unserem inneren Bild nicht zu entsprechen, setzen wir uns ebenfalls unfair unter Druck. Wir haben in allen Lebensbereichen eine Vorstellung davon, wie erfolgreich wir sein sollten. Vergessen Sie nie, dass dieses innere Bild Ihnen immer voraus ist. Da Sie es nicht sehen, denken Sie allzu oft, Sie müssten dieses Bild *sein.* Das stimmt nicht. Ihr inneres Bild ist das, wonach Sie streben. Wenn Sie es erreicht haben, entwickeln Sie sich weiter. Wer sein inneres Bild benutzt, um negative Vergleiche zu ziehen, fühlt sich immer unter Zeitdruck und erfolglos. Es kann die schlimmste aller Möhren am Stock sein.

Machen Sie sich klar, dass Ihr inneres Bild Ihre Vorstellung von der Zukunft zeigt. Anstatt es gegen sich zu verwenden, sollten Sie es als Wegweiser nutzen. Freuen Sie sich darüber, dass Sie eine Vision davon haben, was Sie erreichen wollen. Fragen Sie: „Was kann ich tun, damit diese Vision wahr wird?" Auf diese Weise haben Sie schneller Erfolg. Versuchen Sie es kurz.

- **Wenden Sie den Joy Touch an, um mit klarem Blick und objektiv zu beginnen.**
- **Wählen Sie einen Lebensbereich aus, in dem Sie ein wenig enttäuscht von sich sind.** (Partnerschaft, Kommunikation, eine Fähigkeit, ein Projekt usw.)
- **Überlegen Sie, wie Ihr inneres Bild in diesem Lebensbereich aussieht.** (Wie sollten Sie Ihrer Meinung nach sein?)
- **Machen Sie sich klar, dass dies Ihr Potenzial ist.** (Wenn Sie schon jetzt so sein könnten, dann wären Sie es.)
- **Freuen Sie sich darüber, dass Ihre Vision Ihnen die richtige Richtung zeigt.** (Sie wissen, was Sie wollen, und besitzen einen Wegweiser.)

- **Überlegen Sie, was Sie als Nächstes tun können, um diesem Ziel näher zu kommen.** (Welcher Schritt trägt dazu bei, die Vision zu verwirklichen?)
- **Wenden Sie den Joy Touch an, um Ihre Einsicht zu bekräftigen, dass Sie Ihre Richtung kennen und erfolgreich sind.** (Bekräftigen Sie, dass Sie motiviert sind und Fortschritte machen, aber keinen Rückstand aufholen müssen.)

Dank dieser Erkenntnis und der einfachen Technik können Sie sich darüber freuen, dass Sie besser werden wollen, anstatt sich selbst unter Zeitdruck zu setzen. Nutzen Sie Ihr inneres Bild als positive Motivation, Ihr eigener guter Chef zu sein und keine abwertende Selbstkritik zu üben.

Manchmal setzen wir uns selbst herab, weil wir ein bestimmtes Ziel nicht erreicht haben. Auch in dieser Hinsicht begrenzen alte Denkmuster unsere Erfolgsgefühle. Wir setzen uns oft zu hohe oder gar unerreichbare Ziele. In diesem Fall erreichen wir unsere Ziele so selten, dass wir die Angst ums Überleben möglicherweise nicht verhindern können. Die folgende einfache Lösung erlaubt es Ihnen, hohe Ideale und Wünsche beizubehalten, ohne Ihre Erfolgsgefühle dafür zu opfern.

Ich setze mir bei jedem Projekt zwei Ziele: mein ideales Ziel und mein Minimalziel. Das Idealziel steht für die hohen Erwartungen, die ich hege, die Höchstleistung, die ich gerne erreichen würde. Ich behalte es immer im Auge, damit ich mein Bestes gebe. Das Minimalziel gibt an, was ich mindestens erreichen will. Wenn ich dieses Ziel erreiche, bin ich zufrieden.

Zeitdruck, familiäre Probleme, widrige Umstände oder ein einziger freier Tag können mich daran hindern, einige meiner Idealziele zu erreichen; aber mein Minimalziel erreiche ich fast immer. Dieses Zwei-Ziele-System ist ein Lebensretter, weil es mir hilft, mich häufiger wohlzufühlen. Wenn ich ein Idealziel knapp verfehle, bin ich nicht enttäuscht, denn ich sehe ja, dass ich mein Minimalziel übertroffen habe. Unter dem Strich war ich also erfolgreich. Ich muss nicht vollkommen sein, um glücklich zu sein.

In Wahrheit ist es ein Erfolg, dass Sie so sind, wie Sie sind. Sie tun immer Ihr Bestes. Vielleicht kennen Sie eine bessere Methode, aber wenn sie Ihnen vollkommen bewusst wäre, würden Sie sie jetzt schon anwenden. Denken Sie daran, dass Sie sich noch in der Entwicklung befinden. Sie vervollkommnen sich, aber Sie sind nicht vollkommen. Sie sind in jedem Augenblick so gut, wie Sie sein können.

Sie sind einzigartig

Zusammenfassend können wir sagen, dass Erfolg vor allem eine Einstellung ist. Er ist das Gefühl, dass Sie etwas Besonderes sind und stolz auf sich sein können. Ohne dieses Gefühl kommen sich selbst die reichsten und mächtigsten Menschen wie Versager vor. Wenn es Ihnen gelingt, dieses Gefühl der Einzigartigkeit und des Wertes hervorzurufen, sind Sie zu neunzig Prozent Herr Ihres Erfolges.

Sie brauchen nichts Bestimmtes zu erreichen, um diese Selbstachtung aufzubauen. Sie ist ein Geschenk, das Sie sich selbst geben können. Sie sind immer etwas Besonderes, weil niemand so ist wie Sie. Sie sind eine einmalige, einzigartige Seele. Niemand sonst ist genau wie Sie, und darum sind Sie auf Ihre Art der oder die Beste. Es ist Zeit, dass wir lernen, stolz auf unsere Einzigartigkeit zu sein, anstatt uns selbst herabzusetzen und uns nur über äußere Erfolge zu freuen. Probieren Sie diese kurze Einzigartigkeits-Meditation. Spüren Sie ihre Macht, und denken Sie beim Lesen über sie nach.

- **Wenden Sie den Joy Touch an, um aufgeschlossen zu beginnen.**
- **Denken Sie über die Aspekte nach, die Sie von anderen Menschen unterscheiden und einzigartig machen. Denken Sie an Ihre Kindheit zurück: Niemand war wie Sie. Rufen Sie einige Ihrer Emotionen und Gefühle wach. Machen Sie sich klar, dass niemand die gleichen inneren Erfahrungen hat wie Sie. Überlegen Sie, was Sie so macht, wie Sie sind: Ihre Hoffungen und Träume, Ihre Erfolge, die Menschen, die Sie kennen, und die Freunde, die Sie haben, Ihre Vergangenheit und Ihre Gegenwart. Schwelgen Sie in der zunehmenden Einsicht, dass Sie als ganzer Mensch so einzigartig sind wie Ihr Fingerabdruck.**
- **Betrachten Sie sich als großes Lagerhaus voller Erfahrungen, Gefühle, Wissen und Bewusstsein. Bewundern Sie die Komplexität und Größe des Lagerhauses. Selbst wenn das Lagerhaus eines anderen Menschen größer ist als das Ihre, so ist doch keines so wie Ihres, denn niemand besitzt Ihre besonderen Erfahrungen.**
- **Fühlen Sie sich als dieses Seelen-Lagerhaus. Spüren Sie die Fülle und Schönheit der Myriaden von Erfahrungen, die Sie**

gemacht haben. Sehen Sie in jeder Erfahrung einen funkelnden Kristall mit seiner eigenen Farbe, Helligkeit und Größe. Schauen Sie, wie die einzelnen Erfahrungen strahlen. Entfernen Sie sich langsam, und sehen Sie immer mehr funkelnde, schimmernde Kristalle – bis Sie schließlich Ihr ganzes Selbst sehen: ein gewaltiges Juwel mit Milliarden Facetten, leuchtend, strahlend, alle Erfahrungen und Gefühle reflektierend, die Sie je gehabt haben.

- Spüren Sie die Schönheit und Individualität dieses kostbaren Juwels, das Sie sind. Halten Sie dieses Gefühl fest, schwelgen Sie in ihm. Fühlen Sie, wie großartig es ist, einmalig zu sein, der beste Mensch seiner Art.
- Konzentrieren Sie sich auf die Wertschätzung, Zuneigung und Achtung, die Sie für dieses wunderschöne Juwel empfinden.
- Heben Sie langsam eine Hand, und spüren Sie, wie die Energie Ihrer Wertschätzung, Zuneigung und Achtung die Hand wie ein Lichtstrahl des Erfolges durchströmt.
- Heben Sie die Hand weiter, und klopfen Sie sich auf die Schulter, oder legen Sie die Hand auf das Herz (Sie können sich auch selbst umarmen, indem Sie beide Hände kreuzen und auf die Schultern legen). Spüren Sie, wie die Wertschätzung, Zuneigung und Achtung tief in Sie eindringt und Sie mit Zufriedenheit erfüllt.
- Dieses Gefühl hüllt Sie ein und entspannt Sie. Sie fühlen sich völlig wohl und wissen, dass Sie wertvoll und erfolgreich sind.
- Wenden Sie den Joy Touch an, und halten Sie das Gefühl fest, dass Sie erfolgreich sind, weil Sie so und nicht anders sind.

Diese einfache Technik hilft Ihnen, sich Ihres Wertes vollständig bewusst zu werden und sich darüber zu freuen. Sie leben jede Sekunde jedes Tages mit sich selbst, und Sie haben es verdient zu sehen und zu spüren, wie wertvoll und erfolgreich Sie sind. Dieses kostbare Geschenk steht Ihnen immer zur Verfügung, und es spiegelt den Wert, den Sie als suchender Mensch haben, exakt wider.

Sie sind ein schönes, einzigartiges Juwel. Ich bin stolz auf Sie, weil Sie lernen wollen, Ihr Glück selbst zu bestimmen. Nehmen Sie sich am Ende dieses Kapitels einen Augenblick Zeit, und seien Sie ebenfalls stolz auf sich. Beglückwünschen Sie sich für Ihren Mut, Ihre Bemühungen und Ihre Ausdauer im Abenteuer des Lebens.

Unser nächstes Thema, das ideale Körpergewicht, setzt vermutlich mehr Abenteuerlust und Selbstachtung voraus als jedes andere. Mit diesen Waffen in Ihrem Arsenal ziehen wir nun in die „Schlacht gegen die Pfunde“ und werden siegen!

5

In fünf Schritten zum Idealgewicht

Dieses Kapitel stellt keine neue Modediät vor und ist keine Enzyklopädie der Gewichtsabnahme. Es gibt schon Tausende von Büchern dieser Art. Dennoch strengen sich Millionen Menschen in den Industrieländern vergeblich an, schlanker zu werden und zu bleiben. Kaum ein Aspekt des Lebens trägt so sehr zu Minderwertigkeitsgefühlen, Depressionen und geringer Selbstachtung bei.

Dieses Kapitel erläutert, wie Sie mit fünf einfachen Schritten Ihr Idealgewicht erreichen, ohne sich und anderen das Leben zu vergällen. Es ist Zeit, mit dem Schmerz, dem Kampf und der Entbehrung Schluss zu machen. Jeder dieser fünf Schritte verändert das kampfbetonte Verhaltensmuster, das so oft mit den Bemühungen um Gewichtsabnahme einhergeht. Tipps zum Abnehmen sollten kurz und angenehm sein, fest im gesunden Menschenverstand wurzeln und auf die Gehirnregionen abzielen, die Glücksgefühle auslösen. Jeder Tipp ist leicht zu merken und lässt sich mit jedem Gesundheitsprogramm verbinden. Wenn Sie diese Technik regelmäßig anwenden, können Sie Ihr Essen bis ans Ende Ihres Lebens genießen.

1. Schritt: Freude am Essen

Nach einem alten Sprichwort ist Krieg die Hölle. Wenn Sie gegen Ihre Pfunde kämpfen, durchleben Sie diese Hölle buchstäblich jeden Tag. Es ist Zeit, nicht mehr mit dem Essen zu kämpfen. Genießen Sie Ihre Nahrung, während Sie Ihr Gewicht bestimmen, anstatt Ihr Leben von ihm bestimmen zu lassen.

Wenn Sie kämpfen, haben Sie schon verloren, weil Sie damit Selbsterhaltungsreflexe auslösen. Unser Körper ist genetisch nicht auf die Fülle von Nahrung eingerichtet, die uns in der modernen Welt zur Verfügung steht. Die Evolution hat unseren Stoffwechsel so entwickelt, dass er mit Knappheit und Hunger fertig wird, nicht aber mit zu viel Essen. Wenn Sie sich Sorgen um Ihr Essen machen, deutet das Unterbewusstsein diese Botschaft als Zeichen dafür, dass Sie am Verhungern sind. Und wenn zu diesem mentalen Signal noch eine kalorienarme Diät hinzukommt, ist es kein Wunder, dass der Stoffwechsel sich verlangsamt. Unsere Physiologie versucht immer, den vermeintlich bevorstehenden Hungertod zu verhindern oder wenigstens zu verlangsamen. Darum ist es am besten, wenn wir nicht nach Gewichtsverlust, sondern nach unserem Idealgewicht streben. Verlust bedeutet immer Entbehrung und Verzicht.

Keine Diät wirkt langfristig, wenn Sie darunter leiden. Das Gefühl der Entbehrung löst irgendwann Heißhunger aus. Schlimmer noch: Die emotionale Belastung führt zu Wut, Depressionen oder Drogenmissbrauch. Diese Nebenwirkungen wären vielleicht erträglich, wenn die Entbehrung sich langfristig lohnen würde. Aber das ist nicht der Fall. Studien belegen, dass wir nach den meisten Diäten das verlorene Gewicht zurückgewinnen oder sogar noch dicker werden. Unsere Biologie hasst Diäten. Der Körper scheint zu sagen: „Vielleicht kommt bald wieder so eine Hungersnot wie neulich. Darum lege ich sicherheitshalber ein paar Pfund Vorräte an." Die Folge ist, dass es uns monatelang miserabel geht und wir zum Schluss mehr wiegen als vor der Diät.

Das soll nicht heißen, dass alle Diäten schlecht sind. Manche der erfolgreichen Diäten, zum Beispiel die Scarsdale Medical Diet, streben eine Gewichtsabnahme ohne extreme Entbehrung an. Die Portionen sind großzügig, und man darf aus wohlschmeckenden Menüs wählen. Wenn eine Diät bei Ihnen wirkt, dann bleiben Sie dabei und fügen Sie diese einfachen fünf Schritte hinzu. Nutzen Sie diese Schritte für eine neue Art der Gewichtsregulierung. So wird das Essen zu einem positiven Erlebnis und nicht zu einem Kampf ums Überleben. Der erste Schritt besteht darin, immer Freude am Essen zu haben.

Essen und alles, was damit verbunden ist, muss immer positive Empfindungen auslösen. Jede Mahlzeit, selbst ein kleiner Imbiss oder ein Diät-Shake, sollte das Leben feiern. Sobald Sie mit dem Essen etwas Negatives verbinden, lösen Sie die Hungerreflexe des Körpers aus. Wenn das geschieht, ist es doppelt schwer, den Appetit zu zügeln.

Wie können Sie kleine Mahlzeiten genießen? Machen Sie ein Ereignis daraus. Selbst wenn Sie nur ein Pausenbrot essen, sollten Sie sich über die Chance freuen, Ihren Körper mit neuer Energie zu versorgen. Essen ist etwas Wundervolles, also genießen Sie es. Genießen Sie die

Speisen, nicht ihre Menge. Wenn Ihnen jeder Bissen schmeckt, brauchen Sie weniger Nahrung, um mit dem Leben zufrieden zu sein.

Nehmen Sie sich so oft wie möglich Zeit, die Zubereitung Ihrer Mahlzeiten ebenfalls zu genießen. Betrachten Sie die Nahrungsmittel, und riechen Sie daran. Wenn Sie das Aroma der Speisen öfter einatmen, brauchen Sie nachweislich weniger Essen, um satt zu werden.

Eine Studie der University of Minnesota belegt, dass das Gehirn eine Art Geruchszähler besitzt, der zu den natürlichen Appetithemmern des Körpers gehört. Es zählt buchstäblich anhand des Geruchs die Zahl der Gabeln, die Sie zum Mund führen. Künstliche Duftstäbchen, an denen die Teilnehmer eines Tests vor dem Essen zwanzig bis dreißig Mal schnupperten, verringerten den Appetit. Die Erfahrung bestätigt dieses Phänomen. Wer das Essen zubereitet, ist am Tisch nie so hungrig wie der Rest der Familie. Das viele Riechen am Essen während der Zubereitung dämpft den Appetit.

Die kürzere Zubereitungszeit mit modernen Geräten ist zwar bequem, aber sie hat eine negative Nebenwirkung auf unser Gewicht. Wer sich weniger Zeit nimmt, die Aromen zu genießen, hat mehr Appetit und mehr Pfunde auf den Rippen.

Ein weiterer einfacher erster Schritt ist eine Mahlzeit in Gängen. Essen Sie beim Zubereiten der kalorienreichen Hauptmahlzeit eine kalorienarme Vorspeise (Karottenstangen oder Sellerie, in Salatsoße ohne Fett getunkt). Wenn Sie eine Suppe riechen und langsam essen, dämpfen Sie den Appetit ebenfalls. Hier kann die schnelle Mikrowelle nützlich sein. Damit können Sie eine kalorienarme Brühe rasch wärmen und ihren Duft aufnehmen, während Sie diesen ersten oder zweiten Gang gemütlich verspeisen.

Wenn Sie wenig Zeit haben, zum Beispiel für den Imbiss während einer Arbeitspause oder für eine kurze Zwischenmahlzeit, können Sie einige dieser Grundsätze ebenfalls anwenden. Nehmen Sie Karottenstangen mit. Neuere Studien zeigen, dass Betacarotin am gesündesten ist, wenn wir es mit natürlichen Nahrungsmitteln aufnehmen, nicht in Kapseln. Wenn Sie unbedingt in einem Schnellimbiss essen müssen, setzen Sie sich hin und atmen Sie ein paar Minuten die Aromen ein. Trinken Sie dann etwas zu Ihren Karottenstangen. Wenn Sie dann an die Theke gehen, um das Hauptgericht zu holen, bestellen Sie weniger.

Das führt uns zu einem anderen Thema: die Vorbereitung gesunder Mahlzeiten für die Gewichtsabnahme. Ihre Imbisse und Zwischenmahlzeiten hängen natürlich davon ab, was sich in Ihrem Kühlschrank befindet. Kaufen Sie Produkte, die sich für gesunde Mahlzeiten eignen. Das haben Sie sicherlich schon oft gehört. Aber Sie haben noch nie gehört, dass der Joy Touch Ihnen beim gesunden Einkauf hilft.

Gehen Sie nie einkaufen, wenn Sie hungrig sind, und betreten Sie kein Geschäft, ohne vorher mehrere Male den Joy Touch anzuwenden. Pamela, eine meiner Studentinnen, berichtete, diese Methode habe Ihre Einkaufs- und Essgewohnheiten völlig verändert. „Ich weiß, dass ich esse, was im Kühlschrank ist. Im Supermarkt habe ich mir immer eingeredet, die Leckerbissen seien nur für die Kinder oder für eine mögliche besondere Situation bestimmt. Das hat leider nie geklappt. Was ich in den Einkaufswagen lege, kommt in meinen Mund und endet an meinen Hüften. Der Joy Touch änderte die Situation. Bevor ich durch die Tür des Geschäfts gehe, wende ich drei- bis fünfmal den Joy Touch an. In jedem Gang mache ich dasselbe. Die Folge ist, dass ich beim Einkaufen satter bin und nicht nach Dingen greife, die nicht in meinen Kühlschrank gehören." Versuchen Sie es selbst. Schlimmstenfalls wird das Einkaufen dadurch angenehmer; bestenfalls ernten Sie die gleichen Früchte wie Pamela.

Wichtig ist auch, Ihre gesunden, kalorienarmen Imbisse vorzubereiten, sobald Sie vom Einkauf nach Hause kommen. Schneiden Sie das Obst und das Gemüse in Happen (oder kaufen Sie Babykarotten oder Beeren), und legen Sie diese in Behälter oder Beutel, die sich leicht öffnen lassen. Dann sind sie griffbereit, wenn Sie etwas zum Knabbern brauchen, und Sie suchen nicht nach gehaltvolleren Produkten. Wenn Sie die Imbisse für den nächsten Tag vorbereiten, während Sie das Abendessen zusammenstellen, nehmen Sie zudem mehr Aromen auf, so dass Ihr Appetit abnimmt. Ein wichtiges Element beim Zügeln des Appetits hängt unmittelbar mit dem zweiten einfachen Schritt zusammen.

2. Schritt: Nimm dir Zeit

Eine Studie nach der anderen weist nach, dass wir umso mehr essen, je schneller wir essen. Nehmen Sie sich also mehr Zeit beim Zubereiten, und verlängern Sie Ihre Mahlzeiten, ohne mehr zu essen. Besonders wichtig ist es, jeden Bissen langsamer und gründlicher zu kauen.

Wenn Sie länger und langsamer kauen, lässt der Appetit erheblich nach. Das ist eine sehr einfache Methode, die zudem Schritt 1 unterstützt, weil sie dazu beiträgt, dass Sie jeden Bissen genießen. Eine weitere Tempobremse ist der Joy Touch, den Sie zwischen den Bissen oder zumindest zwischen den Gängen anwenden sollten. So wird jede Mahlzeit zum Fest, und Sie haben nie das Gefühl, eine Diät zu befolgen.

Ein aufrichtiges Gebet verlängert die Mahlzeit ebenfalls und trägt zur mentalen und körperlichen Sättigung bei. Verglichen mit dem größten Teil der Welt leben wir in einem unglaublich reichen Land. Was wir als kleinen Imbiss bezeichnen, ist viel gehaltvoller als die Hauptmahlzeit in vielen Ländern der Dritten Welt.

Stellen Sie nur Ihren Teller auf den Tisch, und füllen Sie ihn nur mit der Portion, die Sie essen möchten. Töpfe und Servierteller sollten an einem anderen Ort stehen, am besten in einem anderen Raum. Dann müssen Sie aufstehen, um einen Nachschlag zu holen. Das ist zwar nicht verboten, aber Sie denken mehr darüber nach und haben zudem die Möglichkeit, vorher den Joy Touch anzuwenden.

Gegen Heißhunger hilft es manchmal schon, wenn Sie eine Weile warten. Auch dabei hilft Ihnen der Joy Touch. Wenn Heißhunger Sie plagt oder wenn Sie nur aus emotionalen Gründen essen wollen, sollten Sie zuerst den Joy Touch anwenden und dann erst entscheiden, ob (und was) Sie wirklich essen wollen.

Sharon, eine meiner Studentinnen, kämpft seit Jahren gegen Übergewicht. „Ich gehöre zu den Leuten, die immer auf Diät sind. Wenn ich etwas Essbares sehe, dann esse ich es. Ich war jahrelang unfähig, diesen Zwang zu überwinden. Als ich den Joy Touch erlernte, änderte sich das schon am folgenden Tag. Ich fuhr vom Seminar nach Hause und hielt vor einem Restaurant. Dort gab es jede Menge Gebäck und fettreiche Speisen, deren Sirenengesang ich nie hatte widerstehen können. Diesmal gelang es mir, weil ich den Joy Touch anwandte. Ich stimulierte das Septum pellucidum und fühlte mich innerlich harmonisch und satt. Also aß ich nur eine Kleinigkeit, anstatt mich auf die Leckerbissen zu stürzen, die vor meiner Nase lagen."

Das ist nur ein Beispiel dafür, wie der Joy Touch Ihnen helfen kann, langsamer zu essen und das Essen zu genießen. Auf diese Weise wird das Abnehmen viel angenehmer. Probieren Sie bei Ihrer nächsten Mahlzeit die folgende einfache Übung, die wichtige Aspekte der beiden ersten Schritte verbindet.

- **Machen Sie die Mahlzeit zu einem besonderen Ereignis.** (Verwenden Sie besondere Teller oder Servietten. Stellen Sie Duftkerzen auf. Beginnen Sie mit einer Suppe.)
- **Denken Sie darüber nach, was Sie essen, und genießen Sie es.** (Freuen Sie sich über die Speisen, die Aromen, das Dekor usw.)
- **Genießen Sie die Aromen des Essens schon bei der Zubereitung.** (Und schnuppern Sie an jedem Bissen mindestens zwei- oder dreimal, bevor Sie ihn essen.)
- **Nehmen Sie sich vor dem Essen Zeit für ein Tischgebet oder eine andere Geste der Dankbarkeit.** (Seien Sie dankbar dafür, in einem Land zu leben, in dem es eine so reiche Auswahl an Nahrungsmitteln gibt.)
- **Wenden Sie den Joy Touch (mindestens) vor jedem Gang an.** (Damit Sie aus Hunger essen, nicht weil Sie unter emotionalem Stress stehen.)
- **Kauen Sie langsamer, und genießen Sie jeden Bissen.** (Achten Sie auf alle Aromen und auf die Konsistenz der Speisen.)
- **Schließen Sie das Essen mit dem Joy Touch als letztem Gang ab, einerlei, ob es Nachtisch gibt oder nicht.**

Mit dieser Technik fällt es Ihnen leichter, Ihr Idealgewicht zu erreichen, und Sie brauchen sich nicht den ganzen Tag Sorgen wegen des Essens zu machen. Das Leben ist ohnehin stressig genug! Darum brauchen wir weniger Kritik und Ängste und mehr Trost und Unterstützung. Das führt uns zum dritten Schritt.

3. Schritt: Denken Sie ans Essen, nicht an Ihr Gewicht

Wenn Sie abnehmen wollen, sollten Sie vor allem Ihre Lebensqualität und Ihre Gesundheit im Auge haben. Das körperliche Wohlbefinden ist viel wichtiger als das Aussehen. Niemand sieht gut aus, wenn er tot ist.

Warum ich mich so drastisch ausdrücke? Weil der Wunsch abzunehmen in unserem Land immer häufiger zur Besessenheit wird und die Gesundheit immer mehr gefährdet. Abgesehen von der Anorexie gibt es noch eine neue Gefahrenquelle.

Die neuesten Diätpillen werden für schwere Nebenwirkungen und Todesfälle verantwortlich gemacht. Einige darin enthaltene Substanzen können pulmonalen Bluthochdruck verursachen, der unheilbar ist und bereits in drei Jahren zum Tod führen kann. Er kann selbst Zwanzigjährige zu Kandidaten für eine Herz- oder Lungentransplantation machen. Dieses Risiko ist einfach zu hoch, es sei denn, Sie sind derart fettleibig, dass die gesundheitlichen Folgen schwerer wiegen als die Gefahr eines Lungenversagens.

Anstatt sich Sorgen über Ihr Gewicht zu machen, sollten Sie Ihre Ernährung so umstellen, dass Sie länger leben und schlanker werden. Dann brauchen Sie Ihr hart verdientes Geld nicht für gefährliche Tabletten oder Diätprodukte auszugeben. Gönnen Sie sich hochwertige, fettarme Lebensmittel, die gut schmecken. Davon profitiert Ihr Körper und nicht der Pharmakonzern. Kümmern Sie sich um Ihre Gesundheit, anstatt sich Sorgen über Ihr Gewicht zu machen.

Sorgen machen Sie anfällig für emotionalen Heißhunger. Außerdem sind sie bestenfalls vergeudete Energie und schlimmstenfalls destruktive Selbstkritik, die Ihre Selbstachtung untergräbt. Wenn Sie etwas verbrennen wollen, dann verbrennen Sie Kalorien oder Bücher über Modediäten. Nutzen Sie Ihre Energie, um sich ein klein wenig Mühe mit gesunder Ernährung zu geben.

In diesem Buch geht es nicht um die perfekte, gesunde Ernährung. Wenn Sie davon besessen sind, essen Sie womöglich aus Angst zu viel. Sie wissen, was gut für Sie ist und was Ihnen schadet. Benutzen Sie Ihren Verstand, halten Sie gesunde Lebensmittel immer griffbereit, und verbannen Sie kalorien- und fettreiche Produkte aus der Küche.

Trinken Sie reichlich Wasser. Selbst bei kalorienarmer Kost kann der Körper Fettpolster nur schwer abbauen, wenn Sie nicht genug trinken. Außerdem dämpft eine ausreichende Wasserzufuhr den Appetit und damit den Drang, beim Essen zu schwindeln. Trinken Sie gleich Morgens Wasser oder eine Tasse Kräutertee.

Wir brauchen während des Tages besondere Leckerbissen, damit wir das Leben nicht als Gefängnis bei Wasser und Brot empfinden. Das Gefühl der Entbehrung schaltet den Selbsterhaltungsmodus des Körpers ein und löst Heißhunger aus. Um das zu verhindern, sollten Sie sich ein klein wenig verwöhnen. Kleine Leckerbissen, über den Tag verteilt, halten Sie davon ab, bei den Hauptmahlzeiten zu schlemmen.

Medizinisch betrachtet sind mehrere kleine Mahlzeiten sogar besser als eine große. **Nehmen Sie sich ein paar Minuten Zeit für die folgende Übung:**

- **Stellen Sie eine Liste von kalorien- und fettarmen Leckerbissen zusammen, mit denen Sie sich verwöhnen können.** (Tees, Gemüse, frisches Obst, fettarmer Joghurt usw.)
- **Finden Sie heraus, welche Menge notwendig ist, damit Sie sich wohlfühlen, ohne zu übertreiben.** (Überlegen Sie auch, welche Kombinationen Sie mögen, z.B. Tee mit Obst, gebackene Kartoffeln mit Salsa usw.)
- **Erstellen Sie einen Zeitplan.** (Wann und wo nehmen Sie Ihre Leckerbissen am besten zu sich, damit Sie bei der nächsten Mahlzeit nicht zu viel essen?)
- **Überlegen Sie, wie der Joy Touch den Genuss steigern kann.** (Joy Touch bei jedem Bissen, vor dem Essen oder zum Schluss als Nachtisch.)
- **Vergessen Sie nicht, jeden gesunden Imbiss mit dem Joy Touch zu beenden.** (Bekräftigen Sie Ihren Vorsatz, gesund zu essen und auf Ihre Gesundheit zu achten.)

Sie können abnehmen und Ihr Gewicht halten, ohne sich elend zu fühlen, wenn Sie sich ab und zu auf gesunde Weise verwöhnen. Das Essen darf kein Kampf ums Überleben sein. Wenn Sie sich Gedanken über Ihre Gesundheit anstatt Sorgen über Kalorien machen, ist der Lohn doppelt so groß: Erstens ernähren Sie sich ausgewogener, und zweitens fühlen Sie sich besser. Sie können stolz auf Ihre klugen Entscheidungen sein.

Dadurch steigt Ihr Selbstvertrauen, und auch das dämpft den Appetit. Wenn Sie mit sich zufrieden sind, brauchen Sie keinen emotionalen Hunger zu stillen. Das führt uns zum nächsten einfachen Schritt.

4. Schritt: Wichtig sind Sie, nicht Ihr Gewicht

In unserer Gesellschaft sind Aussehen und Körpergewicht schon viel zu lange ein Maßstab für den Wert eines Menschen. Die meisten Opfer dieser Einstellung sind Frauen. Sie werden von Kindheit an mit unrealistischen Bildern überhäuft. Die Barbiepuppe, das „Modell", mit dem Mädchen seit einigen Jahrzehnten spielen, hat nachweislich nicht das Gewicht, die Figur und die Konstitution einer normalen Frau.

Diese psychologische Irreführung geht bis ins Erwachsenenalter weiter. Zahllose Werbespots zeigen Models, die nicht der Norm entsprechen und manchmal sogar ein ungesundes, untergewichtiges Extrem verkörpern. Es ist kein Wunder, dass mehr als fünf Millionen Amerikaner an Essstörungen leiden und jedes Jahr tausend Frauen daran sterben. Die alte Redensart „Man kann nie zu dünn oder zu reich sein" ist das beste Beispiel dafür, wie sehr wir die Figur und das Gewicht überbewerten. Da die propagierten Standards nicht die Norm sind, fühlen sich die meisten Frauen grundlos unattraktiv und weniger liebenswert.

Meine Frau ist dafür ein klassisches Beispiel (im mehrfachen Sinne des Ausdrucks). Debbie ist sehr attraktiv, aber sie hat sich schon immer über ihre birnenförmige Figur beklagt. Eines Tages trainierte sie weniger als üblich und fühlte sich „dick". Deshalb setzte sie sich vor ihren beiden Söhnen im Teenageralter selbst herab. Ich wollte nicht, dass die Jungen glaubten, nur die Cindy Crawfords der Welt seien attraktiv; also verglich ich die Figur ihrer Mutter mit dem Schönheitsbegriff im Laufe der Jahrhunderte. Auf dem Kaffeetisch lag zufällig ein Untersetzer mit Botticellis Meisterwerk *Die Geburt der Venus* (die Göttin steht auf einer riesigen Muschel). Obwohl meine Frau nicht blond, sondern dunkelhaarig ist, hat sie die gleiche birnenförmige Figur mit kleineren Brüsten, gerundeten Hüften und den Oberschenkeln einer Erwachsenen (nicht einer Zwölfjährigen). Ich wies auf die Ähnlichkeit hin und sagte zu den Jungen: „Seht ihr, eure Mama ist das, was lange Zeit als klassische Schönheit galt."

Vielleicht habe ich meiner Frau ein paar Bonuspunkte gegeben. Aber mir ging es darum, dass sie mit ihrer Figur nicht zufrieden war – obwohl sie heranwachsende Mädchen unterrichtete und dabei auf das unrealistische Frauenbild der Werbung hinwies.

Es ist Zeit, vernünftig zu werden und dieser Medienpropaganda entgegenzutreten, die unser limbisches System seit Jahren bombardiert. Sie sind wertvoll, weil Sie eine einzigartige Seele sind, nicht wegen Ihres Taillenumfangs. Es ist schlimm genug, dass die Werbung unser Einkaufsverhalten manipuliert; aber wir dürfen ihr nicht gestatten, unser Selbstwertgefühl zu untergraben.

Was Sie wiegen, ist nicht immer ein Maßstab für Ihre Fortschritte. Wenn Sie anfangen, Sport zu treiben, kann Ihr Gewicht sogar zunehmen, weil Sie mehr Muskelmasse bekommen. Wichtiger ist, wie Sie sich fühlen. Wenn Sie sich gut fühlen, sind Sie aktiver und verbrennen daher mehr Kalorien. Die Selbstachtung sollte vom Körperlichen unabhängig sein.

Ich empfehle Ihnen nicht, Ihr Aussehen zu vernachlässigen; aber Sie dürfen es nicht überbewerten. Denken Sie an die Werteanalyse im vorigen Kapitel. Wie viele Punkte gaben Sie dem Aussehen? Selbst wenn es für Sie wichtig ist, stellt dieser Wert nur ein Fünftel bis ein Zehntel Ihrer Prioritäten dar. Er darf nicht hundert Prozent Ihres Selbstwertgefühls ausmachen.

Die Essenz dieses Schrittes ist: Wir müssen uns so respektieren, wie wir sind. Denken Sie daran, was Sie in Kapitel 3 gelernt haben. Dort ging es darum, sich unabhängig von Äußerlichkeiten aufzumuntern. Konzentrieren Sie sich auf Vorzüge, für die Sie sich regelmäßig loben können. Tun Sie das zumindest dann, wenn Sie negativ über Ihr Gewicht denken. Sie sollen Ihre Besorgnis nicht leugnen, sondern nutzen, um Ihr Gewichtsproblem anzupacken, anstatt sich zu kritisieren. Lassen Sie sich von Ihren Gedanken zu einer gesünderen Lebensweise motivieren, und loben Sie sich dann dafür, dass Sie mit Ihrem Problem konstruktiv umgehen. **So sieht diese Schritt-für-Schritt-Methode aus:**

- **Wann immer Sie negativ über Ihr Gewicht denken, relativieren Sie Ihren Pessimismus.** (Wie ist Ihr Allgemeinzustand? Haben Sie Fortschritte gemacht? Wie nah sind Sie der Norm?)
- **Wehren Sie sich dann mit einem Lob, das Sie als menschliches Wesen anerkennt.** (Betonen Sie Ihre guten Eigenschaften, Ihren Wunsch, Fortschritte zu machen, Ihren Wert als Mensch, nicht nur als Körper.)
- **Lassen Sie sich von Ihren Sorgen zu hilfreichem Handeln motivieren.** (Gesunde Zwischenmahlzeiten, mehr Bewegung, mehr Wasser trinken, kleinere Portionen usw.)
- **Loben Sie sich zum Schluss dafür, dass Sie fürsorglich und diszipliniert sind.**
- **Wenden Sie den Joy Touch an, damit Ihnen diese von Äußerlichkeiten unabhängige Selbstachtung erhalten bleibt.**

Wenn Ihr Gewicht für Sie zum Problem wird, ist es unvermeidlich, dass Sie ab und zu negativ darüber denken. Aber diese Gedanken dürfen weder Ihre Zeit noch Ihre Stimmung beherrschen. Darum geht es beim fünften einfachen Schritt.

5. Schritt: Sie beherrschen Ihr Gewicht – nicht umgekehrt

Das Hauptziel der Gewichtsabnahme ist ein vernünftiges Essverhalten, das Sie durchhalten können. Wenn Sie normal leben wollen, muss Ihr Leben mehr sein als Essen. Darauf legt dieser fünfte Schritt Wert. Wenn Ihre Lage nicht lebensgefährlich ist, dürfen Sie Ihrem Gewicht nicht Ihre Tage und Ihr Glück opfern. Nutzen Sie die Techniken, die Sie erlernt haben, und die Macht, die Sie haben, um mit Ihrem Kampf gegen die Pfunde Frieden zu schließen.

Es gibt viele Möglichkeiten, das Heft in der Hand zu behalten. Die Erste und vermutlich wichtigste besteht darin, den Heißhunger in den Griff zu bekommen. Der Schlüssel ist die häufige Anwendung des Joy Touch. Beherrschen Sie Ihre Stimmungen, und Sie beherrschen bald auch Ihre Taille.

Emotionaler Stress löst Heißhunger aus. Sie wissen instinktiv, dass ein voller Magen Groll, Sorgen und Wut lindern kann. Da süße, salzige und fettreiche Speisen zudem verführerisch sind, geben wir oft nach und stopfen uns voll. Nutzen Sie die Techniken, die Sie gelernt haben, um den emotionalen Aufruhr zu stillen, bevor Sie die erste Gabel zum Mund führen.

Wenden Sie den Joy Touch mehrere Male an, damit Ihre Stimmung sich aufhellt. Dann sind Sie eher bereit, die wichtigen Probleme anzupacken. Danach beseitigen Sie mit der Tröstenden Verbindung (siehe Kapitel 2) die eigentlichen Ursachen Ihres Problems. Wenn Sie wirklich hungrig sind, dürfen Sie etwas essen. Schlemmen Sie aber nicht, sondern nehmen Sie eine vernünftige Portion gesunder Speisen zu sich und genießen Sie Ihr Essen als Lohn für Ihre Einsicht und Disziplin.

Sie beweisen jedes Mal Willenskraft, wenn Sie den Joy Touch anwenden, zum Beispiel zwischen den einzelnen Bissen, um langsamer zu essen oder um jeden Happen intensiv zu genießen. Zudem eignet er sich als Appetithemmer vor einem Imbiss. Achten Sie aber darauf, ihn früh genug vor dem Essen anzuwenden.

Eine Lehrerin bei Free Soul berichtete, es nütze nichts mehr, wenn Sie mit dem Joy Touch bis zum Öffnen der Kühlschranktür warte. Dann holt sie mehr heraus, als sie sollte. Die visuellen Reize der vielen Speisen und der Drang zu essen sind einfach zu stark. Wenn sie jedoch schon auf dem Weg in die Küche mit dem Joy Touch beginnt, ist ihre Willenskraft vor dem Kühlschrank viel größer.

Wichtig ist auch ausreichende Bewegung. Keine andere Methode kurbelt den Kreislauf so stark an. Auch hier kann der Joy Touch helfen. Sie bewegen sich mehr, wenn Sie Spaß dabei haben, anstatt sich nur anzustrengen. Manchmal ist die Stimmung das Haupthindernis. Wenn Sie niedergeschlagen oder ängstlich sind, ist der Gedanke an Sport unerträglich. Sobald Sie sich besser fühlen und mehr Energie haben, fällt es Ihnen leichter, spazieren zu gehen oder Sport zu treiben. Hartes Training ist nicht notwendig. Bloßes Gehen führt nachweislich zu einer deutlichen Gewichtsabnahme. Nutzen Sie den Joy Touch, damit Sie Lust auf einen Spaziergang bekommen, und wenden Sie ihn später an, um mehr Freude an der Bewegung zu haben.

Sobald Sie gelernt haben, das Septum pellucidum zu stimulieren, können Sie den Joy Touch auch bei anstrengenden Tätigkeiten nutzen. Er hilft Ihnen, länger durchzuhalten und den „zweiten Wind" zu erreichen. Musik kann aerobe Übungen, zum Beispiel auf dem Stepper, ebenfalls angenehmer machen. Einerlei, ob Sie sich forsch oder moderat bewegen, Sie sollten sich dabei wohlfühlen. Diese Disziplin ist ein Schlüssel zur Gewichtsabnahme.

Das Wichtigste überhaupt ist Ihr Gemütszustand. Davon hängt es hauptsächlich ab, ob Sie glücklich sind. Selbst wenn Sie die Ereignisse und Ihre Umwelt nicht im Griff haben, sind Sie Herr Ihres Denkens. Sie sind mehr als ein tierisches Gehirn. Sie können sich bewusst über das Körperliche erheben und als Seele leben. Nutzen Sie alle Ideen und Techniken der bisherigen Kapitel, um die Liebe in Ihrem Leben zu vermehren. Das Leben soll Freude machen. Gehen Sie nicht dem miesepetrigen limbischen System auf den Leim.

Gut ernährt sein bedeutet mehr als gut genährt sein. Sie brauchen auch Nahrung für die Seele. Nehmen Sie täglich spirituelle Nährstoffe zu sich: Selbstakzeptanz, Liebe und Verbundenheit mit dem größeren Ganzen. Sie brauchen diese Seelennahrung, um sich wirklich wohlzufühlen. Lernen Sie jeden Tag ein wenig, lieben Sie ein wenig und weinen Sie ein wenig, wenn Ihnen danach ist. Akzeptieren Sie die vielen Höhen und Tiefen als Teil des Lebens, und genießen Sie das Abenteuer.

Akzeptieren und lieben Sie sich als wachsende, suchende Seele. Gönnen Sie sich das tägliche Quäntchen Respekt, das Sie verdienen. Hier ist eine einfache Methode, mit der Sie Ihr Selbstwertgefühl regelmäßig stärken können:

- **Wenden Sie den Joy Touch an, um aufgeschlossen zu beginnen.**
- **Fühlen, sehen, wissen oder verstehen Sie, dass Sie sich selbst gern haben.** (Freuen Sie sich darüber zu sein, was Sie sind: eine einzigartige Seele.)
- **Legen Sie nun die rechte Hand und den rechten Arm auf den Bauch.** (So haben Sie das Gefühl, beschützt und satt zu sein.)
- **Legen Sie dann die linke Hand und den linken Arm aufs Herz.** (Das gibt Ihnen das Gefühl, respektiert und geschätzt zu werden.)
- **Schwelgen Sie in dem Gefühl, mit sich selbst in Harmonie und zufrieden zu sein.** (Fühlen Sie Ihre Einzigartigkeit und Ihren Wert, der von Äußerlichkeiten unabhängig ist.)
- **Warten Sie einige Augenblicke, und wenden Sie dann den Joy Touch an, um diese Erkenntnis und dieses Gefühl zu bekräftigen.**

Sie verdienen diese Phase des inneren Friedens und der Zufriedenheit mindestens täglich. Sie könnte durchaus der wichtigste Nährstoff für die Gesundheit des menschlichen Geistes sein. Um Ihr Gewicht in den Griff zu bekommen, haben Sie gelernt, wie man sich gesund ernährt und wie man Speisen schonend zubereitet. Lernen Sie nun, sich selbst zu schätzen.

Nutzen Sie diese Übung als Eckstein Ihres fünftes Schrittes. Prüfen Sie regelmäßig, ob Sie sich innerlich gut fühlen. Andernfalls besteht die Gefahr, dass Sie das Essen als Krücke benutzen oder, schlimmer noch, von Drogen abhängig werden, um den Stress des Lebens zu lindern. Das nächste Kapitel stellt Methoden vor, mit denen Sie dieser Falle entgehen können.

6

Mit dem Joy Touch Schmerzen lindern und Nikotin-, Alkohol- und Drogensucht überwinden

Schmerzen, Nikotinsucht und Drogenabhängigkeit sind drei bekannte Feinde des Glücks. Der Joy Touch ist eine wirksame Technik, mit der Sie die negativen Auswirkungen dieser Probleme auf Ihr Leben verringern können. Natürlich ist der Joy Touch allein kein Heilmittel bei chronischen Schmerzen oder schwerem Drogenmissbrauch. Aber er ist eine revolutionäre Ergänzung für Therapien, die diese Probleme anpacken.

Es mag Ihnen seltsam vorkommen, dass ich in einem Kapitel über Süchte auch Schmerzen behandle; aber das ist völlig logisch. Wenn Sie das Septum pellucidum stimulieren können, haben Sie Zugang zu den natürlichen Heilmitteln des Körpers für physische und psychische Beschwerden. Außerdem verwenden wir viel zu oft frei verkäufliche Schmerzmittel. Viele Menschen sind beinahe süchtig, weil sie beim geringsten Schmerz zur Tablette greifen. Es ist an der Zeit, dass nicht nur Marathonläufer die körpereigenen Endorphine nutzen.

Schmerzen lindern

Sie können lernen, die natürliche Schmerztherapie des Körpers mental in Gang zu setzen. Der Joy Touch macht diesen Vorgang einfach. Sie können ihn bei Beschwerden aller Art anwenden, von kleinen Beschwerden bis zu Schmerzen nach einer Operation.

Kopfschmerzen

Kursteilnehmer, die den Touch regelmäßig anwenden, berichten, dass sie seltener Kopfschmerzen haben. Das häufige Stimulieren des Septum pellucidum beugt den Verspannungen vor, die Schmerzen auslösen. Wenn Sie doch einmal Kopfschmerzen bekommen, hilft Ihnen der Joy Touch, sie schneller zu stillen. Wichtig ist, dass Sie die Technik sofort anwenden, wenn die Kopfschmerzen beginnen – aber nicht von der schmerzenden Stelle aus. Wenn Sie beispielsweise Schmerzen in den Nebenhöhlen haben (oder eine heftige allergische Reaktion), können die Beschwerden sogar schlimmer werden, wenn Sie das Septum pellucidum von vorne stimulieren. Gehen Sie also von oben oder von hinten nach innen. Wenn die Schmerzen von verspannten Nackenmuskeln hervorgerufen werden, sollten Sie die Halsmassage mit einer Hand auf der Stirn (siehe Kapitel 3) probieren. Dabei stimuliert eine Hand das Septum pellucidum von vorne, während die andere die Schädelbasis lockert.

Migräne und pochende Schmerzen

Wie bei normalen Kopfschmerzen müssen Sie auch bei Migräne den Joy Touch so früh wie möglich anwenden. Zale Atley, einer meiner Lehrer, leidet seit Jahren an Migräne, und er hat eine Methode entdeckt, mit der er Migräneanfällen vorbeugen kann. Er sieht nämlich oft ein Lichtmuster vor den Augen tanzen, ehe die Schmerzen einsetzen. Ganz ähnliche Erfahrungen machen Epileptiker vor einem Anfall. Wenn Zale den Joy Touch anwendet, sobald er dieses Lichtmuster sieht, kann er verhindern, dass sich aus Verspannungen eine echte Migräne entwickelt.

Wenn die Migräne erst einmal zugeschlagen hat, lässt sie sich häufig kaum noch lindern. Die Schmerzen können derart stark sein, dass die Betroffenen handlungsunfähig werden. Sie müssen sich oft in einem dunklen Zimmer ins Bett legen. Selbst dann kann die kleinste Bewegung die Schmerzen verschlimmern. Alles, was die Aufmerksamkeit von den Schmerzen ablenkt, kann helfen, vor allem wenn es auf die pochenden Schmerzen abgestimmt ist.

Das Hauptziel ist nicht das Stillen, sondern die Linderung der Schmerzen. Wenn Sie angestrengt versuchen, die Schmerzen völlig zu beseitigen, können Verspannungen und noch stärkere Schmerzen die Folge sein. Zudem ist alles, was die Schmerzen lindert, ein positiver Schritt. Seien Sie mit dem Fortschritt zufrieden, und machen Sie von da aus weiter. Viele Migräneopfer haben obendrein Schuldgefühle, weil sie die Schmerzen nicht loswerden können. Sie halten sich für Versager. Verschonen Sie sich mit dieser zusätzlichen Tortur. Tun Sie, was Sie können, und loben Sie sich dafür.

Oft muss sich Migräne einfach austoben. Wenden Sie den Joy Touch an, um die Schmerzen während dieser Phase zu lindern. Passen Sie die stimulierenden Impulse dem Pochen der Schmerzen an, um sich auf ihren Höhepunkten mental abzulenken. Der Joy Touch von oben scheint am wirksamsten zu sein, wahrscheinlich weil er Ihre Aufmerksamkeit zur Seele hin und vom Körper weg verlagert. Diese Seelenverlagerung (siehe Kapitel 3) kann Ihnen auch helfen, in einen leichten Schlaf zu fallen, der die Migräne manchmal beendet. Anstatt vor Erschöpfung einzuschlafen, konzentrieren Sie sich auf den Joy Touch und die Seelenverlagerung, um ein wenig benommen zu werden. Wichtig ist, dass Sie etwas tun und sich nicht von den Schmerzen überwältigen lassen.

Zahnschmerzen

Die gleiche Methode können Sie bei Zahnschmerzen anwenden. Moneca Ryane, ebenfalls eine Lehrerin, benutzt den Joy Touch, um Schmerzen während einer Zahnbehandlung zu lindern. Die Stimulierung des Septum pellucidum verringert nicht nur ihre Angst, sondern macht Prozeduren erträglicher, bei denen man in der Regel keine Schmerzmittel bekommt. Da sie empfindliche Zähne hat, ist schon das Zähneputzen für sie äußerst unangenehm. Einmal rief sie mich an und berichtete aufgeregt, mit dem Joy Touch habe sie es diesmal fast ohne Jammern geschafft.

Verstehen Sie mich nicht falsch. Ich bin nicht gegen schmerzstillende Spritzen, sondern akzeptiere sie dankbar, wann immer der Zahnarzt sie empfiehlt. Aber der Joy Touch eignet sich nicht nur als Schmerzdämpfer. Er macht den gesamten Zahnarztbesuch erträglicher.

Wenn wir zum Zahnarzt gehen, sind wir besonders nervös, selbst wenn uns nur eine harmlose Prozedur bevorsteht. Schon der Winkel des Stuhls scheint ein Gefühl der Hilflosigkeit auszulösen, das auf unser genetisches Erbe zurückgeht. Außerdem müssen wir den Mund unnatürlich weit aufreißen. Hinzu kommt noch die Angst, in seinem eigenen Speichel zu ertrinken. Und die ganze Zeit über können wir nicht sprechen (der Zahnarzt scheint das nicht zu wissen, oder er stellt uns Fragen, um uns zu quälen). Kein Wunder, dass wir die Praxis bisweilen als Nervenbündel verlassen.

Etwas in mir lehnt sich dagegen auf, für solche Torturen auch noch bezahlen zu müssen. Wenn ich den Joy Touch anwende, noch bevor ich durch die Tür gehe, bleibe ich entspannter und betrachte den Besuch sogar als Chance, mich mitten am Tag hinzulegen. Das Stimulieren des Septum pellucidum während ich auf dem Stuhl liege, hilft mir, meine Gedanken zu beruhigen und die Ruhe zu genießen. Dass die Fragen des Zahnarztes mich beim Nachdenken stören, ärgert mich mehr als die Tatsache, dass ich ihm ohne Erstickungsanfall nicht antworten kann. Es klingt vielleicht unglaublich, aber es ist fast beruhigend zu wissen, dass mich keine Telefonanrufe nerven und dass ich nicht den Taxifahrer für die Kinder spielen muss. Solange ich dort bin, möchte ich mich wenigstens so gut wie möglich entspannen. Ich wende den Joy Touch wiederholt an, um meinen inneren Frieden zu steigern. Diese Methode hilft Ihnen auch bei größeren medizinischen Eingriffen.

Der Joy Touch vor, nach und während einer Operation und beim PMS

Vor einigen Jahren, nach einem verrückten Unfall, wurde ich am Knorpel und an den Bändern meiner Knie operiert. Statt einer Vollnarkose entschied ich mich für eine örtliche Betäubung. Ich wollte bei klarem Bewusstsein bleiben und die Selbstheilungstechniken anwenden, die ich in meinem *Handbuch der übersinnlichen Wahrnehmung* beschrieben habe. So konnte ich mit den heilenden und schmerzlindernden Maßnahmen schon während der Operation beginnen. Vor dem Eingriff wandte ich den Joy Touch an, um mein Unbehagen zu lindern, als ich vier Injektionen in die Lende und ins Knie bekam.

(Anmerkung: Bei vielen großen Operationen verabreichen die Chirurgen Curare oder ein anderes Mittel, das die Muskeln entspannt. Der Schnitt wird dann weniger krumm. Andernfalls würde sich das Gewebe anspannen und dem Skalpell Widerstand leisten. Je unregelmäßiger die Schnittstelle ist, desto länger dauert es, bis die Wunde heilt, und desto stärker werden die Schmerzen nach der Operation. Die tiefe Version des Joy Touch vor dem Eingriff entspannt den Körper noch mehr.)

Während der Operation stimulierte ich das Septum pellucidum regelmäßig, damit mein Blutdruck niedrig blieb. Das vereinfachte meine heilenden Übungen, als ich das Innere meines Knies auf einem Monitor betrachtete. Infolgedessen hatte ich fast keine Schmerzen, als die Anästhesie abklang. Ich nahm das vom Arzt verordnete Schmerzmittel nicht ein und brauchte nicht einmal Paracetamol.

Ich war verblüfft. Ich hatte weder den Macho gespielt noch die Zähne zusammengebissen. Die Schmerzen waren einfach weg. Als Schüler hatte ich eine kleinere Operation am anderen Knie, und ich erinnere mich noch gut an die Schmerzen. Diesmal hatte ich so gut wie keine Beschwerden, obwohl Bänder zerschnitten und drei Knorpelrisse (nicht nur einer) herausgeschnitten wurden. Im Grunde brauchte ich den Joy Touch mehr, um meine Reizbarkeit nach der Operation zu dämpfen.

Ich mag es einfach nicht, in meiner Bewegungsfreiheit eingeschränkt zu sein. Obwohl ich dank meiner heilenden Techniken immer schnell genas, war ich sehr verdrießlich. Ich lernte, dass ich den Joy Touch häufiger anwenden musste (mindestens stündlich), um meinen Ärger zu dämpfen. Außerdem war es notwendig, beim Joy Touch die Richtung zu wechseln. Oft wirkte die Stimulation von oben her (wie ein Lichtstrahl, der ins Schädeldach eindringt) am besten.

(Anmerkung: Mehrere Seminarteilnehmerinnen berichteten, ein Joy Touch, stündlich angewandt, **lindere auch ihre Reizbarkeit beim PMS.** Da ich als Mann wenig über das PMS weiß, will ich mich kurz fassen. Viele seiner Symptome hängen mit dem limbischen System zusammen. Mit dem Joy Touch können Sie die zyklische Zunahme der Reizbarkeit dämpfen, indem Sie positive Empfindungen verstärken.)

Ein andermal bestand die wirksamste Methode darin, einen Energieimpuls an der Wirbelsäule entlang nach oben zu senden und das Glückszentrum von hinten zu stimulieren. Die Abwechslung trug dazu bei, dass ich mich nicht langweilte und nicht vergaß, die Technik anzuwenden.

Die Beweglichkeit ist bei vielen Behinderten eingeschränkt und macht viele ältere Menschen unglücklich. Vielleicht sind Sie derzeit nicht davon betroffen, aber wir alle müssen uns im Alter damit zurechtfinden. Der Joy Touch kann Ihnen helfen, positiv zu denken und sich im Herzen jung zu fühlen, unabhängig von Ihrem Alter und Ihren körperlichen Einschränkungen. Betrachten Sie Reizbarkeit als ärgerlichen mentalen Schmerz, als Sonnenbrand im Gehirn. Der Joy Touch ist dann eine Art Sonnencreme, denn er lindert die innere Reibung, die durch zunehmende körperliche Schwäche, leichte Arthritis und Bewegungseinschränkung entstehen kann. Selbst wenn Ihr Körper älter und schwächer wird, können Sie den Verfall aufhalten, indem Sie Ihre mentalen Fähigkeiten weiterentwickeln und stärken.

Rückenschmerzen

Neuere Studien belegen, dass viele Therapien gegen Rückenbeschwerden (mit Ausnahme der Chiropraktik) nicht wirksamer sind als Ruhe und Abwarten. Das bedeutet, dass auch der Joy Touch hilfreich ist, weil er die Ruhe vertieft und Sie von den Schmerzen ablenkt. Wichtiger noch: Er löst ein behagliches Gefühl aus, wenn Sie sich hinlegen. Senden Sie dem Körper das Signal, dass Sie sich ausruhen und die Heilung fördern.

Wenn Sie sich für die Chiropraktik entscheiden, können Sie den Joy Touch vor und während der Untersuchung nutzen, um die Muskeln zu lockern. Dann kann der Therapeut die Beschwerden besser diagnostizieren und behandeln. Nach der Therapie verhindert der Joy Touch Muskelverspannungen, die einen Rückfall auslösen könnten.

Starke und chronische Schmerzen

Starke Schmerzen dürfen Sie nie leicht nehmen. Konsultieren Sie immer einen Arzt. Die folgenden Tipps können die Therapie jedoch ergänzen. Wie bereits erwähnt, können Sie sich von Schmerzen ablenken, indem Sie die Impulse beim Joy Touch dem Pochen anpassen. Die Wirkung ist noch stärker, wenn Sie schmerzlindernde Gedanken in die schmerzende Stelle senden. Dies ist die mentale Entsprechung der Vereisung schmerzender Nervenfasern.

Tun Sie alles, was Ihnen hilft, das Schmerzsignal zu dämpfen oder in den Hintergrund zu drängen. Das gelingt oft, wenn Sie andere Sinnesorgane stärker reizen, zum Beispiel indem Sie Musik hören. Selbst körperliche Bewegung (sofern sie die Schmerzen nicht verschlimmert) ist eine wirksame Ablenkung. Unternehmen Sie etwas gegen den Schmerz, lassen Sie ihn nicht gewinnen.

Einer meiner Seminarteilnehmer in Nordkalifornien wendet gegen seine chronischen Schmerzen eine andere Methode an. Scott wurde in Vietnam verwundet und erlitt dabei bleibende Schäden im Knie. Die Ärzte sind der Meinung, dass er irgendwann ein Bein verlieren wird. Von allen Methoden der Schmerzbekämpfung, die er probiert hat, sind die heilenden Übungen von Free Soul seiner Erfahrung nach am wirksamsten. Die stärkste Linderung spürt er, wenn er heilende Gedanken in das Knie sendet, anstatt nur den Schmerz zu dämpfen. Zusammen mit dem Joy Touch geben ihm diese Übungen das Gefühl, nicht machtlos zu sein. **Hier ist eine Kurzfassung dieser Heilübungen:**

- **Wenden Sie den Joy Touch an, um die Schmerzen zu lindern und sich zu entspannen.**
- **Fühlen, sehen, wissen oder verstehen Sie, dass Sie eine Seele sind.** (Sie brauchen nicht unbedingt die Technik der Seelenverlagerung anzuwenden, die ich in Kapitel 3 beschreibe; es genügt, wenn Sie sich als Bewusstsein jenseits des Körpers empfinden.)
- Visualisieren Sie nun, dass Ihre gesamte Seelenenergie in den schmerzenden oder verletzten Körperteil fließt. (Sie „gehen" in diesen Körperteil und sind ganz dort, im Gewebe.)
- **Spüren Sie, wie die Seele diesen Körperteil mit Energie füllt und ihn anregt, gesund zu werden.** (Visualisieren Sie heilende Strahlen; stellen Sie sich vor, dass das Gewebe sich regeneriert; oder denken Sie einfach, dass Sie Fortschritte machen. Benutzen Sie Bilder oder Ideen, die Sie mit Heilung und Ganzheit verbinden.)
- **Halten Sie dieses Bild eine oder zwei Minuten fest, und „speichern" Sie es dann.** (Erschaffen Sie eine mentale Blase, welche die Energie einfängt und an Ort und Stelle festhält.)
- **Wenden Sie zum Schluss den Joy Touch an, um Ihr gesteigertes Wohlbefinden zu bekräftigen.**

(Weitere heilende Übungen finden Sie in im Buch *Das Handbuch der übersinnlichen Wahrnehmung,* Kapitel 7 und im umfassenden Free-Soul-Kurs *Dynamics of Being a Free Soul.*)

Dies ist nur eine kleine Übung, die Sie anwenden können, um Ihre Situation besser in den Griff zu bekommen. Es gibt viele andere Methoden, die ebenfalls wirksam sind. Einerlei, welche Sie benutzen, es ist wichtig, sich nicht als Opfer zu fühlen. Wenden Sie den Joy Touch und die in Kapitel 3 und 4 beschriebenen Techniken an, um Ihr mentales und spirituelles Wohlbefinden zu steigern. Nutzen Sie jeden Impuls des Joy Touch, um Ihren Wert als Seele zu bekräftigen und daran zu denken, dass Sie mehr als ein schmerzender Körper sind.

Der Geist beherrscht die Materie

Sie können die Macht des Geistes immer nutzen, um sich über die Wirkungen der physikalischen Materie zu erheben. Da der Joy Touch Nervenbahnen stimuliert, können Sie mit Ihrem Geist die Dominanz der anderen Nervenstränge brechen, die Schmerzsignale weiterleiten. Und da Sie ein Bewusstsein sind, können Sie über die fleischliche Ebene hinauswachsen. Dank Ihrer mentalen Fähigkeiten sind Sie auch imstande, die zellulären Wirkungen chemischer Abhängigkeit zu beseitigen.

Nikotinsucht überwinden

Der Sprung von der Schmerzlinderung zur Überwindung der Nikotinsucht ist nicht sehr groß. Beide hängen in mehrfacher Hinsicht zusammen. Das Verlangen nach einer Zigarette zu unterdrücken bedeutet im Wesentlichen, den mentalen Schmerz zu lindern, den Nikotinentzug auslöst. Zudem besteht eine Verbindung durch Neurotransmitter. Nikotin löst nachweislich die Bildung von Endorphinen im Gehirn aus (jener schmerzlindernden Substanzen, deren Wirkung auch Marathonläufer spüren). Außerdem regt es die Bildung von Dopamin in den Belohnungszentren des Gehirns an. Genau das Gleiche bewirken Alkohol, Kokain und Opium. Wer nach Zigaretten süchtig ist, steht vor einem doppelten Problem: Er muss das körperliche und psychische Unbehagen lindern, das der Nikotinentzug hervorruft – dabei hilft ihm der Joy Touch –, und er muss die eigentliche Ursache seiner Sucht bekämpfen.

Nikotin ist eine starke Droge, die abhängig macht; aber sie ist nicht der Hauptgrund dafür, dass Menschen rauchen. Der Hauptgrund ist Stress und der Wunsch, seine unangenehmen Folgen zu lindern. Wir wissen seit Jahrzehnten, dass Rauchen sehr ungesund ist. Warum also rauchen die Menschen immer noch? Die Antwort lautet: Das mentale und emotionale Verlangen ist stärker als die Sorge um das körperliche Wohlbefinden. Sie sind bereit, ein Risiko einzugehen, um den Stress des Lebens zu lindern. Zudem gab es bisher keine schnelle und natürliche Alternative. Aber jetzt gibt es sie!

Wenn Sie das Septum pellucidum willentlich stimulieren können, verfügen Sie über eine Methode, den Stress rasch zu lindern. Bei vielen Menschen ist diese Technik so wirksam, dass sie kein Verlangen mehr nach einer Zigarette spüren. Wenn die Sucht stärker ist, können Sie mit fortgeschrittenen Varianten der Technik erreichen, dass Sie eine Zigarette nicht anzünden, obwohl sie bereits im Mund steckt.

Der Joy Touch als Ersatz

Sobald das Verlangen nach Nikotin sich meldet, müssen Sie den Joy Touch beim Einatmen anwenden. Da die Sucht mit Einatmen zusammenhängt, kann Ihnen die Stimulierung des Septum pellucidum beim Einatmen die gleiche Erleichterung verschaffen wie das Rauchen. Außerdem sind die meisten Süchte Teil eines starken Verhaltensmusters, das sogar die Voraussetzung dafür sein kann, dass die Droge ihre Wirkung entfaltet. Beim Rauchen trägt das gesamte Ritual (Herausholen der Zigarette, Anzünden usw.) zum Gefühl der Entspannung bei. Schon wenn der Raucher „etwas tut", fühlt er sich weniger hilflos und ängstlich. Dieses Etwas kann aber auch der Joy Touch sein.

Raucher können sogar eine unangezündete Zigarette in den Mund stecken und das Septum pellucidum stimulieren, während sie durch die Zigarette einatmen! So verschaffen sie sich die psychische und physische Linderung, ohne zu rauchen. Wer der Versuchung nicht widerstehen kann, die Zigarette anzuzünden, kann sie nach einem oder zwei Zügen löschen, wenn er beim Rauchen den Joy Touch anwendet.

Es nützt nichts, den Joy Touch anzuwenden, während Sie eine angezündete Zigarette rauchen. Der doppelte Reiz durch das Septum pellucidum und das Nikotin führt zu einer Überstimulation, die negative Folgen haben kann. Cindy, eine Raucherin, beschrieb es so: „Ich weiß, dass ich oft rauche, weil ich ängstlich, gestresst oder gereizt bin. Wenn ich beim Inhalieren den Joy Touch anwende, werde ich derart aufgekratzt, dass ich sogar mehr rauchen möchte, um mich abzuregen. Aber wenn ich den Joy Touch mehrere Male anwende, bevor ich inhaliere, atme ich nicht so tief ein und kann die Zigarette vorzeitig löschen."

Diese Methode hilft Menschen, denen es nie gelungen ist, mit dem Rauchen über Nacht aufzuhören. Sie können sich jetzt nach und nach entwöhnen (das ist nach neuesten Studien wirksamer als ein abrupter Verzicht). Zudem ist es psychologisch hilfreicher, wenn Sie das Rauchen reduzieren, anstatt damit „aufzuhören". Aufhören lässt Sie an Verbot und Entbehrung denken. Die Folge ist Angst und der Drang zu rauchen, damit es Ihnen besser geht. Die Reduktionsmethode löst dagegen das Gefühl aus, Fortschritte zu machen und etwas für die Gesundheit zu tun. Wenig Rauch in den Lungen ist mit Sicherheit besser als viel Rauch. Alles, was Sie davon abhält, automatisch nach einer Zigarette zu greifen und sie ganz zu rauchen, hilft Ihnen bei der Entwöhnung.

Ermitteln Sie Ihre Auslöser

Michael Fiore, der ärztliche Leiter des Zentrums für Tabakforschung an der University of Wisconsin, sagte einmal, viele Raucher, die aufhören wollten, hätten fünf oder sechs Rückfälle, bevor es ihnen gelinge, ihre Nikotinsucht zu überwinden. Um Erfolg zu haben, müssen Sie vor allem herausfinden, wann und wo Sie am häufigsten Lust auf eine Zigarette verspüren. Verzichten Sie in diesen Situationen zuerst auf den Glimmstängel. Natürlich ist jeder Raucher anders, aber die meisten haben einiges gemeinsam. In jedem Fall ist der Joy Touch ein wichtiger Teil der Strategie, wenn Sie Ihren Zigarettenkonsum wenigstens einschränken wollen.

Dem Verlangen nach einer Zigarette gleich am Morgen können viele Raucher schwer widerstehen, vor allem während oder nach der morgendlichen Tasse Kaffee (Koffein verstärkt die Symptome des Nikotinentzugs). Wenden Sie den Joy Touch an, um eine Wirkung zu erzielen, die Ihnen die Augen öffnet und das Gehirn beschäftigt – genau das verlangt Ihre Sucht. Das hebt Ihre Stimmung und ermuntert Sie, nach Alternativen zur Zigarette am Morgen zu suchen. Gute Beispiele sind ein Spaziergang oder ein gesundes Frühstück.

Viele Raucher greifen nach dieser ersten Zigarette, um sich besser zu fühlen, besonders wenn sie zu wenig geschlafen haben. Das Gefühl, dieser ersehnten Linderung beraubt zu werden, kann den Start in den Tag noch unangenehmer machen. Wenden Sie stattdessen den Joy Touch an, um Ihre Laune zu verbessern, und schließen Sie daran spezifische Gedanken und/oder Affirmationen an, damit Sie mit sich und dem jungen Tag zufrieden sind. Betonen Sie, wie stolz Ihre Familie sein wird, wenn Sie nicht rauchen. Überlegen Sie, womit Sie sich an diesem Tag verwöhnen und ermutigen können.

Ermitteln Sie Ihre Stresspunkte am Arbeitsplatz. Saul Shiffman, ein Psychologieprofessor an der University of Pittsburgh, stellte fest, dass bis zu siebzig Prozent aller Rückfälle und Versuchungen mit starkem Stress oder mit einer Krise zusammenhängen. Anstatt in solchen Situationen nach einer Zigarette zu greifen, sollten Sie eine Pause einlegen und mehrere Male den Joy Touch anwenden. Stimulieren Sie das Septum pellucidum, bevor Sie in eine Besprechung gehen, von der Sie wissen, dass sie schwierig wird. Wenden Sie nach anstrengenden Begegnungen den Joy Touch an, anstatt sich mit einer Zigarette zu entspannen. Lassen Sie sich auch nicht vom Zeitdruck davon abhalten, während des Tages immer wieder den Joy Touch anzuwenden. Er dauert nur wenige Sekunden und hilft Ihnen, Ihren Zigarettenkonsum mindestens zu halbieren.

Verzichten Sie auf die Zigarette nach dem Essen. Machen Sie aus dem Joy Touch einen entspannenden Nachtisch. Natürlich gibt es auch andere Möglichkeiten: Hören Sie Musik, lesen Sie, oder machen Sie ein Nickerchen. Ein Verdauungsspaziergang ist ebenfalls eine gute Alternative. Bewegung setzt Endorphine frei, nach denen das Gehirn sich sehnt, und verbraucht zudem Kalorien. Das trägt dazu bei, der Gewichtszunahme vorzubeugen, die oft mit der Entwöhnung einhergeht.

Ersetzen Sie die Zigarette nach dem Sex durch den Joy Touch. Die Stimulation des Septum pellucidum steigert das Gefühl der Nähe und verlängert das zärtliche Beisammensein danach. Andere angenehme Empfindungen, zum Beispiel Umarmungen und Küsse, können das Verlangen nach Nikotin ebenfalls beseitigen.

Lernen Sie Ihre emotionalen Auslöser kennen. Nutzen Sie die Techniken in den vorigen Kapiteln, um das Chaos zu beheben, das Sorgen, Kränkungen, Ängste oder Wut auslösen. Lindern Sie den Stress mit dem Joy Touch und der Tröstenden Verbindung anstatt mit Zigaretten. Wenn der Drang, in Stresssituationen zu rauchen, zu stark wird, dann denken Sie an die Schritte, die Sie im vorigen Abschnitt gelernt haben, und nutzen Sie den Joy Touch, um die Zigarette vorzeitig zu löschen.

Unterschätzen Sie nie die Suchtwirkung des Nikotins. Anstatt sich wegen Ihres vermeintlichen Versagens zu kritisieren (das verstärkt den Stress nur), sollten Sie sich für Ihre Bemühungen loben. Selbst wenn Sie eine Rückfall erleiden, hat die Zeit ohne Rauchen Ihrem Körper genützt. Versuchen Sie, das nächste Mal länger durchzuhalten. Medizinische Hilfsmittel können Sie dabei unterstützen.

Nikotinkaugummi und Nikotinpflaster

Wenn Sie vom Nikotin wirklich nicht loskommen, brauchen Sie möglicherweise einen Nikotinersatz. Der Joy Touch hebt zwar die Stimmung und lindert emotionalen Stress, aber er kann starke Entzugssymptome vielleicht nicht beseitigen. Testen Sie in solchen Fällen nicht, wie gut Sie den Joy Touch beherrschen. Lassen Sie sich vom Pflaster oder vom Kaugummi helfen. Verringern Sie aber Ihre Nikotindosis nicht zu schnell.

Peter Sachs, der ärztliche Leiter des Zentrums für die Vorbeugung gegen Lungenkrankheiten in Palo Alto, empfiehlt starken Rauchern, mit der Reduzierung der Nikotindosis erst zu beginnen, wenn sie dreißig Tage lang keine Zigarette angerührt haben.

Das Pflaster ist vielleicht einfacher anzuwenden, aber der Kaugummi lässt sich leichter an den Joy Touch anpassen. Da Sie das Pflaster nur einmal am Tag anlegen, regt es Sie nicht an, den Joy Touch häufiger anzuwenden. Zudem ist es im Gegensatz zum Kaugummi kein echter Ersatz für die Zigarette, wenn Sie unter starkem Stress stehen. Wenn das Verlangen so heftig ist, dass Sie etwas dagegen tun müssen, kann das Kauen ein orales Stimulans und dadurch eine wirksame Ablenkung sein. Der Gummi ersetzt auch das Ritual des Herausziehens und Anzündens der Zigarette. Denken Sie daran, den Joy Touch immer, wenn Sie einen Kaugummi in den Mund geschoben haben, ein- oder zweimal anzuwenden. Auch das wegwerfen des Kaugummis sollte Sie daran erinnern, den Joy Touch ein letztes Mal anzuwenden.

Der größte Nachteil des Joy Touch ist, dass die Menschen ihn nicht so häufig nutzen, dass sie ihren emotionalen Stress wirklich abbauen können. Es ist äußerst wichtig, von dieser Technik automatisch und fast instinktiv Gebrauch zu machen. Wir sind geübter im Zähneputzen und im Naseschnäuzen als im Reinigen unseres Geistes.

Nutzen Sie Ihre Nikotinsucht, um den Joy Touch zu automatisieren. Einerlei, ob Sie rückfällig werden oder nicht, nutzen Sie das Verlangen, um an den Joy Touch zu denken. Je öfter Sie ihn anwenden, desto wohler fühlen Sie sich und desto seltener rauchen Sie allein wegen der antidepressiven Wirkung des Nikotins.

Um den Alkoholkonsum zu verringern, können Sie ähnliche Methoden anwenden.

Mit dem Joy Touch den Alkoholkonsum verringern

Wie das Rauchen hängt auch der Alkoholmissbrauch mit Verhaltensmustern und Auslösern zusammen, die psychische Ursachen haben können, während der Alkohol körperlich süchtig macht. Das Ritual – Auswahl und Einschenken des Getränks, das Hantieren mit dem Glas usw. – hängt eng mit dem Bedürfnis nach Linderung zusammen. Verwenden Sie den Joy Touch so oft wie möglich anstelle des Alkohols, um die Stimmung zu heben, und ersetzen Sie das Getränk durch Saft, Limonade oder erfrischendes Eiswasser. Stimulieren Sie das Septum pellucidum bei jedem Schluck.

Wenn Sie trinken, um zu genießen oder um den Feierabend rituell zu begießen, sollten Sie dieses Muster beibehalten, aber stattdessen ein alkoholfreies Getränk zu sich nehmen, das Ihnen schmeckt. Wenden Sie den Joy Touch an, um den Übergang in einen neuen Teil des Tages zu feiern.

Wenden Sie den Joy Touch vor dem ersten Schluck mindestens dreimal an. Stimulieren Sie zuerst das Septum pellucidum, um den Stress des Tages abzubauen, dann noch einmal, um den nächsten Abschnitt des Tages entspannt und harmonisch zu beginnen. Nutzen Sie den Joy Touch ein drittes Mal, um sich dafür zu beglückwünschen, dass Sie eine gesündere Alternative gewählt haben. Dann und nur dann nippen Sie zum ersten Mal an Ihrem alkoholfreien Getränk.

Wenn Sie aus irgendeinem Grund dennoch Alkohol trinken, sollten Sie den Joy Touch anwenden, um sich mit einem Getränk zu begnügen anstatt fünf Drinks zu kippen. Machen Sie *sich selbst* glücklich, nicht die Aktionäre der Brauereien. Wie beim Abnehmen müssen Sie sich auch hier Zeit nehmen. **Wenden Sie zwischen den Schlucken immer den Joy Touch an.** Erstens, damit Sie nicht zu schnell trinken, und zweitens, um Ihre Stimmung auf natürliche Weise zu heben, damit Sie nicht so viele Drinks benötigen, um die erwünschte Wirkung zu erzielen. Mit dem Joy Touch haben Sie ein Mittel in der Hand, mit dem Sie Ihren Alkoholkonsum verringern können.

Sie sind der Schlüssel

Die wichtigsten Faktoren im Kampf gegen Alkoholmissbrauch sind der Glaube an sich selbst und der aufrichtige Wille, sich zu bessern. Neuere Studien zeigen, dass Optimismus für den Erfolg notwendig ist. Diese Motivation ist der Schlüssel, einerlei, ob Sie den Kampf alleine oder in einer Selbsthilfegruppe aufnehmen.

Machen Sie sich mit allen schädlichen Wirkungen vertraut, die der Alkohol auf den Körper hat. Das kann Sie motivieren, Ihren guten Vorsatz durchzuhalten. Die meisten Menschen wissen, dass Alkohol der Leber schadet; aber die anderen schädlichen Wirkungen sind vielen nicht bekannt. Alkoholmissbrauch kann das Herz schwächen, die Durchblutung hemmen, das Schlaganfallrisiko erhöhen und viele geistige Funktionen lähmen. Da man (im Vergleich zu anderen Substanzen) große Mengen benötigt, um die Stimmung zu heben, schädigt Alkohol fast jedes Organ.

Sobald Sie den Joy Touch kennen, lohnt sich diese globale Vergiftung einfach nicht mehr. Noch unsinniger ist es, andere dafür zu bezahlen, das sie Sie langsam umbringen. Ja, Alkohol setzt Endorphine im Gehirn frei und verbessert die Laune; aber Sie kennen jetzt alternative Methoden mit der gleichen Wirkung. Nutzen Sie das Gelernte, um sich besser zu fühlen, und fangen Sie heute noch an, Ihren Alkoholkonsum einzuschränken. Das soll nicht heißen, dass Sie vollständig auf Alkohol verzichten müssen – in Maßen genossen, hat er nachweislich einige positive Wirkungen.

Weder Totalentzug noch Sucht

Dennis Donovan, ein Psychiater und Leiter des Instituts für Alkohol- und Drogenmissbrauch an der University of Washington, erklärt: „Abstinenz ist nicht mehr das Nonplusultra bei der Behandlung des Alkoholismus.“ Mit anderen Worten: Es gibt Alternativen zum Mythos, man müsse entweder über Nacht auf Alkohol verzichten oder sein Gefangener bleiben. Manche ehemaligen Alkoholiker müssen total abstinent leben, aber andere sind imstande, moderate Mengen zu trinken.

Wenn Sie bereit sind, Abstinenzler zu werden – bravo! Ihr Körper wird es Ihnen auf lange Sicht zweifellos danken. Wenn Sie dazu jedoch aus irgendeinem Grund nicht in der Lage sind, müssen Sie wissen, dass es andere Möglichkeiten gibt, welche die schädlichen Folgen des Alkohols verringern können. Der Entschluss, sich zu ändern, ist der wichtige erste Schritt. Dann können Sie die Joy-Touch-Techniken nutzen, die ich am Anfang dieses Abschnitts vorgestellt habe, um die Alkoholmenge zu verringern, die Sie brauchen.

Bisher hatten Sie keine natürliche Alternative zum Trinken, um sich besser zu fühlen und den Stress des Lebens zu lindern. Jetzt haben Sie eine. Mit dem Joy Touch, der Tröstenden Verbindung und den Techniken zur Stärkung der Selbstachtung stehen Ihnen spezifische Methoden zur Verfügung, die Sie anwenden können. In Verbindung mit der Einsicht, dass moderater Alkoholkonsum kein Versagen ist, können diese Techniken das Tor zur Besserung sein. Sie haben bereits die Motivation und eine Reihe von Abwehrmitteln. Alles, was Sie nun noch brauchen, sind Strategien, die den Erfolg absichern.

Den Konsum einschränken und Rückfällen vorbeugen

Planung und Vernunft sind wichtige Bestandteile jedes Versuchs, die Macht des Alkohols in Ihrem Leben zu brechen. Ein System von Strategien zu entwickeln, die Sie vollständig absichern, ist nicht nur klug, sondern unerlässlich. Solange unsere Gesellschaft so alkoholabhängig ist, geraten Sie ständig in Versuchung, zumal auch die Werbung Sie zum Trinker machen will. Halten Sie sich an die folgenden vernünftigen Schritte. Zusammen mit dem Joy Touch können sie Ihren Wunsch, weniger zu trinken, zur Realität machen.

Meiden Sie Situationen, die Sie Ihrer Erfahrung nach zu exzessivem Trinken verleiten. Das bedeutet nicht unbedingt, dass Sie nicht mehr auf Partys, Hochzeiten und Feiern gehen dürfen. Wenn Sie der Versuchung bei solchen Veranstaltungen nicht widerstehen können, dann gehen Sie auf keinen Fall hin. Bei vielen Menschen genügt eine moderatere Methode. Setzen Sie sich nicht mit starken Trinkern an einen Tisch. Verabschieden Sie sich nach einem vernünftigen Zeitraum, bevor das Gelage anfängt. Bringen Sie sich, wann immer es möglich ist, nicht in Situationen, in denen Ihre Willenskraft zu stark auf die Probe gestellt wird.

Proben Sie im Voraus, was Sie in einem Umfeld tun, das bei Ihnen übermäßiges Trinken auslösen kann. Planen Sie, die Party früh zu verlassen. Überlegen Sie, welche alkoholfreien Getränke Sie genießen werden, wenn man Sie fragt: „Möchten Sie etwas trinken?“ Halten Sie ein alkoholfreies Getränk griffbereit, damit Ihnen niemand Alkohol aufdrängen kann.

Manche Menschen oder Situationen können problematische Erinnerungen auslösen, die zum Trinken verleiten. Es wäre töricht zu glauben, dass Sie diesen Auslösern nie begegnen werden. Anstatt ihnen aus dem Weg zu gehen, sollten Sie darauf vorbereitet sein. Visualisieren Sie, wie Sie diese Leute treffen oder sich wieder an diese Orte begeben. Überlegen Sie dann, wie Sie sich ohne Alkohol aus der Affäre ziehen.

Traditionelle Ansätze gehen davon aus, dass solche Auslöser bei Trinkern das Verlangen steigern und Rückfälle auslösen. „Aber das Gegenteil ist der Fall. Studien deuten darauf hin, dass die Konfrontation mit Auslösern genau das Richtige ist“, sagt Steven Liljegren, der klinische Direktor der Abteilung für Kinder und Jugendliche in der Brookside-Klinik in Nashua, New Hampshire. Wenn Sie sich diesen

Situationen stellen, ohne sie mit dem „Genuss“ eines alkoholischen Getränks zu verstärken, reagieren Sie mit der Zeit immer schwächer auf diese Auslöser. Außerdem können Sie sich dann darin üben, mit solchen Herausforderungen fertig zu werden.

Verringern Sie die Alkoholmenge mit den Joy-Touch-Techniken, die ich am Anfang dieses Abschnitts beschrieben habe. Die Stimulation des Septum pellucidum als mentaler Cocktail verringert das Verlangen nach Alkohol und stärkt Ihre Willenskraft, so dass Sie stattdessen ein alkoholfreies Getränk zu sich nehmen. Wenn Sie doch trinken (oder trinken müssen), sollten Sie nach jedem Schluck den Joy Touch anwenden, um wenigstens langsamer zu trinken.

Bewahren Sie Ihr mentales Gleichgewicht, indem Sie das Septum pellucidum im Laufe des Tages regelmäßig stimulieren. Diese natürliche Stimmungsaufhellung lindert den Stress des Lebens, der das Verlangen nach Alkohol auslösen kann. Das Leben ist unglaublich stressig. Darum bekommen Entertainer so viel Geld. Alle brauchen Entspannung. Es ist kein Verbrechen, wenn Sie erschöpft sind und sich Linderung verschaffen wollen; aber es ist eine Tragödie, wenn Sie jemanden dafür bezahlen, dass er Sie physisch und psychisch vergiftet. Der Joy Touch ist eine natürliche und gesunde Methode, die dazu beiträgt, den Blutdruck zu senken. Außerdem wirkt er schneller als Alkohol und verursacht keinen Kater. Und vor allem kostet er nichts. Er macht das Leben leichter, nicht die Geldbörse.

Da Sie den Joy Touch überall und jederzeit anwenden können, kann er Ihr Leben retten, wenn Sie emotional in eine stürmische See geraten. Nutzen Sie ihn, damit Sie die Grenze Ihrer Willenskraft nicht überschreiten. **Achten Sie darauf, dass Sie nie zu hungrig, zu wütend, zu einsam oder zu müde sind.** Jede dieser Bedingungen kann dazu führen, dass Sie trinken, um den Stress loszuwerden. Wenn Sie das Septum pellucidum stimulieren, sobald Sie beginnen, sich wütend, einsam oder gestresst zu fühlen, stellen Sie Ihr emotionales Gleichgewicht wieder her und können handeln, anstatt nur zu reagieren. Und wenn Sie den Joy Touch anwenden, sobald Ihr Blutzucker sinkt, dämpfen Sie Ihren Heißhunger. Dann fällt es Ihnen auch leichter, sich für einen gesunden Imbiss anstelle eines Drinks zu entscheiden, um die Stimmung und den Energiepegel zu heben.

Wenn Sie Alkoholiker sind, sollten Sie nicht zögern, um Hilfe zu bitten. Alkoholsucht ist eine ernste Krankheit. Nutzen Sie jede Hilfe, die Ihnen zur Verfügung steht.

Mit dem Joy Touch Entzugstherapien unterstützen

Es ist keine Schande, fachkundige Hilfe zu suchen, um die Fesseln des Alkoholmissbrauchs zu brechen. Nichts in diesem Buch will Sie auffordern, allein zu kämpfen. Sie kennen sich selbst am besten. Wenn Ihre eigenen Bemühungen erfolglos waren, dann besorgen Sie sich die Hilfe, die Sie brauchen. Falscher Stolz oder Leugnen des Problems können den Alkohol zum Sieger machen.

Selbsthilfegruppen sind eine hervorragende Unterstützung, denn sie machen Ihnen klar, dass Sie nicht allein sind. Alle schwierigen Pläne werden in einer Gruppe einfacher. Der Joy Touch gibt Ihnen die Energie, die Sie brauchen, um zu den Treffen zu gehen, und er lindert Schuldgefühle und Verlegenheit. Wenn Sie schüchtern sind oder sich in einer Gruppe nicht wohlfühlen, hilft Ihnen der Joy Touch während der Sitzung, sich zu entspannen und Ihre Zeit optimal zu nutzen.

Größere Fortschritte sind auch mit Medikamenten möglich, welche die verstärkende Wirkung des Alkohols aufheben. Heute wird immer häufiger Naltrexon anstelle von Disulfiram verordnet, weil es einfacher anzuwenden und benutzerfreundlicher ist. Anstatt wie Disulfiram bei Alkoholkonsum Übelkeit zu verursachen, blockiert Naltrexon die Gehirnregion, die Alkohol zum Genuss macht. Ohne diese Verstärkung hören Sie auf, das Trinken mit Entspannung zu assoziieren. Sie können den Joy Touch anwenden, um diesen Prozess zu unterstützen: Bekräftigen Sie dabei Ihre Entscheidung für ein alkoholfreies Getränk. Stimulieren Sie bei jedem Schluck das Septum pellucidum, um positive Assoziationen aufzubauen: Sie brauchen keinen Alkohol, um sich wohler zu fühlen.

Vielleicht kommt Ihnen dieser Gedankengang schwierig vor; aber wenn Sie alkoholabhängig sind, sollten Sie nicht zögern, alle verfügbaren Mittel zu nutzen, um sich von Ihrer Sucht zu befreien. Das Gleiche gilt für Drogenprobleme.

Drogensucht und Substanzmissbrauch

Einerlei, ob Sie wissen, dass Sie ein Problem haben, oder ob Sie glauben, nur gelegentlich Drogen zu konsumieren, Sie müssen Drogensucht immer ernst nehmen. Erstens ist Drogenkonsum verboten. Zweitens machen Drogen nachweislich süchtig, und das Problem wird mit der Zeit nicht besser, sondern schlimmer. Und drittens bringen Drogen Sie um, wenn nicht jetzt, dann später oder nach und nach.

Sobald Sie merken, dass Sie drogensüchtig sind, brauchen Sie fachkundige Hilfe. Zum Glück gibt es heute wirksame ambulante Methoden, die auch weniger kosten. Mehrere Studien belegen, dass diese sehr kurzen Therapien, richtig angewandt, selbst bei mittelschwerer Sucht wirksam sind.

Der Joy Touch will diese Kurztherapien oder die traditionellen Therapien nicht ersetzen. Er ist nur eine zusätzliche Waffe, die Sie in der Schlacht benutzen können. Um die Abhängigkeit von starken Narkotika zu überwinden, brauchen Sie sämtliche medizinischen und psychologischen Ressourcen. Reden Sie sich nicht ein, dass der Joy Touch allein Ihnen hilft, mit Kokain, Methamphetamin oder Heroin fertig zu werden. Wenn Sie den aufrichtigen Wunsch haben, clean zu werden, kann der Joy Touch jedoch die Entwöhnung leichter machen.

Der Joy Touch unterstützt Entzugstherapien

Verbinden Sie die folgenden Joy-Touch-Techniken, wann und wo immer Sie können, mit den Therapien, die Sie erhalten.

Nutzen Sie den Joy Touch, um das seelische Gleichgewicht zu bewahren. Anstatt Medikamente zu nehmen, um entspannt zu bleiben, sollten Sie den ganzen Tag über den Joy Touch anwenden. Und denken Sie daran: Nie zu hungrig, zu wütend, zu einsam oder zu müde werden. Daran können Sie messen, wie groß Ihr Rückfallrisiko ist.

Wenn Sie das Septum pellucidum den ganzen Tag über häufig stimulieren, bleiben Sie trotz der Entzugssymptome in guter Stimmung. Sorgen Sie dafür, dass Sie immer wieder an den Joy Touch denken. Stellen Sie einen Wecker so ein, dass er jede Stunde klingelt, oder wenden Sie den Joy Touch jedes Mal an, wenn Sie Ihren Platz verlassen oder mit einer anderen Tätigkeit beginnen. Wenden Sie den Joy Touch sofort drei- bis viermal an, wenn Sie merken, dass Sie zu hungrig, wütend, einsam oder müde werden.

Da Sie wahrscheinlich unter stärkerem Stress stehen als andere Leute, sollten Sie nicht zögern, die Version für Anfänger zu benutzen, also die Stirn mit der Hand zu berühren. (Aus Gründen, die ich im ersten Kapitel erläutert habe, kann es ratsam sein, ein wenig rechts von der Stirnmitte zu beginnen, damit Ihre Gedanken und Ihre Energie durch den linken vorderen Stirnlappen fließen. Diese Gehirnregion hebt nachweislich die Stimmung und macht Sie glücklicher.)

Wenden Sie auch die Joy-Touch-Varianten an, die ich in den Abschnitten über Rauchen und Alkoholismus beschrieben habe. Wenn Sie die Droge rauchen oder schlucken, helfen dieselben Strategien wie bei Tabak- und Alkoholmissbrauch. Wenn Sie eine Aufmunterung brauchen, können Sie tief einatmen und dabei den Joy Touch anwenden – ohne Droge. Wenn nötig, nehmen Sie ein Ersatzmittel, das in Form und Größe der Droge gleicht.

Ebenso wichtig ist es, auf Umstände vorbereitet zu sein, die Sie Ihrer Erfahrung nach in Versuchung führen. Meiden Sie diese Situationen, wann immer es möglich ist. Wenn das nicht geht, legen Sie sich rechtzeitig eine gute Strategie zurecht. Wie im Abschnitt über Alkohol erwähnt, kann es hilfreich sein, wenn Sie sich einigen Auslösern aussetzen und sich dann dafür belohnen, dem Verlangen nicht nachgegeben zu haben.

Wenn Sie rückfällig werden, wenden Sie den Joy Touch an, um herauszufinden, was Sie künftig anders machen müssen. Anstatt ein schlechtes Gewissen zu haben und die Hoffnung zu verlieren, nehmen Sie sich vor, das nächste Mal standhaft zu bleiben. Rückfälle sind normal. Sie brauchen sich nicht darüber zu freuen, aber Sie dürfen sich deswegen auch nicht schelten. Ein Rückschlag macht nicht alle bisherigen Bemühungen und Fortschritte zunichte!

Wenden Sie den Joy Touch an, um Ihre Schuldgefühle zu lindern und einem Abgleiten in die Hoffnungslosigkeit vorzubeugen. Lassen Sie sich von Ihrer emotionalen Reaktion positiv motivieren, anstatt niedergeschlagen zu sein. Es ist schwer, mitten in einem Gefühlschaos klar zu denken. Die Stimulation des Septum pellucidum verschafft Ihnen die Ruhe und Klarheit, die Sie brauchen, um objektiv darüber nachzudenken, was geschehen ist und wie Sie weitere Rückschläge verhindern können.

Wenden Sie den Joy Touch jedes Mal an, wenn Sie drogenfrei geblieben sind. Gönnen Sie sich eine positive Verstärkung selbst bei kleinen Fortschritten. Sie können den Joy Touch als Belohnung nutzen, wenn Sie sich zu Ihrer Abstinenz beglückwünschen. Das ist sehr wichtig, wenn Sie alte Verhaltensmuster ändern wollen.

Mit dem Joy Touch steht Ihnen eine gesunde Methode der positiven Verstärkung zur Verfügung, die schnell wirkt und nichts kostet. Nutzen Sie diese Technik ausgiebig, um Ihren Neubeginn zu feiern. Sie können auch von ihren spirituellen Wirkungen profitieren. Je häufiger Sie den Joy Touch anwenden, desto leichter ist es, Kontakt mit Ihrer Spiritualität und inneren Kraft aufzunehmen. Dann sind Sie stark genug, um weiterzumachen, selbst wenn Ihr geistiger und körperlicher Zustand einen Tiefpunkt erreicht hat.

Die Seele ist stärker als die Droge

Das Wichtigste ist: Geben Sie nicht auf. Sie können es schaffen. Sie sind stärker als eine Chemikalie. Denken Sie daran, dass Sie eine Seele sind, die einen Körper hat. Ihr wahres Selbst ist stärker als die stärkste Sucht. Mit der richtigen Unterstützung und Behandlung finden Sie einen Ausweg. Loben Sie sich für jeden Schritt, den Sie auf dieser schwierigen Reise geschafft haben, und glauben Sie daran, dass Sie Ihr Ziel erreichen. Es ist nicht leicht, und Ihr Erfolg ist nicht unbedingt mit Glückseligkeit verbunden.

Selbst nachdem Sie drogenfrei geworden sind, bleibt das Leben eine Herausforderung. Machen Sie sich keine Illusionen, sondern betrachten Sie Hindernisse als Chancen, die Sie stärker machen. Sie sind auch dann ein wertvoller Mensch, wenn Sie nicht immer glücklich sind. Sie haben das Recht, sich gelegentlich mies zu fühlen. Danach müssen Sie aber weiterlernen und neue Fortschritte machen.

7

Lebensprobleme ehrlich und mit Würde ertragen

Wir neigen zu der Annahme, dass wir ständig glücklich sein müssen; andernfalls stimmt etwas nicht mit uns und unserem Leben. Das könnte eine Nebenwirkung des Fernsehens sein. Dessen Botschaft lautet nämlich allzu oft: „Du bist nur in Ordnung, wenn du glücklich bist und alle materiellen Güter, alle Liebe und alle Macht besitzt, die du haben kannst.“ Wahrscheinlich geht diese Einstellung auf die süßlichen Bilder der früheren Fernsehshows zurück, und die Werbung hat sie mit Sicherheit verstärkt. Wir werden mit Bildern von Menschen überschwemmt, die „alles haben“. Die Folge ist, dass wir ebenfalls alles haben wollen und sogar glauben, das sei normal.

Wir müssen begreifen, dass das wichtigste Problem des Menschen im Laufe seiner Geschichte nicht das Glück, sondern das Überleben war. Der Mensch kann nicht immer glücklich sein, und vielleicht ist das nicht einmal ideal für ihn. Einige unserer größten Errungenschaften und Entdeckungen sind auf Unzufriedenheit oder auf einen verstörten Geist zurückzuführen. Ich frage mich oft, ob eine gewisse Unzufriedenheit nicht langfristig positiv ist. Vielleicht ist sie das natürliche Mittel der Seele gegen Stillstand.

Das ist keine neue Idee. Das berühmte Zitat „Ein Leben ohne Selbsterforschung ist nicht lebenswert“ spiegelt Platons Überzeugung wider, dass innere Unzufriedenheit ein höheres Ziel ist als das bloße Überleben oder die pure Lust. Es ist durchaus denkbar, dass unser genetisches Erbe als Spezies vollständiges Glück immer verhindert. Doch selbst wenn es so ist, haben Sie das Recht, Ihr Leben besser in den Griff zu bekommen. Sie brauchen das Gefühl, nicht hilflos zu sein.

Die Techniken, die Sie erlernt haben, geben Ihnen dieses Gefühl. Wenn Sie den Joy Touch anwenden, brauchen Sie nicht mehr niedergeschlagen zu sein, und mit der Tröstenden Verbindung können Sie sich selbst erforschen und Ihre Unzufriedenheit schneller und wirksamer überwinden. Sie besitzen jetzt das Werkzeug, das Sie brauchen, um Ihr Glück selbst zu schmieden.

Allerdings wäre es unrealistisch zu erwarten, dass Sie dank dieser Techniken immer vollkommen glücklich sein werden. Dem steht das Streben des menschlichen Geistes nach Weiterentwicklung entgegen. Lassen Sie sich von Ihren Problemen motivieren, und finden Sie heraus, wie Sie noch besser leben können. Vergessen Sie auch nicht, die Reise zu genießen, nicht nur das Ziel. Es ist ganz normal, dass wir von einem Universum, das mächtiger ist als wir, ab und zu gedemütigt werden.

Wir alle haben es mit Herausforderungen, Menschen und Umständen zu tun, die Schmerzen, Wut oder Angst auslösen. Wie wir damit umgehen, hängt von unserer spirituellen Entwicklung ab. Die Frage ist, ob wir uns über unsere animalische Natur erheben können. Einerlei, was geschieht und wie viele ungünstige Umstände uns zu schaffen machen, wir haben immer die Freiheit, unsere Einstellung zu ändern. Wir können mehr sein als ein Bündel von Selbsterhaltungsreflexen.

Ein besonders inspirierendes Beispiel dafür lieferte Victor Frankl, ein Psychiater und Neurologe. Er überlebte mehrere Arbeits- und Todeslager der Nazis, darunter Dachau und Auschwitz. Anstatt in Bitterkeit und Selbstmitleid zu verfallen, nutzte er seine Erlebnisse, um eine dynamische neue Therapie auszuarbeiten, die davon ausgeht, dass wir den Sinn unseres Lebens finden müssen. Sein Buch *Der Mensch auf der Suche nach dem Sinn* ist eine Chronik seiner Zeit in den Lagern und gipfelt in seiner Erkenntnis, dass wir selbst in der schlimmsten Lage einen Sinn finden können.

Eines Tages erkannte Frankl, dass man ihm und seinen Mitgefangenen jede Art Freiheit genommen hatte – mit einer Ausnahme. Man hatte ihnen die Familie und den gesamten materiellen Besitz weggenommen. Sie durften ihren Beruf nicht mehr ausüben und nicht mehr schöpferisch arbeiten. Jahrelange harte Arbeit, Schlafmangel und Hunger hatten ihnen die Kraft und die Gesundheit geraubt. In den brutalen Todeslagern hatte man ihnen jede vorstellbare Freiheit genommen. Die Ausnahme war „die letzte der menschlichen Freiheiten – die Freiheit, unter jeden Umständen selbst über seine Einstellung zu entscheiden".

Für Frankl war der Glaube an den Sinn der Schlüssel zu einer positiven Einstellung trotz aller Not. Seine revolutionäre Logotherapie basiert weitgehend auf Nietzsches philosophischer Maxime „Wer ein Wofür im Leben hat, der kann fast jedes Wie ertragen". Mit anderen Worten: Konzentriere dich auf das „Warum" des Lebens, nicht nur auf das oberflächliche „Wie".

Frankl entdeckte drei wichtige Wege zum Sinn des Lebens: Leistung, Liebe und das edle Erdulden des Leides. In diesem Kapitel geht es hauptsächlich um den dritten Weg.

Wir alle müssen Leid und Unzufriedenheit erdulden. Als reife Seelen sollten wir das würdevoll tun. Wenn wir den Joy Touch anwenden und uns bemühen, ein sinnvolles Leben zu führen, überstehen wir unsere Schwierigkeiten mit Würde anstatt mit Verzweiflung.

Wenn mir meine Probleme unüberwindlich vorkommen, denke ich an das Leid, das große Seelen wie Frankl, Gandhi und Jesus erdulden mussten. Dann sehe ich meine Situation aus einem neuen Blickwinkel und bemühe mich, ihrer Würde in meinem Leben und in meiner Einstellung nachzueifern.

Machen Sie sich keine Vorwürfe, wenn das Leben Sie dennoch einmal überwältigt und Sie mit Wut, Sorgen, Groll oder Angst reagieren. Nutzen Sie solche Situationen stattdessen als Forschungsmaterial für den nächsten Durchbruch. Sehen Sie eine persönliche Herausforderung darin, eine verbesserte Version des Joy Touch zu entwickeln und/oder die Tröstende Verbindung zu finden, die Ihren Stress lindert und Ihnen neue Einsichten vermittelt. Werfen Sie auf Ihrer Suche auch einen Blick in die Zukunft. Erleuchten Sie den Weg mit einem Hoffnungsstrahl. Hoffen Sie auf ein besseres Selbst, eine bessere Stressbewältigung und ein besseres Morgen.

Gemeinsam können wir etwas bewirken. Wir sind die modernen Pioniere, wir gestalten die Zukunft der Menschheit. Wir schaffen eine Gesellschaft, in der innere Kraft wichtiger ist als äußere Macht und Gelassenheit wichtiger als Streit. Ihnen, liebe Reisegefährten, danke ich dafür, dass Sie mithelfen, dieses Morgen zu verwirklichen. Bis zum nächsten Mal! Und denken Sie daran: Sie sind eine einzigartige, schöne Seele, die geliebt wird, und Sie sind nie allein.

Herzlichst

Pete A. Sanders jun.

8

Das Wichtigste in Kurzfassung

Dieses Kapitel fasst wichtige Aspekte der im Buch beschriebenen Techniken und Fertigkeiten zusammen. In den meisten Fällen brauchen Sie nur diese kurz gefassten Angaben, um sich an die Informationen und Schritte zu erinnern, die Ihnen helfen können. Wenn Sie ausführlichere Erläuterungen wünschen, finden Sie im Inhaltsverzeichnis das richtige Kapitel.

Der Sitz des Septum pellucidum

Ungefähre Lage Stellen Sie sich das Septum pellucidum der Einfachheit halber mitten im Kopf vor (ziehen Sie imaginäre Linien von einer Seite zur anderen und von vorne nach hinten). Dann brauchen Sie nur noch seine Lage auf der senkrechten Achse des Kopfes zu bestimmen. Die waagrechte Linie beginnt in der Stirnmitte (knapp vier Zentimeter über den Augenbrauen).

So finden Sie das Septum pellucidum: 1. Legen Sie den Mittelfinger auf die Mitte der Stirn (knapp vier Zentimeter über den Augenbrauen), und berühren Sie die Mitte der Kopfseite mit dem Daumen. Visualisieren Sie dann Linien, die von den Fingern in den Kopf verlaufen. Spüren Sie, wo die beiden Linien sich schneiden.

2. Versuchen Sie auch, den Mittelfinger auf die Stirnmitte (knapp vier Zentimeter über den Augenbrauen) und den Daumen auf die Mitte des Schädeldachs zu legen. Visualisieren Sie dann Linien, die sich von den Fingern in den Kopf hinein erstrecken. Spüren Sie, wo die beiden Linien sich schneiden.

3. Wechseln Sie mehrere Male zwischen Schritt 1 und Schritt 2 ab, um das Septum pellucidum aus allen drei Richtungen zu lokalisieren.

Anmerkung: Es ist ratsam, die linke Hand zu benutzen, damit ihr biomagnetisches Feld den linken vorderen Stirnlappen stimuliert (er unterdrückt nachweislich negative Emotionen).

Weitere Hinweise: 1. Legen Sie den Finger lieber etwas zu hoch auf die Stirn anstatt zu tief. Im letzteren Fall stimulieren Sie womöglich die negativen Regionen des limbischen Systems.

2. Die Nuclei, die mit dem Glückszentrum des Gehirns verbunden sind, liegen vorne am Septum pellucidum. Wenn Sie nicht die gewünschte Wirkung erzielen, dann stimulieren Sie eine Stelle, die etwas vor der Stirnmitte liegt.

Stimulation und mögliche Empfindungen

Techniken, um das Septum pellucidum zu stimulieren

Visualisieren Sie, dass Sie diese Nervenstränge wie den Pelz eines Tieres streicheln.

Visualisieren Sie, wie die Energie ins Septum pellucidum fließt und es stimuliert.

Fühlen Sie, wie Ihr Geist die Nervenstränge aktiviert, die hinunter zum Hypothalamus führen, und an ihnen zupft, wie Sie an einer Harfensaite zupfen würden.

Denken Sie daran, dass Sie das Septum pellucidum aktivieren können, und halten Sie Ihre Gedanken dort fest; oder visualisieren Sie ein Licht, das diese Gehirnregion stimuliert.

Erzwingen Sie nichts, und konzentrieren Sie sich nicht zu stark.

Mögliche Empfindungen

Ein inneres „Ah“

Das Gefühl, heiter und voller Energie zu sein

Das Gefühl, dass Ihnen eine Last von den Schultern fällt

Ein Gefühl, wie Sie es nach dem Empfang guter Nachrichten oder eines Hoffnungsstrahls empfinden

Zufriedenes, konzentriertes Wohlbefinden in Ihrer Mitte

Anmerkung: Anfangs sind die Empfindungen schwächer. Wenn Sie häufig üben und die richtige Stelle treffen, nehmen Sie vielleicht sogar einen Schauder und/oder stärkere Empfindungen wahr.

Der Joy Touch aus verschiedenen Richtungen

Sie können das Septum pellucidum aus jeder Richtung stimulieren. Der Hauptgrund dafür, dass ich so oft von der Stirn spreche, liegt darin, dass die **Stimulierung von vorne für Anfänger am einfachsten** ist (weil die richtige Höhe mit Hilfe der Augenbrauen leichter zu ermitteln ist). Sobald Sie die günstigste Stelle für die Stimmungsaufhellung kennen, dürfen Sie aus jeder Richtung stimulieren.

Die Stimulation von oben hat den Vorteil, dass Sie sich mit Ihrer Seele und den jenseitigen Dimensionen verbunden fühlen. Zudem ist sie einfacher als die Stimulation von vorne, wenn Sie eine Erkältung haben oder die Nebenhöhlen entzündet sind.

Die Stimulation von unten ist am einfachsten, wenn Sie sich eine Hand vorstellen, die an der Wirbelsäule nach oben klettert und dann von hinten nach vorne durch die Mitte des Kopfes dass Septum pellucidum streichelt. Diese Methode wirkt bei Menschen, die ihre Wut dämpfen wollen, oft am besten.

Die Stimulation etwas links von der Stirnmitte kann eine stärkere Wirkung auslösen als die durch die Mitte. Neuere Studien belegen, dass die Gehirnregion hinter der linken Stirnseite (der linke vordere Stirnlappen) negative Emotionen dämpft. Der rechte vordere Stirnlappen verstärkt diese Emotionen sogar. Darum kann es hilfreich sein, mehr von links her zu stimulieren, vor allem wenn Sie die Hand auflegen, anstatt nur den Geist zu benutzen. Wenn Sie die linke Hand benutzen (auch als Rechtshänder) sind die Empfindungen möglicherweise stärker, weil das biomagnetische Feld der Hand den linken vorderen Stirnlappen stimuliert und so dazu beiträgt, dass die negativen Emotionen abflauen. (Wenn Sie die rechte Hand benutzen, besteht die Gefahr, dass Sie den rechten vorderen Stirnlappen reizen und die negativen Emotionen verstärken.)

Der Joy Touch in Bewegung ist hilfreich, wenn Sie so gereizt sind, dass Sie keine Lust haben, sich zu setzen oder etwas für Ihre Stimmung zu tun. Die Bewegung hilft Ihnen, das limbische System zu beruhigen und die Hirnrinde zu aktivieren. Gehen oder Schaukeln steigert Ihr Interesse, den Joy Touch anzuwenden, und trägt dazu bei, dass Sie sich stärker fühlen.

Der Joy Touch für mehr Intimität

Persönliches Vorspiel: Die wichtigste Wirkung des Joy Touch besteht darin, dass er Ihre Gereiztheit beseitigt und Sie in Stimmung für die intime Begegnung bringt. Außerdem lindert er den Leistungsdruck.

Streicheln Sie einander die Stirn (oder fahren Sie mit den Händen behutsam durchs Haar), um in die richtige Stimmung zu kommen und die liebevolle Nähe genießen.

Stimulieren Sie das Septum pellucidum beim Sex einmal in der Minute mental, um das gesamte Liebesspiel intensiver zu genießen.

Sie können die Plateauphase der Erregung (kurz vor dem Höhepunkt) verlängern, wenn Sie während dieser Phase den Joy Touch anwenden.

Wenn Sie das Septum pellucidum während des Orgasmus stimulieren, dauert er möglicherweise länger und lässt sich leichter wiederholen.

Wenn Sie den Joy Touch nach dem Sex anwenden, fühlen Sie sich einander näher. Stimulieren Sie das Septum pellucidum nach dem Höhepunkt, um das Gefühl des Einsseins zu verlängern, das durchs Liebesspiel ausgelöst werden kann.

Voraussetzung für alle Anwendungen (außer dem Vorspiel): Die Fähigkeit, den Joy Touch anzuwenden, ohne daran zu denken, ist sehr wichtig. Um die volle Wirkung zu erzielen, müssen Sie so erfahren darin sein, das Septum pellucidum mental zu stimulieren, dass es Ihnen selbst während der intensiven körperlichen Ablenkung durch den Sex gelingt.

Definition des limbischen Stress und die zwei heilenden Fragen

Limbischer Stress ist der Druck und die innere Unruhe, die von unkontrollierbaren negativen Emotionen auslöst werden. Diese sind ein Produkt des limbischen Systems. Vor allem Ärger, Sorgen, Groll und Angst zerstören immer wieder Ihre innere Ruhe und Ihr Glück.

Limbischer Stress ist mehr als Stress des Herz-Kreislauf-Systems. Er verdüstert Ihr Leben und belastet Sie noch lange nach dem verstörenden Ereignis.

Der Stress dauert so lange, bis Sie die eigentliche Ursache der Wut, der Sorgen, des Grolls oder der Angst beseitigt haben.

Der Schlüssel dazu ist die Tröstende Verbindung.

Wenn Sie sich zwei Fragen merken können, sind Sie in der Lage, alle Sorgen, jeden Groll, jeden Ärger und jede Angst zu überwinden.

Die zwei Fragen, mit denen Sie Ihre Tröstenden Verbindungen finden

1. Was würde mich in dieser Situation trösten? (Was ist das Wesen oder der Kern dessen, was mir Trost spenden würde?)

2. Wie kann ich mir diesen Kern oder diese Situation verschaffen? (Was kann ich tun? Worauf kann ich mich mental konzentrieren?)

Tröstende Verbindungen bei Kummer

Zurückweisung: Akzeptieren Sie sich selbst ganz (lehnen Sie sich nicht ab).

Sie wollen sich akzeptiert fühlen. Wie können Sie das erreichen? Was können Sie tun oder wie können Sie sich loben, um klarzustellen, dass Sie sich schätzen?

Betrug: Fühlen Sie sich nicht hilflos.

Sie wollen sich nicht mehr als Opfer (hilflos) fühlen. Was können Sie unternehmen? Seien Sie nicht unfair gegen sich selbst („Ich habe mich betrügen lassen!").

Einsamkeit: Fühlen Sie sich als Teil eines größeren Ganzen.

Sie wollen sich nicht einsam fühlen. Wie können Sie Ihre Verbindung mit dem Universum besser fühlen und genießen? Denken Sie auch daran, dass Sie im Leben immer Teil verschiedener Gruppen sind.

Verlust eines geliebten Menschen: Genießen Sie Ihre Erinnerungen.

Sie wollen diesen Menschen in Ihrem Leben fühlen. Denken Sie daran, dass jedes Ereignis sich irgendwo in der Raumzeit noch abspielt. Sie können Ihre Erinnerungen neu durchleben, anstatt den Verlust zu betrauern.

Arbeitslosigkeit: Konzentrieren Sie sich auf Neubeginn und Lernen.

Sie wollen das Gefühl haben, nützlich und nicht hilflos zu sein. Konzentrieren Sie sich darauf, was Sie aus der Situation lernen können und/oder inwiefern Sie stärker geworden sind. Machen Sie sich klar, dass Sie jetzt die Chance für einen Neubeginn haben.

Das Gefühl, nicht geliebt zu werden: Denken Sie daran, sich selbst zu lieben.

Sie brauchen das Gefühl, geliebt zu werden. Denken Sie daran, dass Selbstliebe die wichtigste Liebe ist. Also tun Sie etwas Liebevolles für sich selbst – loben Sie sich, gehen Sie ins Kino, nehmen Sie sich einen Tag frei, essen Sie etwas besonders Leckeres usw.

Tröstende Verbindung bei Wut

Niemand hört auf Sie: Schreiben Sie auf, was Sie sagen wollen, oder sprechen Sie es aus.

Sie wollen, dass man auf Sie hört. Überlegen Sie, was Sie wirklich sagen wollen und wie und wann Sie es mitteilen können.

Wut auf sich selbst: Auch Sie dürfen lernen!

Sie wollen sich nicht hilflos fühlen. Alles, was Sie tun können, ist hilfreich. Überlegen Sie, wie Sie Ihr Leben besser in den Griff bekommen.

Sie werden herumkommandiert: Sie können immer Ihre Einstellung ändern!

Sie wollen nicht das Gefühl haben, dass andere Sie herumkommandieren. Denken Sie daran, dass Sie selbst unter den ungünstigsten Bedingungen selbst entscheiden können, ob Sie glücklich sind oder nicht. Vielleicht können Sie die Situation nicht ändern, wohl aber Ihre Einstellung.

Niemand schätzt Sie: Schätzen Sie sich selbst!

Sie wollen das Gefühl haben, dass andere Sie schätzen. Zuerst müssen Sie einsehen, dass Sie ein wertvoller Mensch sind. Loben Sie sich selbst, anstatt sich vom Lob anderer abhängig zu machen.

Wut und Ärger: Ändern Sie Ihren Blickwinkel und Ihre Einstellung.

Sie wollen sich weniger gereizt fühlen. Lassen Sie den Ärger nicht gewinnen, ändern Sie Ihre Einstellung. Beruhigen Sie sich auch mit dem Joy Touch.

Sie ärgern sich über Ihre Wut: Regen Sie sich ab.

Sie wollen das Gefühl haben, sich beherrschen zu können. Aber Sie haben ein Recht auf normale, gesunde Emotionen. Wie lange darf gesunde Wut dauern, und was können Sie tun, um sich innerhalb dieses Zeitraumes zu beruhigen?

Die Tröstende Verbindung bei Sorgen

Allgemein: Das Gehirn macht sich Sorgen, damit Sie vorbereitet sind. Darum können Sie viele Sorgen mit einem Plan beseitigen. Selbst ein Entwurf ohne Details hilft Ihnen, die limbischen Sorgenreflexe zu löschen.

Ihre wichtigste Tröstung ist also ein Plan.

Sie wollen das Gefühl haben, vorbereitet und nicht hilflos zu sein.

Verantwortung: Setzen Sie sich nicht unter Druck.

Sie wollen das Gefühl haben, Ihrer Verantwortung gerecht zu werden. Sie können selbst bestimmen, wie Sie auf eine Situation regieren. Wenn nötig, erstellen Sie einen Plan, der in etwa aufzeigt, was Sie in jeder denkbaren Lage tun können. Machen Sie sich klar, dass Sie jetzt im Ernstfall handlungsfähig sind.

„Ich muss alles richtig machen“: Machen Sie sich klar, was Sie bereits erreicht haben.

Sie wollen das Gefühl haben, Ihr Bestes getan zu haben. Sie tun immer Ihr Bestes auf der Grundlage der verfügbaren Informationen! Und Sie dürfen lernen. Sie dürfen sich vervollkommnen, aber Sie müssen nicht vollkommen sein. Wenn nötig, erstellen Sie einen Plan, der aufzeigt, wie Sie noch bessere Entscheidungen treffen können.

Finanzen: Überlegen Sie, wie Sie mit Ihrem Geld besser auskommen.

Sie wollen sich sicherer fühlen. Prüfen Sie Ihre Möglichkeiten. Was ist möglich, was nicht?

Arbeitsplatzsicherheit: Überlegen Sie, welche anderen Möglichkeiten Sie haben, und bereiten Sie sich darauf vor.

Sie wollen sich weniger unsicher fühlen. Wenn Sie andere Möglichkeiten prüfen, Bewerbungsunterlagen vorbereiten oder sich fortbilden, fühlen Sie sich gut vorbereitet.

Gesundheit: Informieren Sie sich und handeln Sie dann.

Sie wollen sich weniger verwundbar fühlen. Überlegen Sie, was Sie für Ihre Gesundheit tun können. Denken Sie daran, dass Sie eine Seele sind, nicht nur ein Körper.

Familie: Auch Ihre Angehörigen sind lernende Seelen!

Sie wollen sich weniger hilflos fühlen. Denken Sie daran, dass auch Ihre Angehörigen Seelen sind, die ihr eigenes Lebensziel haben. Es gibt Kräfte, die sie dabei unterstützen und leiten! Seien Sie fürsorglich, ohne sich zu sorgen.

Die Tröstende Verbindung bei Angst

Allgemein: Angst ist eine extreme Sorge. Überlegen Sie, wie Sie verhindern können, dass Ihre Sorgen unrealistisch groß werden.

Ihre wichtigste Tröstende Verbindung ist der richtige Blickwinkel.

Sie wollen das Gefühl haben, Herr der Lage zu sein. Machen Sie aus Mücken keine Elefanten, sondern finden Sie die wahren Probleme und befassen Sie sich mit ihnen. Dann haben Sie wieder das Gefühl, nicht machtlos, sondern in Sicherheit zu sein.

Vor dem Unbekannten: Finden Sie mehr darüber heraus, was Sie wissen wollen.

Sie wollen sich bei Dunkelheit weniger ängstlich fühlen. Sammeln Sie Informationen, die Ihnen helfen, oder sorgen Sie dafür, dass Sie vor möglichen Gefahren gewarnt werden.

Vor Hilflosigkeit: Sie sind nie völlig hilflos!

Sie wollen sich sicherer fühlen. Finden Sie heraus, was Sie tun können, um sicherer zu sein oder sich zumindest sicherer zu fühlen. Sie können immer etwas tun. Angst kann sogar ein positiver erster Schritt sein, denn sie bewirkt, dass Sie aufmerksamer sind und sich vorbereiten.

Vor Einsamkeit: Überlegen Sie, welche Möglichkeiten Sie jetzt schon haben.

Sie wollen das Gefühl haben, dass jemand für Sie da ist. Mit welchen Freunden und Angehörigen können Sie Kontakte pflegen? Können Sie sich einer Gruppe anschließen? Glauben Sie an eine höhere Macht? Wenn ja, sind Sie nie allein.

Phobien: Gewöhnen Sie sich in kleinen Schritten an das, was Sie fürchten.

Sie wollen sich in bestimmten Situationen besser fühlen. Machen Sie sich klar, dass die Angst schlimmer ist als diese Situationen.

Panikattacken: Wenden Sie den Joy Touch an, sobald Panik sich einstellt.

Sie wollen sich ruhiger fühlen. Sorgen Sie dafür, dass Sie regelmäßig den Joy Touch anwenden. Das hilft Ihnen, ruhiger und entspannter zu bleiben.

Zwangsverhalten: Ersetzen Sie das Verhalten durch den Joy Touch.

Sie wollen sich wohlfühlen, aber nicht durch das Zwangsverhalten. Wenden Sie den Joy Touch an, um positive Gefühle auszulösen – ohne anschließendes Zwangsverhalten.

Geheime Schmerzen beseitigen

Geheime Schmerzen sind Groll, Sorgen, Wut oder Angst, die überwiegend in der Vergangenheit wurzeln (Probleme des Inneren Kindes und/oder seelische Wunden aus früheren Leben) und weniger in akuten Ereignissen oder Situationen. Dieser tiefe limbische Stress wird oft durch akute Signale ausgelöst, obwohl er in einer früheren Zeit entstand.

Die Folge ist eine übertriebene, durch derzeitige Umstände nicht gerechtfertigte Reaktion. Ein weiterer Hinweis darauf, dass es sich um geheime Schmerzen handelt, ist die unzureichende Wirkung der Tröstenden Verbindung.

Diese Schmerzen sind geheim, weil wir sie vor uns selbst verbergen – nicht weil wir unehrlich wären, sondern weil wir noch nicht wissen, wie wir sie heilen können. Deshalb vergraben wir sie an einem Ort, wo ihre scharfen Kanten uns weniger verletzen. Dort schlummern sie zwar, aber sie verschlimmern den Stress in vergleichbaren Situationen.

Um geheime Schmerzen zu beseitigen, müssen Sie *die eigentliche Ursache* und die derzeitige Situation (den Auslöser) mit der Tröstenden Verbindung behandeln. Selbsterforschung und/oder eine Therapie sind ebenfalls wichtig, um die eigentliche Ursache und ihre Wurzeln in der Vergangenheit aufzudecken.

Die vier Schritte und die Technik „Höhen und Tiefen"

Wir alle haben Höhen und Tiefen im Leben. Das Leben verläuft in Zyklen. Auch in der Natur wiederholen sich bestimmte Muster immer wieder. Vor jedem Berg liegt ein Tal. Alle Wellen des Meeres haben Kämme und Täler.

Es ist nicht sinnvoll, nur glücklich zu sein. Dann würden Sie sich nur wohlfühlen, wenn alles gut geht. Zudem wäre Ihre Freude auf den Gipfeln geringer, denn Sie hätten Angst abzustürzen. Ferner dauern Täler, die Sie negativ bewerten, oft länger.

Betrachten Sie Täler als „Vorhöhen", als Vorboten des nächsten Durchbruchs und neuer Einsichten. Um die Tiefpunkte im Leben in positive Vorhöhen umzuwandeln, wenden Sie am besten den Joy Touch und die Tröstende Verbindung innerhalb der Vier-Schritte-Technik an.

1. **Mit dem Joy Touch** die Stimmung aufhellen.

2. **Trösten:** Identifizieren Sie das Kernproblem, das Sie lösen müssen.

3. **Wachsen:** Ändern Sie Ihren Blickwinkel und/oder meistern Sie das Leben mit neuen Einsichten.

4. **Weitermachen:** Wenden Sie diese Technik im täglichen Leben an, und genießen Sie Ihren nächsten Gipfel.

Der Umgang mit kränkender Kritik

Stärken sind positive Eigenschaften, für die Sie Anerkennung verdienen. Beispiele:

Einsatzbereitschaft
Fürsorglichkeit
Mut
Initiative
Kreativität
Empfindsamkeit
Teamwork
Motivation
Selbstvertrauen
Ausdauer
Verantwortungsbewusstsein
Entschlossenheit
Vernunft
Die Fähigkeit, Probleme zu lösen

Unabhängig von Ihren Leistungen können Sie sich immer für Ihren Einsatz, Ihre Initiative, Ihre Ausdauer usw. loben.

Kränkende Kritik durch Anerkennung lindern

Kontern Sie mit Aufmunterung und Anerkennung, wenn jemand Sie kritisiert oder wenn Sie sich selbst kritisieren. Ihre Stärken neutralisieren die Säure der Kritik.

Beispiel: „Du machst es nie gut genug!"

Anerkennung: „Ich bin stolz auf meinen Einsatz (meine Initiative, Ausdauer, Fürsorglichkeit, Tapferkeit, Empfindsamkeit usw.). Immerhin habe ich es versucht!"

Sparen Sie bei anderen Menschen ebenfalls nicht mit Anerkennung.

Obwohl Sie Ihre eigenen Einstellungen oder Wertvorstellungen haben, können Sie andere für ihre Stärken loben, damit sie sich geschätzt fühlen.

Depressionen überwinden

Bei leichten Depressionen wenden Sie während des ganzen Tages regelmäßig den **Joy Touch** an. Überlegen Sie, wann Sie Ihre Stimmung aufhellen müssen, um einem Abgleiten in die Depression vorzubeugen (z. B. vor, während und/oder nach stressigen und/oder enttäuschenden Situationen).

Wichtig ist auch die Tröstende Verbindung, um den Zyklus der Negativität zu durchbrechen: Finden Sie heraus, was Sie brauchen und wie Sie es sich verschaffen können.

Bei chronischen Depressionen ist eine umfassendere Methode notwendig. Nutzen Sie eine oder alle der folgenden Möglichkeiten:

Wenden Sie regelmäßig und oft den Joy Touch an.

Wenden Sie den Joy Touch in Bewegung an, damit Sie aktiv werden und nicht deprimiert bleiben.

Spenden Sie den Energieimpuls beim Joy Touch mehr von der linken Stirnseite her, um die Wirkung zu verstärken.

Wenden Sie den Joy Touch von oben her an, um sich mit der Seele zu verbinden und neue Hoffnung zu schöpfen.

Begegnen Sie negativen Gedanken sofort mit Anerkennung, Lob und/oder Aufmunterung.

Werden Sie nie zu hungrig, zu wütend, zu einsam oder zu müde.

Laden Sie das Gehirn durch kreatives Visualisieren neu auf.

Bei schweren klinischen Depressionen brauchen Sie ärztliche Hilfe. Versuchen Sie nicht, das Problem allein zu lösen. Der Joy Touch und die oben beschriebenen Schritte unterstützen die angemessene Therapie.

Mit den Stärken der Geschlechter Beziehungsprobleme lösen

Beide Geschlechter haben Stärken. Finden Sie heraus, welche Aspekte des Männlichen und des Weiblichen Sie schätzen und bewundern.

Jeder Mensch kann das Beste beider Geschlechter widerspiegeln. Wir alle haben eine männliche und eine weibliche Seite. Unabhängig vom Geschlecht Ihres Körpers sind Sie eine Seele und können das Beste beider Geschlechter nutzen.

Das Medizinrad hilft Ihnen, alle Ihre Stärken zu integrieren und von allen Standpunkten aus zu denken (männlich, weiblich und seelisch).

Um Beziehungsprobleme zu lösen, ist Ausgewogenheit unerlässlich. Das hilft Ihnen, alle Seiten zu sehen und als Team zu arbeiten, damit die Bedürfnisse beider Partner befriedigt werden.

Die Technik der vier Stühle vermittelt Ihnen Einsichten, weil Sie dabei von verschiedenen Standpunkten aus sprechen. 1. Stuhl: Beschreiben Sie das Problem. 2. Stuhl: Sprechen Sie vom Standpunkt Ihrer Stärken aus. 3. Stuhl: Sprechen Sie vom Standpunkt der Stärken des anderen Geschlechts aus. 4. Stuhl: Welchen Standpunkt würde die Seele oder eine höhere Macht einnehmen? Wechseln Sie noch einmal zum ersten Stuhl, wenn Sie das Problem neu formulieren und den Prozess wiederholen möchten oder wenn Sie tiefer dringen wollen.

Grundlagen der Seelenverlagerung

Konzentrieren Sie sich mit geschlossenen Augen auf die Unterschenkel (Füße, Knöchel, Waden).

Verlagern Sie Ihre Aufmerksamkeit durch den Körper nach oben (Knie, Hüften, Taille, Brust).

Wenn Sie zum Kopf gelangen, gehen Sie noch ein Stück höher.

Konzentrieren Sie sich auf diese Stelle, ohne sich anzustrengen.

Spüren Sie, dass dieser Teil von Ihnen sich weiter und friedlicher anfühlt.

Beachten Sie, dass Sie in alle Richtungen sehen können.

Dehnen Sie Ihr Bewusstsein bis in die Ecke des Zimmers aus.

Versuchen Sie, sich über das Zimmer hinaus auszudehnen.

Wenn Sie bereit für die Rückkehr sind, konzentrieren Sie sich wieder auf die Stelle über dem Kopf.

Verlagern Sie Ihre Aufmerksamkeit dann in den Kopf.

Fühlen Sie die Augen, dann die Arme, Beine, Hände und Füße.

Bewegen Sie die Finger oder die Zehen, um ganz wach zu werden.

Öffnen Sie die Augen, sobald Ihnen danach ist.

Möglichkeiten der Seelenverschmelzung

Verschmelzung mit Materie
Hilft Ihnen, sich mehr als Teil Ihrer Umwelt zu fühlen und Frieden zu empfinden.

Konzentrieren Sie sich darauf, in den Stuhl zu sinken, und spüren Sie, wie er Ihnen entgegenkommt.

Verschmelzung mit Energie (Licht)
Hilft Ihnen, sich über die Grenzen der Materie hinaus auszudehnen.

Spüren Sie den sanften Druck und die Wärme des Lichts. Spüren Sie die Energie, die Sie einhüllt und durchdringt. Reiten Sie dann auf den Lichtstrahlen, und verschmelzen Sie mit allem, was sie berühren.

Verschmelzung mit dem Universum
Ruft ein Gefühl der Einheit mit allen Dingen hervor.
Bringt Sie dem Unendlichen näher.

Verschmelzen Sie schrittweise mit der Umwelt – zuerst mit dem Stuhl, auf dem Sie sitzen, dann mit dem Licht und dem Zimmer und zum Schluss über das Zimmer hinaus mit der Erde, dem Sonnensystem, der Milchstraße und dem ganzen Universum.

Verschmelzung mit der Dimension des Liebesenergie
Verbindet Sie mit der Essenz und der Energie der Liebe.
Erfüllt Ihr ganzes Sein mit Liebe.

Denken Sie an alles, was Sie mit Liebe verbinden: Gefühle, Farben, Worte usw. Lassen Sie sich von diesen Assoziationen in die Dimension der Liebesenergie hineinziehen, bis Sie mit ihrer Schwingung und Harmonie verschmelzen.

Jederzeit erfolgreich sein

Finden Sie heraus, wie oft Sie ein Erfolgserlebnis brauchen.

Wie oft müssen Sie sich erfolgreich *fühlen,* um glücklich zu sein? (einmal im Monat, in der Woche, am Tag, pro Stunde?)

Verschaffen Sie sich dieses Erfolgsgefühl mindestens so oft (Aufmunterung, Anerkennung, Lob usw.), einerlei, ob Sie bereits etwas geleistet haben oder nicht.

Identifizieren Sie Ihre wahren Werte

Mangel an Erfolg in einem bestimmten Bereich, den Sie sich nicht ausgesucht haben, darf Sie nicht unglücklich machen. Welchen Werten haben Sie bei der Werteanalyse die meisten Punkte gegeben? Konzentrieren Sie sich darauf, dort erfolgreich zu sein und sich erfolgreich zu fühlen.

Konzentrieren Sie sich auf das „Warum“ Ihrer Wünsche, nicht auf das „Was“.

Finden Sie heraus, warum Sie sich etwas wünschen, und erfüllen Sie diesen wahren Wunsch. Entscheidend ist also nicht die Oberfläche, nicht die bloße Leistung. Beispiel: Sie wollen etwas richtig machen, weil Sie stolz auf sich sein wollen. Konzentrieren Sie sich also darauf, stolz auf sich selbst zu sein.

Seien Sie sich ein „guter Chef“

Behandeln Sie sich so, wie Sie behandelt werden wollen: Sie wünschen sich Lob, Ermutigung und die Möglichkeit, flexibel zu sein. Sie wollen nicht falsch beurteilt oder kritisiert oder strengen Grenzen unterworfen werden usw.

Spielen Sie, statt zu arbeiten

Versuchen Sie, Aufgaben spielerisch zu bewältigen, anstatt sich von ihnen unter Druck setzen zu lassen. Überlegen Sie, wie Sie kreativer arbeiten und Ihre Arbeit genießen können (durch Abwechslung, Herausforderungen, Spaß usw.).

Lieben Sie sich als einzigartige Seele

Niemand ist so wie Sie. Darum sind Sie der oder die Beste Ihrer Art. Zudem tun Sie das Beste, was Sie auf der Basis Ihres Wissens tun können. Freuen Sie sich über Ihre Schönheit und Ihren Wert als einzigartige Seele.

In fünf einfachen Schritten zum Idealgewicht

1. Schritt: Genießen Sie Ihr Essen.
Genießen Sie die Zubereitung der Mahlzeit.
Genießen Sie die Aromen des Essens.
Genießen Sie jeden Bissen.

2. Schritt: Essen Sie langsamer, vermeiden Sie Völlerei
Sprechen Sie vor jeder Mahlzeit ein inniges Gebet.
Wenden Sie zwischen den Bissen den Joy Touch an.
Wenden Sie den Joy Touch dreimal an, bevor Sie in eine Imbissstube gehen oder bevor Sie sich in Versuchung führen lassen.

3. Schritt: Machen Sie sich Sorgen um Ihre Ernährung, nicht um Ihr Gewicht.
Wählen Sie gesunde, fettarme Produkte aus.
Trinken Sie reichlich Wasser.
Konzentrieren Sie sich auf Gesundheit und Fitness: Bewegung, Bewegung, Bewegung!

4. Schritt: Lieben Sie sich, nicht Ihren Leibesumfang.
Loben Sie sich für Ihre Bemühungen, nicht nur für das Ergebnis.
Wenn Sie oder andere Ihr Aussehen kritisieren, dann kontern Sie mit Ihren wahren Werten.

5. Schritt: Beherrschen Sie Ihr Gewicht, lassen Sie sich nicht von ihm beherrschen.
Wenden Sie den Joy Touch an, um Ihre Stimmung aufzuhellen – die Taillenweite folgt dann von selbst.
Versorgen Sie die Seele mit vielen Nähstoffen, und schmieden Sie Ihr Glück selbst.

Joy-Touch-Varianten für die Schmerzlinderung

Allgemein: Mit dem Joy Touch als Stimmungsaufheller können Sie nicht nur Schmerzen lindern, sondern sich auch davon ablenken. Die mentale Stimulierung des Septum pellucidum zwingt Sie, sich von den Schmerzen abzuwenden und sich auf etwas anderes zu konzentrieren.

Kopfschmerzen: Stimulieren Sie das Septum pellucidum von einer anderen Stelle aus, nicht vom Sitz der Schmerzen aus.

Pochende Schmerzen: Stimulieren Sie das Septum pellucidum im Rhythmus des Pochens. Wenden Sie den Joy Touch in Form von Impulsen an, und stimmen Sie jeden Impuls auf das Pochen ab.

Migräne: Nutzen Sie den Joy Touch, um sich von den Schmerzen abzulenken. Verwenden Sie bei pochenden Migräneschmerzen auch die Techniken für pochende Schmerzen. Wenn Sie die Migräne „kommen sehen", wenden Sie sofort den Joy Touch an, um Ihre Anspannung zu lindern und die Schmerzen zu dämpfen, ehe sie beginnen. Es ist meist am besten, den Joy Touch von oben her anzuwenden (außer wenn die Migräne dort sitzt).

Zahnschmerzen und Zahnarztbesuche: Wenden Sie den Joy Touch an, um entspannt und weniger nervös zu beginnen. Lindern Sie damit auch das Unbehagen, das Sie empfinden, weil Sie den Mund aufsperren müssen und weil darin herumgefummelt wird. Bei Schmerzen stimulieren Sie das Septum pellucidum als Ablenkung und/oder senden im Rhythmus des Pochens Joy-Touch-Impulse aus.

Rückenschmerzen: Wenden Sie den Joy Touch an, um die Muskeln zu lockern, damit die Verspannung die Schmerzen nicht verschlimmert. Stimulieren Sie das Septum pellucidum während der Schmerzen, um sie zu lindern. Bei pochenden Schmerzen wenden Sie Joy-Touch-Impulse im Rhythmus des Pochens an.

Schwere oder chronische Schmerzen: Senden Sie heilende Gedanken und heilende Energie mit dem Joy Touch aus. Es ist besser, etwas zu tun, als die Schmerzen einfach zu erdulden.

Joy Touch und Raucherentwöhnung

Bei Verlangen nach Nikotin:

Wenden Sie mehrere Male den Joy Touch an, um Ihre Nervosität zu lindern.

Wenden Sie den Joy Touch beim Einatmen an, anstatt eine Zigarette anzuzünden.

Versuchen Sie, den Verzicht nicht als Entbehrung zu empfinden (dadurch wird das Verlangen nach Nikotin stärker).

Sie können immer beschließen, jetzt nicht zu rauchen.

Folgen Sie Ihrem üblichen Ritual – aber wenden Sie dann den Joy Touch an, anstatt zu rauchen.

Wenn Sie rauchen müssen:

Wenden Sie zuerst den Joy Touch an, um das Verlangen zu dämpfen.

Wenden Sie zwischen den Zügen den Joy Touch an, damit die Züge kürzer werden.

Wenden Sie den Joy Touch an, um die Zigarette zu löschen, ehe sie zu Ende geraucht ist.

Mit Nikotinkaugummi:

Verwenden Sie den Kaugummi, sobald Sie ein Verlangen nach Nikotin spüren.

Wenden Sie den Joy Touch an, um Nervosität oder Angst zu lindern.

Planen Sie voraus:

Überlegen Sie, wann Sie am häufigsten rauchen – bei der Arbeit, nach dem Essen, gleich morgens usw.

Wenden Sie vorher den Joy Touch an, um dem Auslöser die Wirkung zu nehmen.

Joy Touch und Normalisierung des Alkoholkonsums

Wählen Sie ein alkoholfreies Getränk, und wenden Sie beim Trinken den Joy Touch an.

Wenden Sie nach Feierabend den Joy Touch an, um den Stress des Tages zu lindern.

Wenden Sie den Joy Touch an, bevor Sie irgendwohin gehen, wo getrunken wird.

Genießen Sie das Fest, aber wenden Sie den Joy Touch an, um sich besser zu fühlen.

Wenn Sie unbedingt Alkohol trinken wollen, dann trinken Sie langsamer.

Wenden Sie vor dem ersten Schluck dreimal den Joy Touch an, um gieriges Trinken zu verhindern.

Wenden Sie zwischen den Schlucken den Joy Touch an.

Trinken Sie das Glas nicht ganz aus.

Fühlen Sie sich nicht „beraubt" (dann wollen Sie noch mehr trinken).

Sie können beschließen, sich mit weniger Alkohol wohlzufühlen.

Füllen Sie nicht die Brieftaschen der Alkoholindustrie.

Wenden Sie den Joy Touch an, und feiern Sie Ihre neue Stufe der Selbstbeherrschung und Mäßigung.

Bewahren Sie Ihr emotionales Gleichgewicht.

Werden Sie nie zu hungrig, zu wütend, zu einsam oder zu müde.

Wenden Sie den Joy Touch während des Tages und unter Stress regelmäßig an.

Rückfälle sind kein Grund, sich zu betrinken!

Wenden Sie den Joy Touch als Belohnung für Ihre Fortschritte an.

Joy Touch zur Unterstützung einer Drogentherapie

Suchen Sie fachkundige Hilfe

Bei schwerem Alkohol- oder Drogenmissbrauch brauchen Sie jede Hilfe, die Sie bekommen können.

Wenden Sie den Joy Touch an, um sich für diese Strategie zu motivieren.

Verbinden Sie den Joy Touch mit Ihrer Therapie.

Nutzen Sie den Joy Touch, um sich wohler zu fühlen und das Verlangen nach einem Rausch zu stillen.

Bekräftigen Sie Ihren Entschluss, clean zu werden, mit dem Joy Touch.

Bewahren Sie Ihr emotionales Gleichgewicht.

Werden Sie nie zu hungrig, zu wütend, zu einsam oder zu müde.

Wenden Sie den Joy Touch während des Tages und unter Stress regelmäßig an.

Benutzen Sie die Variante mit Handauflegen, wenn Sie unter starkem Stress stehen.

Wenn das Verlangen nach der Droge zu stark wird ...

Wenden Sie den Joy Touch an, während Sie ohne Droge tief einatmen.

Wenden Sie den Joy Touch an, während Sie ein spezielles alkoholfreies Getränk zu sich nehmen.

Wenn Sie rückfällig werden, wenden Sie den Joy Touch an, um Schuldgefühle zu lindern, und fangen neu an.

Belohnen Sie sich für Ihre Fortschritte mit dem Joy Touch.

Wenden Sie den Joy Touch an, und überlegen Sie, was Sie nächstes Mal anders machen wollen.

Lebensprobleme mit Würde ertragen

Denken Sie daran, dass jeder Mensch Herausforderungen bestehen muss.

Lassen Sie Ihre Probleme nicht siegen.

Verzichten Sie nie auf die Freiheit, Ihre Einstellung selbst zu bestimmen.

Nehmen Sie sich vor, nicht mehr „animalisch“ auf Probleme zu reagieren.

Bewältigen Sie Probleme vom Standpunkt einer Seele aus.

Ertragen Sie Ihre Probleme würdevoll und gelassen.

Überlegen Sie, welchem Vorbild Ihre Kinder folgen sollen.

Kontakt mit Free Soul

Setzen Sie sich mit Free Soul in Verbindung, um

1. Informationen über Unterlagen für das Selbststudium zu erhalten.

2. die Telefonnummern von Lehrern in Ihrer Nähe zu erhalten.

3. Informationen über Pete Sanders' Vortragsreisen zu erhalten.

4. Informationen über das nächste Seminar in Sedona, Arizona, zu erhalten.

5. von Free Soul regelmäßig Informationen zu erhalten.

Schreiben Sie an:

Free Soul
P.O. Box 1762
Sedona, AZ 86339
USA

Sie finden uns auch im Internet:

http://freesoul.net

(Informationen über unsere Kurse finden Sie auf der nächsten Seite.)

Seminare in deutscher Sprache

Über Veranstaltungen und Seminare in Deutschland, Österreich und der Schweiz informiert der Windpferd-Verlag auf seiner Webseite

www.windpferd.de

direkt bei den Informationen zu diesem Buch.

Ausbildungsmöglichkeiten bei Free Soul

Umfassender Kurs „The Dynamics of Being a Free Soul"

Dieser Kurs über 80 Techniken in 10 Lektionen hilft Ihnen Schritt für Schritt, Ihr unbegrenztes Potenzial zu entwickeln. Behandelt werden Geist-Körper-Heilung, Seelenbewusstheit, Selbst-Verständnis, praktische Anwendung übersinnlicher Kräfte und die Beseitigung von hemmenden Konditionierungen und Programmierungen.

Erhältlich als:

1. Lehrbuch (200 Seiten) zum Selbststudium
2. 12 Tonkassetten (je 90 Minuten)
3. Kurs bei einem Lehrer (10 mal 3 Stunden)

Workshop „Access Your Brain's Joy Center"

Programme über den Joy Touch und die Tröstende Verbindung für Anfänger und Fortgeschrittene unter der Leitung von Pete Sanders und/oder örtlichen Lehrern. Auf Wunsch zugeschnitten auf spezielle Bedürfnisse, z.B. Gewichtsabnahme oder Raucherentwöhnung.

Auch für Unternehmen erhältlich:

1. Stressabbau für Arbeitnehmer
2. Richtige Gestaltung des Arbeitsplatzes
3. Bessere Arbeitsleistung und geringere Fehlzeiten

Workshops über „Inner Technology"®

Programme über Geist-Körper-Heilung, das höhere mentale Potenzial, bessere Intuition und die Erforschung anderer Dimensionen unter der Leitung von Pete Sanders und/oder örtlichen Lehrern.

Auch für Unternehmen erhältlich:

1. Maximierung des Geist-Körper-Potenzials
2. Mehr Kreativität und bessere Entscheidungen
3. Die verschiedenen Wahrnehmungstypen verstehen

Scientific Vortex Information **Broschüre oder Buch und Band**

Workshop-Videos für Fortgeschrittene (verschiedene Themen)

Free Soul Reflections **(Wochenzeitschrift über Meditation und das Selbst)**

(Kontakt mit Free Soul: Siehe vorige Seite)

Über den Autor

Pete A. Sanders Jr. schloss sein Studium am Massachusetts Institute of Technology mit Auszeichnung ab. Seine Hauptfächer waren Biochemie und Neurowissenschaft. Obwohl ihm ein Angebot des Fachbereichs Medizin in Harvard vorlag, beschloss er, die Wechselwirkung zwischen Körper und Geist als freier Wissenschaftler zu erforschen. Dabei machte er eine revolutionäre Entdeckung: Die natürlichen Stimmungsaufheller des Gehirns lassen sich direkt stimulieren!

Wenn wir die Herausforderungen des Lebens bewältigen wollen, ist diese Technik eine natürliche Alternative zu Alkohol, Nikotin, Drogen und Esssucht. Sie fördert das Wohlbefinden unabhängig von beruflichen oder privaten Erfolgen.

Das Windpferd-Themennetzwerk

– Folgende Titel könnten Sie auch interessieren –

Pete A. Sanders

Das Handbuch übersinnlicher Wahrnehmung

Vertrauen Sie Ihrer inneren Stimme! Pete A. Sanders Jr. gibt fundierte Tipps zum Entwicklen medialer Fähigkeiten. – Übersinnliche Wahrnehmung kann eines der größten Abenteuer unseres Lebens sein. Übersinnliche Fähigkeiten, das sind Feinfühligkeit, Intuition, Hören innerer Stimmen, Hellsehen, Aurasehen und Selbstheilung. Beim medialen Fühlen dient der Körper als übersinnliche Antenne. Die Intuition erweist sich für das innere Wissen als ständige Informationsquelle. Mediales Hören ist die Stimme, die aus unserem Inneren spricht. Die Gabe des Hellsehens sowie das Wahrnehmen der Aura gehören ebenfalls zu diesen erweiterten Wahrnehmungsbereichen.

280 Seiten, ISBN 978-3-89385-444-8

Beate Bunzel-Dürlich

Medialität & Hellsichtigkeit – Das Lehrbuch –

Die spirituelle Therapeutin, Heilpraktikerin und Seminarleiterin Beate Bunzel-Dürlich zeigt, wie Medialität funktioniert und wie sie sich in Beruf und Privatleben optimal einsetzen lässt. Jeder kann Schritt für Schritt seine inneren Wahrnehmungspotenziale entdecken und trainieren. Nie zuvor ist das Thema Medialität so umfassend praxisnah dargestellt worden. Das Wissen um Techniken und Gesetze der Resonanz, um Heilung und gelebte Weisheit ist eine wichtige Basis – sowohl für Laien, die ihre spirituelle Praxis vertiefen möchten als auch für Therapeuten und Heilpraktiker, die neue Wege suchen, ihre Klienten zu erreichen.

312 Seiten mit vielen Illustrationen, ISBN 978-3-89385-537-7

Lise Bourbeau

Dein Körper weiß alles über Dich

In ihrem neuen Buch zeigt die internationale Bestsellerautorin, wie Sie sich selbst besser erkennen: durch das, was Sie sagen, denken, wahrnehmen und fühlen, wie Sie sich kleiden und wo Sie wohnen. Sie werden überrascht sein! – Sie werden mit der metaphysischen Bedeutung von typischen Körperhaltungen sowie von mehr als 250 körperlichen und seelischen Erkrankungen vertraut. Und Sie lernen, die darunter liegenden tieferen Ursachen ans Tageslicht zu bringen, sich selbst und Ihre Mitmenschen besser zu verstehen.

208 Seiten, ISBN 978-3-89385-536-0

Ariel & Shya Kane

Das Geheimnis wundervoller Beziehungen

Auf allen Gebieten des Lebens glückliche Beziehungen haben – ohne „an sich zu arbeiten". Diese revolutionär einfache Methode bringt Freude ins Leben! – „Das Geheimnis wundervoller Beziehungen" zeigt völlig neue Möglichkeiten, um auf allen Gebieten des Lebens fördernde und erfüllende Beziehungen zu haben. Jeder kann in sich die Fähigkeit wiederentdecken, sich für das Leben zu begeistern, Nähe zuzulassen sowie enge, spannende und tiefe Beziehungen herzustellen – wozu natürlich auch die Beziehung zu uns selbst gehört.

256 Seiten, ISBN 978-3-89385-464-6

Olaf Jacobsen

Ich stehe nicht mehr zur Verfügung

Wer sich von unangenehmen Gefühlen in Partnerschaft, Familie und Beruf befreien will, findet in diesem Buch die nötigen Erkenntnisse und Techniken. Olaf Jacobsen entwickelte diese einfachen Methoden konsequent aus der freien Familienaufstellung. Mit Hilfe zahlreicher Beispiele aus alltäglichen Lebenssituationen stellt er Möglichkeiten vor, wie wir unsere eigenen Gefühle von denen anderer Menschen deutlich unterscheiden lernen. Zumeist unbewusst übernehmen wir in der Begegnung mit anderen „stellvertretende Rollen" und rutschen in die damit korrespondierenden Gefühle hinein. Wir können uns aber darin schulen, für eine solche Rolle nicht mehr zur Verfügung zu stehen, um damit eine wirklich authentische Kommunikation zu ermöglichen. Legen wir eine Rolle ab, so verschwinden gleichzeitig alle daran gekoppelten seelischen und körperlichen Beschwerden, und wir fühlen uns erleichtert. Aufgrund einer universellen Verbundenheit beruht unser Leben auf Anziehung und Resonanz. Wir haben in ihr viel öfter die freie Wahl, als wir bisher dachten.

256 Seiten, ISBN 978-3-89385-538-4

www.windpferd.de